May（石少华）
编著

NEW PERSPECTIVE OF FOREIGN TRADE MARKETING IN SNS

外贸社交媒体营销新思维

向无效社交说No

中国海关出版社有限公司
·北京·

图书在版编目（CIP）数据

外贸社交媒体营销新思维：向无效社交说 No / 石少华编著.—北京：中国海关出版社有限公司，2018.6

ISBN 978-7-5175-0270-8

Ⅰ.①外… Ⅱ.①石… Ⅲ.①对外贸易—市场营销学 Ⅳ.①F740.4

中国版本图书馆 CIP 数据核字（2018）第 038680 号

外贸社交媒体营销新思维：向无效社交说 No

WAIMAO SHEJIAO MEITI YINGXIAO XIN SIWEI：XIANG WUXIAO SHEJIAO SHUO No

作　　者：May（石少华）
策划编辑：郭　坤
责任编辑：郭　坤　吴琳旖
责任印制：孙　倩
出版发行：中国海关出版社有限公司
社　　址：北京市朝阳区东四环南路甲 1 号　　邮政编码：100023
编 辑 部：01065194242－7539（电话）　　01065194234（传真）
发 行 部：01065194221/4238/4246（电话）　　01065194233（传真）
社办书店：01065195616/5127（电话/传真）　　01065194262/63（邮购电话）
印　　刷：固安县铭成印刷有限公司　　经　　销：新华书店
开　　本：710mm×1000mm　1/16
印　　张：15.5　　字　　数：253 千字
版　　次：2018 年 6 月第 1 版
印　　次：2024 年 7 月第 7 次印刷
书　　号：ISBN　978－7－5175－0270－8
定　　价：55.00 元

序　言

发现价值，然后再去创造价值

LinkedIn[①]（领英）是什么？作为领英人的我提出这个问题似乎太不应该。当然，我可以很公式化地回答——“领英，是一个全球会员数超过5亿的职业社交网站”，也可以在我的专业领域内进一步发散——“领英，是目前唯一一家在国内运营的可以面向高净值人群进行精准投放的全球化营销平台”。这些标准答案很程式化、很结论性地概括了领英的价值，却唯独少了一些有关“怎么做”的答案。如何利用职业社交网站？领英如何做到精准投放？玩转领英会有如何切实的好处？

有不少朋友曾跟我说每次跳槽都会参考领英上的公司信息，也有不少工作伙伴表达过会在领英上寻找合作伙伴，或者跟客户发站内信（InMail），等等，所以他们几乎只在自己需要的时候才去行动，或者只是单方面地获取信息。然而领英这个平台能发挥的作用绝不仅限于“提供信息”，它有更多的价值需要人们了解。因此，当我有幸读到May的这一本《外贸社交媒体营销新思维——向无效社交说No》时，我为“怎么做”这个问题终于有人交出答卷而感到兴奋。May不愧是已经接触领英5年的好老师，她对领英的运用已经非常熟练了。这是市面上唯一一本详细介绍如何利用领英进行社交媒体营销的书，探讨的正是如何帮助读者发现领英这个平台的价值，从而去获取更多切实的好处。

首先，这是一本系统化介绍领英的书，10章61节，从基础的PC端、客

① LinkedIn下文均称领英。

户端用法开始，到和传统生意结合，非常细致地梳理了如何借助领英无可取代的价值去实现商业目标的方法。如果你是一位普通用户，你不能错过打造个人个人职业档案（Profile）的部分，你会发现小到一张简历照片，大到简历写法都有技巧可言。对于本书的大部分读者，即外贸、营销相关从业人员，公司主页（Company Page）的营销、主动出击找到客户的各种方案更是值得细读一番。领英非常重视用户体验，所以如何巧妙而又专业地与你的客户沟通而避免强行推销引起的反感，第五章沟通技巧会给出答案。当然，还有更进阶的内容，包括 Group（群组）、Learning（学习）、ProFinder（兼职平台）的使用等。

其次，这是一本案例丰富的书，操作性和实战性颇强。May 作为一位拥有 13 年外贸经验的“老人”，毫不吝啬地在这本书中分享了她的一些经验。比如在介绍为公司建立公司主页的重要性时，用香港利丰公司的主页为新手提供了“不要浪费任何一次搜索机会”的实例。事实上，领英提供的公司主页页面功能十分丰富，来访者可以直观地看到公司的雇佣状况（精确到个人）、最新信息，甚至包括产品橱窗。书中外贸人员或公司的真实案例还有很多，一些容易被普通用户忽视的功能，包括群组（Group）等，通过案例也能展现出本来的价值。

再次，这是一本注重细节的书。如何保护隐私（从而避免客户泄露），如何管理公司主页，关联雇员以及处理虚假信息，甚至如何做个人职业档案营销的 SEO（Search Engine Optimization，搜索引擎优化）、URL 等细节问题也被 May 细致地列入书的章节当中。比如搜索技巧部分，我们都知道对营销人员而言，搜索是基本法，本书对领英 6 种搜索维度的运用也有具体的操作介绍，包括 Boolean（布尔）搜索法在内的步骤让触达客户变成一件相对简单的事。这很难得，它不仅是教读者使用，更是在教读者从原理上去理解领英这个平台的价值，从而做好前期准备和后期维护。

现在，轮到我来回答最初的问题了。领英是什么？它是一个渠道、一个连接器，一个帮助你和全球 5.4 亿的用户关联的途径，同时也是一个影响力放大器，运用得法将为你实现商业目标带来无尽的帮助。在领英超 5 亿的用户中，包括 4000 多万商业决策者，6 100 多万有影响力的商务精英人士；而领英中国用户中，42% 拥有经理及以上职位，36% 拥有硕士及以上学历。目前全球已有超过 15 万品牌通过领英平台向客户开展重要营销活动。我很赞同 May 的一句话——“在社交媒体的时代，没有一家企业强大到不能被击败，也没有一家企业弱小到不能参与竞争。”也许社交媒体营销已经是老生常谈，但是领英绝对是你必须了解的一块领域，而这本书的内容将更好地帮你做好准备，加入其中。

如果你是企业主或者营销决策者，并计划借助领英平台开展营销，欢迎联系我们，了解“领英营销解决方案”。它贯穿整个营销生命周期，为企业营销人员提供针对高净值人群的精准化、定制化、互动式社交媒体广告解决方案，助力企业面向全球打造商业品牌、拓展商机，并提供真实透明的营销效果评估和自助广告服务，重塑社交媒体营销。

最后，感谢 May 为本书付出的心血，正如 May 所言，2017 年后领英的功能产生了一些变化，非常高兴能在书中看到对这些改变的详细阐述。

感谢中国海关出版社的打造，让领英也在对外经贸大局中出演了属于自己的一个角色。

感谢领英，让我能够身处其中为更多人带去帮助，深感荣幸。

愿本书令你我都受益，谢谢。

领英中国广告营销业务总经理蔡晓丹

前言

二十年前，做外贸相对容易，信息不对称给供应方带来了红利，懂点英语就可以拿到订单。十年前，登录一个官网、一个 B2B 平台，参加一次展会，你也能收获颇丰。可是到了今天，对不起，这些红利几乎都没有了，人们随时随地都能进入网络，分秒之间就能找到数以千万计的备选方案。“价格战”“客户难缠”，成为这个时代外贸业务员挂在嘴边的关键词。

怎么办？听天由命？这显然不是一个积极进取的你该有的状态。拥抱变化，弯道超车，让社交媒体来助力你的外贸营销才是正确的选择。

2013 年我参加一个网络营销培训，接触到 LinkedIn 这个全球最大的适合 B2B 高质量商业人士的社交平台，当时我又一次被震撼，原来外贸开发客户以及公司产品及品牌营销还能这样玩。

2014 年在德国，我参加全球最大的玩具展，偶然间有机会和当时全美玩具品牌排名前三的公司进行交流，当其将全年的营销计划分享给我们时，我清楚地看到了他们在 LinkedIn、Twitter（推特）、YouTube（全球最大的视频网站，全球第二大搜索引擎）这几个主流社交平台上的投入与预算。当时我就想，难怪在竞争如此激烈的时代，他们的业务量与市场份额每年都能以 30% 的速度稳步增长，外国人都在这样玩!

随着移动互联网的普及，买家在变，买家的采购行为在变，有数据表明，在买家的采购流程中，一半以上的国外买家会通过社交媒体方式来获取供应商和产品等相关信息。

但是，我在实际的工作和这些年的培训分享中发现很多中国的外贸人对于 LinkedIn 的认识远远不够，思维局限，简单地认为它只是用来找工作或搜索客户的工具，又或者是用传统的邮件思维操作新兴平台，发纯粹的销售信息骚扰客户，完全无法达到营销的目的，反而被客户举报，使账号受限。或者有些人已经意识到 LinkedIn 的重要性，想学习，但是苦于不知从哪里下手。

就我个人而言，通过 LinkedIn 精准搜索客户，在 LinkedIn Profile Home Update & Article（动态更新和长文章）中给潜在客户提供有价值的内容和帮助，以及在 LinkedIn Company Page 做品牌营销，我近 50% 的客户来自于 LinkedIn，收获颇丰。于是，我想如果能将这些年的积累以及心得整理成稿出一本书，给大家展示 LinkedIn 的营销方法，让更多外贸人少走一些弯路，那岂不是一件更加有意义的事情？很幸运地，在 2016 年 9 月，我收到了中国海关出版社的多次邀请，在郭坤编辑的帮助下，开始了这本书的写作。

写作这本书的过程并非一帆风顺，一是本人平时有大量的外贸以及外贸培训工作要处理，只能利用周末或休息的时间；二是 LinkedIn 2016 年被微软收购后，进行了大量的改版，很多功能发生变化，一直到 2017 年 9 月左右才基本定型。所以呢，之前的书稿大纲、样章基本上全部推翻，力图为外贸人呈现如何利用这个最受欢迎的 SNS 平台精准找客户，巧妙做营销。

本书首先分享 LinkedIn 对于外贸人的重要价值和利用好 LinkedIn 必备的知识；其次，从平台实操角度出发，指导外贸人打造完美的 Profile，做好安全和隐私设置，玩转公司主页；最后，用社交营销的理念带领读者利用 LinkedIn 找客户、建立联系、开展营销，促进传统外贸发展。

我们的目标是少些理论，多些实践；少些浮夸，多些实用；少些说教，多些案例；让大家真正能有步骤地学会如何用 LinkedIn 助力海外市场营销与客户开发。同时，向大家传递利用 SNS 平台营销的思路和策略，这些策略在任何一个社交平台上都具有普适性，希望大家多去研究和探索，开发出适合自己的营销方法。

如果你是一个小而美的 SOHO（Small Office，Home Office，外贸行业中常用来表示居家独立创业者），或是你的企业还处于起步阶段，希望用最少的成本达到好的营销效果，找到精准客户，那么本书适合你。书中介绍了非常多的免费或少量付费助力营销的方法。

如果你所在的公司已具规模与实力，希望学习如何用 SNS 在本行业分得一杯羹，那么本书适合你。书中所介绍的 LinkedIn Company Page、Showcase Page（产品专区）会是你公司各种素材的分享地，你可以用有价值的内容营销进行公司品牌宣传与推广。

本书中的案例来自不同规模的企业，无论你是企业的老板，还是经验丰富的外贸老手，又或者是外贸新手，都能从中受到启发。

在社交媒体的时代，没有一家企业强大到不能被击败，也没有一家企业弱小到不能参与竞争，是时候让你的企业学会借用社交平台的力量脱颖而出了。

这本书能呈现在大家面前，有我的努力，也有许多人的支持，我要特别感谢如下人员：

感谢中国海关出版社的郭坤编辑，没有她的鼓励和坚持，也许就没有这本书；感谢领英中国的团队，感谢尊敬的郭总，感谢锦宜，感谢营销业务总经理 Vianne Cai，谢谢贵公司的支持，给我这本书写下了珍贵的序言；感谢我的学员 Sunny、Scola、Pand 等，他们运用 LinkedIn 收获多多，时不时地给我分享好消息，成为我坚持分享的动力；此外，还要感谢无数个默默支持我的小伙伴们，你们是我最大的动力。

最后，诚恳地请求大家如果发现书中有任何错误，还请指正，也欢迎大家一起交流，向我们反馈您的收获。

May 于 2018 年 2 月 1 日星期四深圳

目　录

CONTENTS

第三章 LinkedIn 个人账号注册与完美档案打造

第一章 LinkedIn——“互联网+”时代营销的新潮流

对 LinkedIn（领英）一无所知的外贸朋友们捧着这本书时，可能会问，LinkedIn 是什么？能做什么？我先来简单介绍下。

LinkedIn（https：//www. linkedin. com）是全球最大的职业社交平台，它是一家面向商业客户的社交网络平台，成立于 2002 年 12 月并于 2003 年启动，于 2011 年 5 月 20 日在美国上市。2014 年 2 月 25 日，LinkedIn 简体中文版网站正式上线，并宣布中文名为“领英”。经过 15 年的发展，LinkedIn 已经成为全球最大的商务社交媒体平台和全球最大的社交媒体招聘平台，以及全球最大的聚集 B2B 人员的社交媒体平台之一。截至 2018 年 1 月，其用户数已经超过 5. 43 亿人，并以每秒新增 3 个用户的速度不断增加。中文版“领英”自 2014 年 2 月推出之后，来自中国的注册用户由 2014 年的 400 万人上升到 2017 年底的 3 600 万人，增长迅速。

第一节　LinkedIn 究竟是什么

一、LinkedIn 是招聘网站

提到招聘，大家第一时间想到的可能是智联或者前程无忧等招聘网站，但在国外，很多人会选择 LinkedIn 来寻找适合自己的工作机会。在我眼中，LinkedIn 是一个非常方便的招聘国际人才的好平台，比如你公司要招聘国际销售代表、跨国律师等，或是找开发设计适合欧美风格的某行业某产品的设计

师，都可以很轻松地在上面完成。为什么这么说呢？

第一，通过这么多年的积累沉淀，LinkedIn 聚集了大量的高素质人才，它本身就是一个巨大的人才数据库，你通过产品关键词加职位关键词在 Jobs（职位）、People（会员）维度搜索找工作或招聘人才不是一件难事。

第二，LinkedIn 的用户会有一份详细的 Profile（个人职业档案），只要你也是 LinkedIn 的会员，在满足你搜索条件的结果中，你可以非常完整地看到其 Summaries（职业概述）、Experience（工作经历）、曾就职于哪些公司、其公司领域或个人特长是什么。

第三，相比于普通招聘网站的刻板的个人简介，LinkedIn 的个人职业档案中，有更多鲜活的资料，比如其 Media（作品文件）中的视频、图片、文章或博客链接，你可以更全面、深入地了解应聘者。

第四，相对于普通招聘网站，LinkedIn 个人职业档案中 Featured Skills & Endorsements（精选技能），再加上其同事、朋友、客户或合作伙伴给其的 Recommendation（推荐信），以及所完成的 Project（项目）等信息，远比“王婆卖瓜，自卖自夸”式的个人介绍来得更有说服力。

第五，LinkedIn 推出的“ProFinder（兼职平台）”功能［“Work——Visit more LinkedIn products（查看领英更多产品）——ProFinder”，此功能目前只在美国开放试用，以后可能会逐步对更多国家开放］，能让中小企业足不出户地找到所需要的跨国人才，这里面有大量的经过 LinkedIn 审核的可信赖的 Freelancers（自由职业者）。

二、LinkedIn 是助力外贸 B2B 海外业务开展的社交平台

随着 LinkedIn 的会员越来越多，特别是高端专业人士和经理人越来越多，LinkedIn 的营销价值也突显出来，你可以很方便地使用 LinkedIn 建立自己的品牌并通过内容营销长期吸引潜在客户。此外，你还可以通过搜索，很高效地找到目标客户所在的公司，以及关键决策人，从而开展营销和销售。

作为外贸人，我眼中的 LinkedIn 首先是一个专业的、全球最大的、适合 B2B 外贸的社交平台；其次，是一个很好的助力 B2B 外贸人员开发海外客户，助力外贸管理者进行品牌宣传与营销的平台。

为什么说 LinkedIn 可以助力开发海外客户？

图 1－1 所示的两组数据，也许会给你带来启发。

图 1－1

从图中你可以看出，国外买家已经越来越依赖用社交平台获取产品信息、供应商信息，在他们的采购决策中，社交媒体上提供的信息有着非常重要的作用。

而在 Facebook（脸书）、Twitter、LinkedIn、Instagram（照片墙）、YouTube 等众多社交媒体中，外贸 B2B 营销一定不能错过 LinkedIn，如图 1－2 所示。

究其原因，无疑是因为 LinkedIn 聚集了高素质职场人士，其购买力、商业决策力都比其他社交平台的人士要高。图 1－3 所示是 LinkedIn 中国 2016 年年底的调查数据。

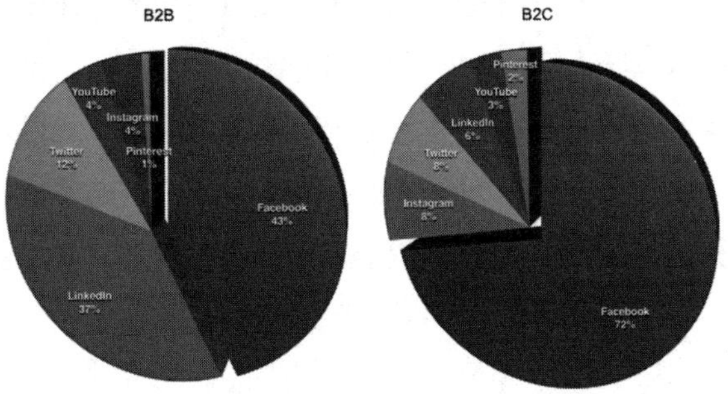

图 1－2

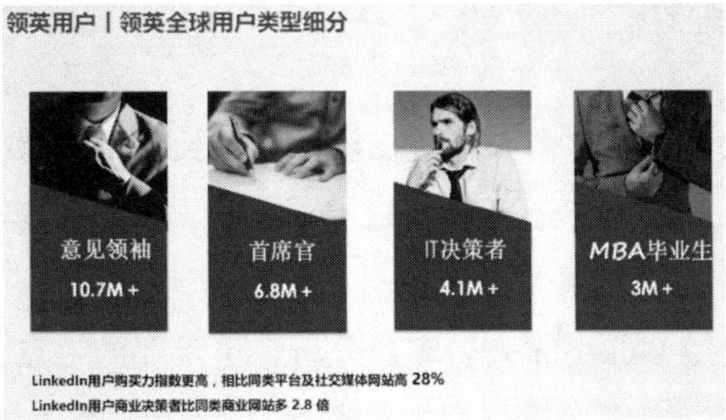

图 1－3

第二节　LinkedIn 能帮外贸人做什么

一、LinkedIn 可以从哪些方面助力外贸销售人员

（一）找到合适的工作

这个很容易理解，LinkedIn 作为全球最大的职业社交平台，其企业招聘方案早已名声在外，特别是招聘国际人才方面。所以外贸人如果要在里面找一些国际公司，那是非常容易且高效的。

（二）搜索寻找潜在的客户

LinkedIn 相对于 Facebook 来说，其会员更多的是职场人员，你想要找的知名公司及个人，基本上都在 LinkedIn 中开立了 Company Page（公司主页）或个人账户。那有人说了，不出名的公司或个人，在 LinkedIn 中能找到吗？你不妨通过搜索人名或公司名试一试。LinkedIn 提供了 People（会员）、Jobs（职位）、Content（内容）、Companies（公司）、Groups（群组）、Schools（学校）6 种搜索维度，不管是大公司还是小人物，都有可能在 LinkedIn 上注册。当然，如果你是一个行业新人，也可以通过产品关键词，搜索出大量的新客户，在后面的章节中我会进行分享。

（三）分析客户

询盘客户、展会客户，你不了解其背景，通过 Google（谷歌）等也找不到太多有用的信息，不妨试下 LinkedIn。这是我在做业务员时最喜欢用的 LinkedIn 功能之一。

通过公司或人名，将这个人的过往经历、特长、工作情况、履历、兴趣爱好等一一查清楚；此外，你还可能通过 Company Page，了解其公司基本情况、员工人数及各部门决策人等。

我之所以喜欢用 LinkedIn 来做客户分析，更重要的一点是其非常快速、高效且信息相对完整，能将一个公司或你想要了解的那个人的信息了解得更清楚。相对于在 Google 上搜索到的零星信息，通过 LinkedIn 能一步到位地找到

其 Company Page，以及个人职业档案，Follow（关注）他或成为其 Connection（联系人）之后，对于客户公司及个人的动态我都能第一时间掌握。

（四）自我营销

无论是本国还是跨国生意，你打交道的始终是人，如何让客户信任你？专业的形象、自信的表现、对本行业产品的认知，这些都可以通过 LinkedIn 的 Profile，由深度的 Article（文章）或 Share An Update（分享动态），以及 Company Page 等体现出来。

（五）破冰及维护客户

回归到社交平台的核心，任何一个客户，通过社交平台，你们可以从不认识到认识，再到了解关注，互相提供帮助，最后水到渠成做生意。通过邮件、电话等传统方式搞不定的客户，尝试用 LinkedIn 建立联系，成为 Connection，或是通过发送 Message（信息），或是非 1 度联系人用领英付费方案发送 InMail 等，对其动态文章 Like（点赞）、Comment（评论）、Share（分享），从而展开互动，与客户的关系都可能破冰，这些内容后续我会一一奉上。

（六）学习与提高

LinkedIn 里高人云集，在这里，你可以用如下的方法去学习与提高。

1. 关注行业大咖或行业知名公司

关注之后，只要这些行业大咖或公司在个人简历或公司主页分享动态，你就能在信息流里即时看到这些信息。

2. 加入相应的群组

群组里聚集了大量相同专业或相同兴趣的人员，而 LinkedIn 的群组，相对于 Facebook 的群组，讨论的话题更多的是商业方面的资讯。

3. 学习有价值的内容

打个比方，你需要了解你行业的最新知识或是深度评析的内容，除了通过 Google Alerts（谷歌快讯）等，在 LinkedIn 搜索框里输入产品或行业关键词，以 Content 维度来找，也会找到很多相关的动态（Update）、文章（Article），而且你可以选择按内容的相关性（Relevance）或是按发布的先后顺序（Latest）排列。

4. **了解 LinkedIn 智能推送的相关内容**

你在注册 LinkedIn 时，会选择 Industry（行业），此后，LinkedIn 会智能地给你推送与此行业相关的信息。如果你用到 LinkedIn 付费 Sales Navigator（销售业务）方案时，系统也会让你填写你感兴趣的话题，从而给你推送更加匹配的内容。

以上这些，让你学习了解行业趋势、产品信息、国外行情等变得简单。另外 LinkedIn 新推出的 2 个产品，也是我极力推荐大家用 LinkedIn 的一个重要原因。

LinkedIn 推出的两个新产品之一 Learning（学习）是一个非常棒的学习中心，它以视频的方式帮助大家学习各种技能，特别是软件操作技能、商业技能、工程技术等。

Tips 1

lynda. com 是美国的一个在线视频付费学习网站，里面有大量精品学习视频课程，可以分门别类来学习，LinkedIn 与其有深入合作，所以其 Learning 实际就是链接到了 lynda. com 里。2016 年 5 月 6 日，LinkedIn 以 15 亿美元收购 lynda. com，这是 LinkedIn 历史上最大一笔收购。

Tips 2

如何找到这个产品？

在 LinkedIn 网站的右上方（英文语言界面项下）有“Work（工作）”导航键，点击进去，就能看到“Visit more LinkedIn products”项下的“Learning”。

总之，LinkedIn 能从找客户、分析客户、跟进客户、维护客户方面帮到外贸朋友。当然，这里不是鼓励外贸朋友滥用社交平台去骚扰客户，“你若盛开，蝴蝶自来”的平和心态，才是用好社交平台的核心和最高境界！

二、LinkedIn 可以从哪些方面助力外贸管理人员或老板

LinkedIn 对于外贸销售员的帮助非同一般，对于外贸管理人员，它也可以

提供助力。

（一）找到合适的人才

LinkedIn 可以帮助外贸管理人员或老板找到需要的人才，特别是海外销售代表、市场推广人员、海外售后团队等。

我们公司就通过 LinkedIn，找到了西班牙售后服务人员。具体怎么做呢？

你可以用 ProFinder，也可以在 Company Page 的 Career Page（雇主品牌页面）界面发布招聘需求（图 1－4 为华为公司的招聘需求），如果是小公司，没有购买 Career Page 板块，也可以尝试在 Company Page 或个人简历的最新状态中主动出击，如图 1－5 所示。

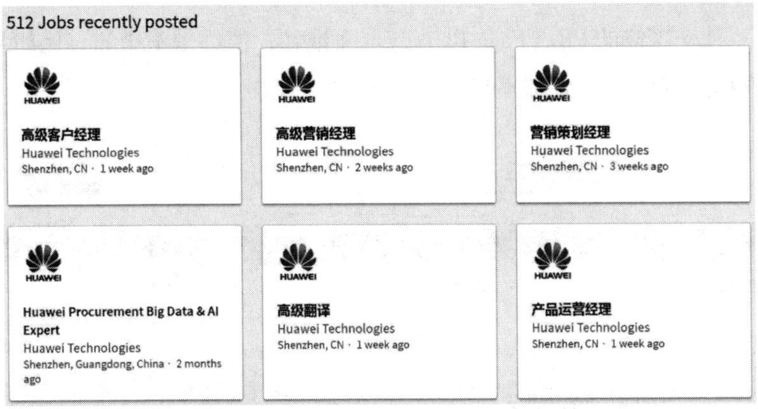

图 1－4

图 1－5

当时我们就吸引了荷兰、丹麦等国的销售代表，此外还有一个丹麦客户与我们谈某款玩具产品在当地市场的包销。

（二）公司品牌及产品宣传与推广

LinkedIn 作为全球最大的职业社交平台之一，Google 对其是非常友好的，LinkedIn、Facebook、Twitter、Pinterest（全球最热门的图片社交网站之一）、Google + 等社交平台在 Google 上的排名都是优先的。至于这里面的原因大致有以下几点：

（1）Google 喜欢原创的内容，而这正是社交媒体所推崇的；

（2）社交媒体的推荐、分享、评价和点赞等对站点的搜索引擎排名有积极的影响，是不容小觑的；

（3）社交媒体的 PR（Page Rank，页面排名）值都是不错的，比如 LinkedIn 的 PR 值和全球综合排名都不错，如图 1－6、图 1－7 所示。

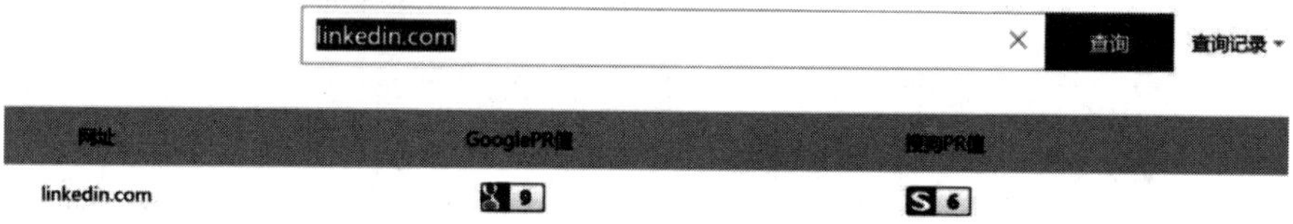

图 1－6①

网站 linkedin.com 的综合排名

域名	全球排名（PV Rank）	访客排名（UV Rank）	国家/地区	国家/地区排名
linkedin.com	18	21	US	10

图 1－7

PR 值是 Google 搜索排名算法的一个组成部分，级别从 1 到 10，10 级为最高，一般企业的网站 PR 值达到 4 就算是一个不错的网站了。PR＝1 的网站不怎么样，PR＝2～3 的实力一般，PR＝4～5 的重要性不错，PR＝6～7 的网站很厉害，PR 值越高说明该网页在搜索排名中越靠前。也就是说，在其他条件相同的情况下，PR 值高的网站在 Google 搜索结果的排名中有优先权。Google

① Google PR 值是针对 Google、全球市场；搜狗 PR 值是针对中国市场。

的网页排名规则由 100 多个因素决定，PR 值只是其中之一，它是一个重要的因素，但绝对不是根本因素。

对我们外贸人员来说，它意味着什么?

正常情况下，同样的产品在 LinkedIn 和公司官网上做宣传与推广，它在 LinkedIn 的排名会比公司官网靠前，或是先被 Google 收录。

（三）通过树立专业形象，解决客户对于公司或个人的信任问题

客户通过 Google 搜索或是展会等其他传统途径知道你或你公司，来到你的 LinkedIn 个人页面、Company Page，了解你的信息后，更能信任你。

举个最简单的例子，你的客户 Jack 通过展会、Google 或邮件等传统 B2B 方式和你取得了初步联系，但他对你个人或公司还不是非常了解，更谈不上信任，客户会习惯上 LinkedIn 搜索你公司的主页，顺便了解下你公司的成立情况、背景信息、员工情况。厉害些的客户通过你或你员工的上下游还能捕捉到其他一些重要信息，比如发现其中一个他认识的行业知名客户 A 给你的评价，或是在 Company Page 的动态（Update）中给你的留言等。或者他通过看你对于某个产品的评论等发现你是否是一个值得信赖的行业资深人员。

（四）产品信息的收集与整理

在产品开发阶段，我们不知道自己的产品在设计及包装风格方面是否符合国外客户的喜好，加入相应专业的群组向大家请教咨询，总有一些热心的专业人员能给你一些借鉴与参考。或是你可以直接主动出击，通过兼职平台找到一些专注于本行业的自由职业者帮助你。少量的付费比雇一个全职设计师要划算很多。

（五）随时掌握客户特别是公司 VIP 客户或行业巨头的动态

通过关注公司 VIP 客户的 LinkedIn 账户可以随时清楚其状况，从而找到沟通的话题，来帮助销售人员破冰。比如你发展的客户公司办周年庆、开新店、办公室搬迁、参加展会，或是赞助赛事或活动，你可以给客户提供帮助，会有意想不到的效果。

当然，你也可以通过关注行业巨头的公司主页，掌握他公司的一举一动。

第三节 LinkedIn 适合你的行业，适合你的目标市场吗

如果你是 B2B 业务员，如果你的市场在欧美、印度、巴西等传统市场，那么，LinkedIn 非常适合你。和世界其他各大社交媒体平台相同，LinkedIn 的注册用户大多数使用英语，截至 2017 年 2 月的数据，LinkedIn 桌面端中有近 30% 的用户来自美国，但是在巴西、中国、法国、意大利、墨西哥、西班牙、俄罗斯、阿根廷、土耳其、哥伦比亚、沙特阿拉伯、智利等非英语国家中也有大量的注册用户。从这个角度来说，LinkedIn 在全球主要国家的商务人士中的使用比例还是比较高的。

不是所有国家都特别适合用 LinkedIn，如果你的目标市场是日本、韩国，LinkedIn 相对不适合，因为这些国家有其他的平台，比如日本使用的社交平台排名依次是：Line（韩国互联网集团 NHN 日本子公司 NHN Japan 推出的一款通信应用）、Instagram、Twitter、Facebook、Google +、Skype（一款免费的即时通信软件）。

韩国使用的社交平台排名依次是：YouTube、Facebook、Twitter、Instagram、Kakaotalk（一款来自韩国的免费聊天软件）、Google +、Facebook Message、Line、Tumblr（汤博尔，目前最大的轻博客网站）、LinkedIn、Wechat（微信）、TwitchTV。其中 Kakaotalk 是韩国本土的社交平台。

LinkedIn 适合的行业非常广泛，如果你所在的行业是电子信息行业，建筑行业，物流、交通运输、汽车行业，工程、机械相关行业，那么 LinkedIn 非常适合你。

有兴趣的朋友，可以到如下链接了解各行业的情况。

“https：//docs. google. com/spreadsheets/d/1yRMkoaWUDhC7xgZip_ ptzDZ7qmAijnjjjZbiDgLIGs4/edit#gid =0”。

更多关于 LinkedIn 等社交平台的权威数据，推荐通过 2 个工具来获取：

“https：//www. socialmediaexaminer. com/”；

“https：//www. statista. com/”。

“在网络营销时代，没有一个企业强大到不能被打败，也没有一个企业弱小到不能参与竞争。”

在买家采购习惯发生了变化的社交媒体时代，买家出现在这里，而你没有出现，你的同行出现了，你的机会就少了，你的客户可能就跑到你同行那里去了。

第二章 外贸人员用好 LinkedIn——请先学习这些扫盲知识

有很多用 LinkedIn 的朋友经常会问我："May 老师，为什么你说的 LinkedIn 很多功能我没有看到呢？比如 Article、Home Update 里新加的 Video 上传分享、Group、ProFinder，以及 LinkedIn Learning。"为什么你看到的界面和我的不一样呢？

这其实就两个原因，语言版本的问题、LinkedIn 升级改版的问题。

另外，也有外贸人员会说："我也用 LinkedIn，但为什么就没有取得我想要的效果呢？"答案会在本章一一揭晓。

第一节　使用 LinkedIn 的哪个版本更好

一、该用 LinkedIn 的中文版本还是英文版本

2014 年 2 月 25 日，LinkedIn 简体中文版网站正式上线，并宣布中文名为"领英"。

我们都清楚，LinkedIn 总部在美国，有 20 多种语言版本，而所有的这些新功能，都是由美国总部先推出，再逐步向其他国家或地区开放。这里的逐步开放包括 3 种情况。

（1）逐步在不同国家开放不同语言版本，当然英文版功能最全；

（2）逐步对不同的用户群体开放，收费用户享受的服务可能优于免费用户；

（3）逐步对不同使用年限的用户开放，可能老用户享有的服务优于新用户等。

中文版领英相比较于已经运行 15 年的英文版本 LinkedIn，功能不齐全也是可以理解的。很多做外贸的朋友用电脑端时也还习惯用中文语言版本，个人认为这是不太可取的，为什么呢？

一些重要的功能比如 Write an Article、Group 等，目前在中文版本中是没有的。另外很重要的是，英文语言界面更多地被 Google、Yahoo、Bing 等国际搜索引擎收录，而中文语言界面则大多是被中国国内搜索引擎百度、360 等收录。

如果你是想拓展国际贸易伙伴，当然建议用 LinkedIn 的英文版本。

如果你是想拓展中国业务，或是负责中国人才的招聘，建议用 LinkedIn 的中文版本。

如果你有小语种优势，除了英文语言界面，还可以尝试着用你的优势语种版本。

Tips

有外贸朋友认为英文版本有单独的网页，我在此说明一下，LinkedIn 在全球只有一个统一的网站："https：//www. linkedin. com"。如何切换中英文等不同的语言版本？

非常简单，在"我（Me）——语言设置（Language）"里进行相应的切换就好了。

二、该不该用 LinkedIn 付费账号或免费试用 LinkedIn 付费账号

LinkedIn 个人账号分基本免费账号（如图 2－1 所示第一个账号），以及付费账号 Premium，付费账号的用户名旁边有"in"的小图标，如图 2－1 第二个账号左上角所示。

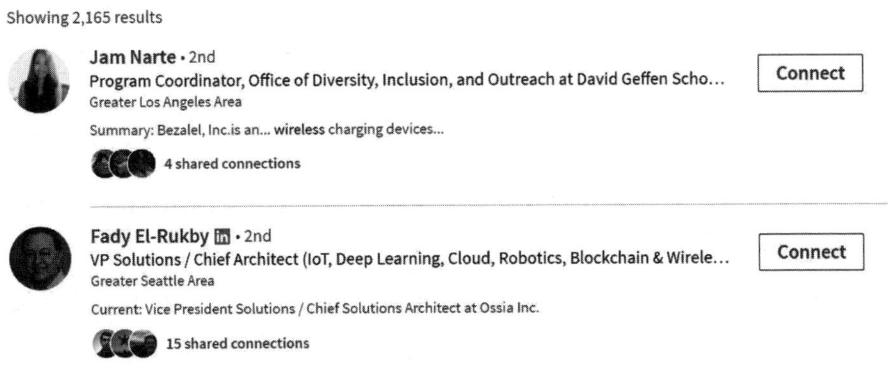

图 2－1

付费账号又分 4 种，分别是：职业发展账号（Career）、商务发展账号加强版（Business）、企业销售账号（Sales）、企业招聘账号精简版（Hiring），见图 2－2。

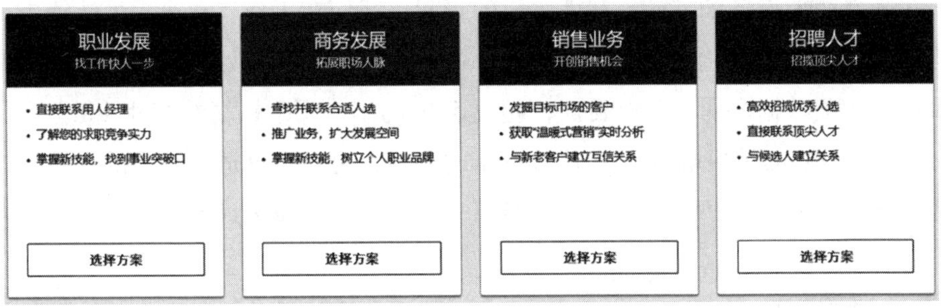

图 2－2

在付费账号中，适合外贸销售人员用的是企业销售账号，单买此账号 1 个月人民币 539 元，购买半年或 1 年会有总价上的折扣。

总体来说，付费账号功能更多、更完善，更高效，节省时间成本。比如免费的"Who viewed your profile"项下的"Who your viewers are"只能显示 5 个人，免费的账号会搜索受限，也不能发 InMail，此外，免费的账号以 Companies 维度来搜索时没有"Advanced Search（进一步搜索）"等功能。

更多关于付费账号的信息，请在如下链接了解"https：//business. linkedin. com/"。

建议当你熟悉免费账号后，根据需要，再考虑使用付费账号。如果你把时间成本看得很重的话，当然可以直接用付费账号。

Tips

LinkedIn 付费账号对于大多数国家是有免费试用 1 个月选项的，但是从 2017 年开始，它取消了对于中国用户的免费试用，你可以用支付宝支付后试用，操作比较简单。

如果其他国家的用户在免费试用付费账号过程中，觉得不适合现阶段使用，建议最少在到期日前 1 至 7 个工作日取消，以避免产生不必要的扣费。

第二节 LinkedIn 的非 PC 版——移动端

随着智能设备如 iPad、智能手机的兴起，我们在工作、学习、生活等方面的时间越来越碎片化，等车等人时，都可能会拿出手机来处理 LinkedIn 的一些事情。相关数据表明，截至目前，超过 55% 的用户用手机端看 LinkedIn。

LinkedIn 的手机端 APP 有比较丰富的产品，可以选择适合自己的 3 ~ 4 款，比如 LinkedIn APP、Slideshare、LinkedIn Learning、Lynda. com。

Tips

桌面端建议用 LinkedIn 的英文界面，功能比较齐全；手机端建议用 LinkedIn 中文 APP，更加本土化。

第三节 LinkedIn 的最大改版

2016 年 6 月 LinkedIn 被微软收购后做的 9 年来最大一次改版，添加了很多新的功能，也将之前的很多功能弱化了，比如 Connection 的 Tag（标签）管理、Company Page 的 Advanced Search 等，在 LinkedIn 的标准账号即免费账号项下都没有了，移到了付费账号项下。

也许当大家看到这本书时，又有了新的变化，不用抱怨，欣然地接受并拥抱这些变化吧。这就是社交平台，不断完善或不断改版都是情理之中的。

对于我们来说，如何使用 LinkedIn 的最全功能才是最重要的。通过研究，我整理出如下三点，分享给大家。

一、用英文界面

英文界面项下的功能强大，其中之一体现在 LinkedIn 的 Work 项下的“Visit more LinkedIn products”，图 2-3、图 2-4 所示为 LinkedIn 中文和英文项下的产品区别。中文项下只有“发布职位”一个产品，而英文界面项下有更多产品，包括 Learning、Post a job、Groups、ProFinder，另外在 Home Update 里还有 Write an Article。

图 2-3

图 2-4

另外，免费账号和付费账号项下的产品又是有区别的。图 2-5 所示为付费方案“Sales Navigator”项下的“Vist more LinkedIn products”。

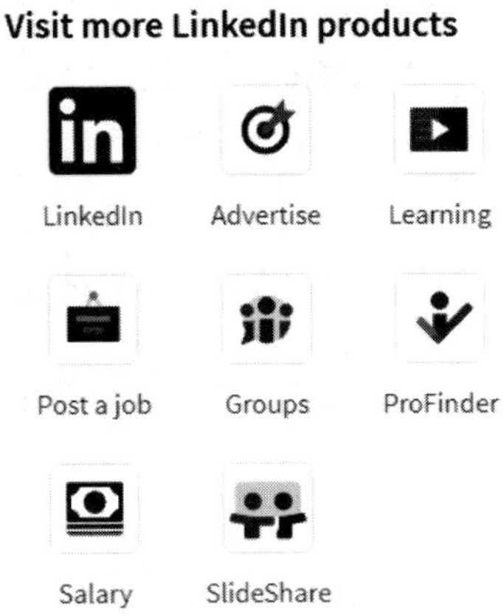

图 2-5

二、用桌面端 LinkedIn 而非手机端 APP

LinkedIn 手机端 APP 的特点是只能简单处理一些事情，所以很多功能它是不具备的，比如群组、公司主页、长文章等。

LinkedIn 手机端 APP 的优点是系统偶尔会有一些优惠活动或是奖励，比如以前就有过邀请一定人数，系统可以让你自我处理自己的 Profile 图片，最近也有写公司评价免费升级为高级账号的机会等。

三、用 LinkedIn 推荐的浏览器，并升级到最新版本

有朋友反映说 LinkedIn 英文语言界面项下不能发文章，或是不能保存文章等，这个问题换浏览器就解决了。你可以尝试用不同的浏览器登录 LinkedIn，体验感排名靠前的浏览器分别是 Google Chrome（谷歌浏览器）、Firefox（火狐浏览器）等。

第四节　使用 LinkedIn 前要注意的事项

很多人听说 LinkedIn 很不错，能开发客户，他们赶紧注册个账号，不管三七二十一就开始搜索客户，马上推广产品，不断发站内信，指望着能几天就在上面接个订单。如果你怀着这种功利心强，又急于求成的心态，那么，我建议你不要用 LinkedIn，因为它不是万能的。并且，你很有可能遇到各种问题，比如频繁骚扰客户被举报，账号被限制，不能发内容等。

那么你应该如何使用 LinkedIn 呢？在用之前，你必须有正确的认识、好的方法，以及良好的心态。以下是一些用 LinkedIn 的注意要点。

一、拥有社交平台的思维，而不是不断盲目搜索、骚扰客户的思维

不可否认，用 LinkedIn 搜索客户的确非常不错，但最重要的，它是一个社交平台，所谓社交平台，其核心是分享、给人帮助，之后再水到渠成做生意。

或者，你也可以很直接，在 LinkedIn 上就是想找客户，但要以一种让客户欣赏，最起码不排斥的方式找客户。比如个性化的 Inviation（邀请信）、高质量的内容。

（一）SNS 不是 Google，不是百度，不是维基百科

这句话怎么理解，比如你用搜索思维来搜索“猫”时，可能出现更多的是关于猫的一些科普知识；而当你用社交思维在社交平台上搜索“猫”时，出现更多的是关于猫的一些趣闻和养猫的常识等。

（二）长期坚持

两天打鱼三天晒网的风格，是不适合任何社交平台的，在 LinkedIn 上，也许你 6 个月前发的内容，到今天还有人点赞、评论、分享，你需要经常和客户互动交流，感谢他们并和其沟通。

（三）利用好 LinkedIn 的强大关系网

6 度空间理论指出你和任何 1 个陌生人之间所间隔的人不会超过 6 个，也就是说，最多通过 6 个人你就能够认识任何 1 个陌生人。

在 LinkedIn 中，人脉圈中的会员称为联系人。人脉圈由 1 度联系人、2 度联系人、3 度联系人以及你所在 LinkedIn 群组的成员和你的关注者组成。而你需要做的是巩固关系圈子，用强关系借力拓展弱关系，详细的方法我会在后面的章节中介绍。

（四）不虚假，尊重 LinkedIn 规定

真实的个人履历是必需的，基本的诚信原则需要遵守，不然，乱用别人的公司名称，将工作年限拉长，如果被举报了，后果可不好。

所以，你必须尊重 LinkedIn 的用户协议，哪些行为是被禁止的，你心里要清楚。比如账号不能发长文章，账号受限制等，很有可能是你违反了用户协议。使用前需仔细阅读 LinkedIn 的用户协议，特别是第 8 条“LinkedIn 的应做与禁止事项”。

Tips

在哪里找到中文版本的用户协议？
“https：//www. linkedin. com/legal/user-agreement？trk = hb_ ft_ userag”。

二、玩转 LinkedIn 要做的主要工作

有很多外贸朋友会提到，用 LinkedIn 效果不如别人的好，究其原因，还是部分工作没有做到位，那么，在 LinkedIn 上，主要有些什么工作呢？

（一）建立 LinkedIn 个人账号

（二）完善个人职业档案

（三）加众多精准的联系人

精准联系人包括你的同事、朋友，以后你还可以导入你以前的客户，新加潜在客户等。

（四）关系的维护

（五）LinkedIn 打分情况的自查

查询打分情况可登录“https：//www. linkedin. com/sales/ssi”。

（六）内容营销

（七）公司主页的建立与运营

（八）团队整体运营与营销

三、使用 LinkedIn 的频率

这是个仁者见仁，智者见智的话题，个人的建议如下。

（一）每天要做的

查看并处理 Invitation（邀请）、Message（信息）、Notification（通知）。
时间：5～30 分钟。

（二）每3 天要做的

（1）查看你发布的 Home Update、Article，与给你点赞或给你评论的人互动。
时间：15～30 分钟。
（2）查看你发布在 Group 的 Conversation（话题），与给你点赞或给你评论的人进行互动。
时间：15～30 分钟。

（三）每周要做的

（1）关注 Group 中的 Application（申请）、非重点 Group 的 Conversation，并进行回复处理。
（2）在主要的 Group 里发布 Conversation。

（四）每半个月要做的

（1）写一篇高质量的文章。
（2）加行业内的客户。

（五）每个月要做的

更新档案，当然，对于细小方面的内容，可以每周或每半个月更新。

（六）每个季度要做的

更新档案的背景图（banner）、产品横幅广告、个人形象横幅广告。

（七）每半年要做的

发布一份专业的行业白皮书。

（八）每个年度要做的

LinkedIn 运用技巧总结与分享。

（九）不定期的安排

（1）Profile 的细小更新。如某个 Project（项目）完成后，展会后，收到 LinkedIn 系统提示后更新相关内容。

（2）单个添加联系人，来源有询盘、客户介绍、客户来访。

（3）批量添加联系人，来源有展会、系列整理等。

（4）通过发信息感谢别人给你的新的 Featured Skills & Endorsements（精选技能）认可，也同时给别人的新技能进行认可。

（5）对于每个新加联系人的标签、说明等进行 CRM（Customer Relationship Management，客户关系管理，付费账号下 Sales Navigator 才有此功能）。

第三章
LinkedIn 个人账号注册与完美档案打造

要使用 LinkedIn，建立账号是第一步，而账号建立好后，一份完美的个人职业档案就显得尤其重要。很多外贸小伙伴们没有意识到这一块儿的重要性，或是没有掌握合适的方法，从而无法很好地展现专业的自己，丢失掉了一些不错的销售机会。

第一节　注册个人账号

在“https：//www. linkedin. com/”上进行注册，然后按照其提示一步步填写完善信息即可。注册账号时需认真考虑如下 4 个常见问题。

一、用个人邮箱还是企业邮箱注册个人账号

注册 LinkedIn 账号时使用个人邮箱或企业邮箱都可以，也各有利弊。我建议先用个人邮箱注册，以后将企业邮箱加上去，改为主邮箱。

这样做的好处是前期避免无数 LinkedIn 自动推送的不重要信息发送到公司邮箱。

后期，因为需要做公司主页，要用企业邮箱作为唯一识别的依据，所以，你要把企业邮箱添加上。

二、总共需要多少步

总共是 10 多步，不要偷懒，没有捷径！

一步步按照提示去做，尽可能写完整，以后再不断完善即可。

三、需要多少天完成

一般10~12天就可以将你的档案打造完成达到All Star（无敌级），后期再不断更新。如果前期你把资料准备好，速度会更快，两天达到All Star也不是什么难事。

四、注册个人账号的4个Tips（技巧）

（一）使用LinkedIn需要用VPN吗

不需要，但是如果用VPN或是路由器，选择USA线路，改版期间功能会更全。

（二）用了邮箱注册后，激活账户很重要

你收到激活邮件后，点击下“Click”，就可以了。

如果找不到邮件，去垃圾邮件箱找找看。

（三）先不要批量导入注册邮箱的联系人

LinkedIn提供了导入邮箱联系人等功能，建议在个人职业档案信息不是很完善之前，尽可能不要邀请陌生人或客户，以免给他们留下不好的印象而被拒绝。

（四）精确选择行业信息、城市和位置

在LinkedIn中将城市和行业添加到个人资料中，你被搜索到的概率会提高23倍。

LinkedIn后期会根据你的行业信息，给你进行相应的推送。当然，后期你的行业变化了，你也可以进行档案项下的更改。

第二节　LinkedIn个人职业档案打造之初级目标All Star

打造LinkedIn的个人职业档案是第一个你必须重视、花时间去做的工作。

一份专业的个人职业档案会让你的联系人对你刮目相看，也会让你的搜索

权重提高、访问者增加、排名优先。有些人说用 LinkedIn 无效果，那是因为第一步打造的个人职业档案就不专业、无亮点、不出彩。

一、个人职业档案的 5 个分级

个人职业档案的完善是个需要耐心的过程。个人职业档案共分 5 个等级，分别是 Beginner（初级）、Intermediate（中级）、Advanced（高级）、Expert（专家级）、All Star（无敌级）。我建议大家将 All Star 作为自己的目标。根据 LinkedIn 相关调查，一份 All Star 的个人职业档案会让你被浏览的概率提高 36 倍以上。

二、如何让你的个人职业档案达到 All Star 级别

想让你的个人职业档案达到 All Star 级别需要具备 7 个条件。

（1）Profile Picture（在个人职业档案中上传个人头像）。

（2）Industry And Location（填写所在的行业和区域）。

（3）Current Position With Description（目前的职位描述）。

（4）2 Past Positions（2 份以上的工作经历）。

（5）Education（教育信息的完善）。

（6）Minimum 3 Skills（3 项以上精选技能认可）。

（7）At Least 50 Connections（至少 50 个联系人）。

All Star 的个人职业档案打造前 6 个条件可以分 7 小步来完成，分别是 Step 1：定位目标；Step 2：上传头像；Step 3：撰写吸引人的标题；Step 4：完善专业个人经历；Step 5：增加工作案例、作品文件（Media）、所做项目展示；Step 6：善用精选技能、推荐、成就等模块；Step 7：方便其他人找到你的联系方式（URL 更改，个人信息优化）。是不是很简单？很多外贸小伙伴们实际操作过程中会忽略两个地方。

（1）现有工作，假如你的经历不是截至现在，你的档案会被降级。

（2）如果你换了行业，记得更换 LinkedIn 中的相关内容，因为系统会根据你的行业给你推荐信息，比如群组、你可能认识的人等。此外，有数据表明，写了行业后，你的档案被找到的概率会提高 9 倍以上。写了所在城市后，你被猎头或招聘公司搜到的概率会提高 23 倍以上。

那么如何看自己的档案级别呢？在个人的 Summary 下面的 Your Dashboard（管理界面）中就可以看到，见图 3－1。每个人只能看到自己的。

图 3－1

附我的档案供大家参考“http：//www. linkedin. com/in/tradestudy-mayshi/”。

三、LinkedIn Profile 打造之高级目标“完美档案”

All Star 很容易达到，可我们要的是一份更加专业的档案，我们将打造完美档案作为我们的更高目标。

我建议可以分为 5 个大阶段来完善档案。

5 个大阶段分别是指定位目标阶段、基本信息完善阶段、锦上添花阶段、借力阶段、宣传与推广前的准备阶段。

（一）定位目标

建立档案前，首先你要想清楚你的定位、你的受众。这包括两个意思。

（1）明确你的定位。你是想展现出一个什么样的形象给潜在客户？是某个行业的专家，还是什么都做的贸易公司？这会决定你如何建立你的账号，以及档案如何写。

（2）明确你的目标客户是哪些，他们关心什么，喜欢什么样的写作风格等。比如目标客户是技术控，建议多用图表；目标客户是经验决策型买家，建议多些市场信息引导与分享、未来趋势分析等。

定位好了，后面的工作都要围绕着它进行。

（二）基本信息的准备、填写与完善

基本信息包括姓名、个人职业图片、吸引人的标题、专业个人经历概述、工作经验、项目以及个人联系方式。

（三）锦上添花

（1）可以添加作品文件（Media）资料，如图片、视频、PPT、博客链接等作为补充或证明材料。让图片、文章、视频等替你说话，展现一个活生生的你。

注意，上传图片等多媒体资料时，要先重命名，并且在上传 LinkedIn 时加上描述，这样可以做 SEO。

（2）所做项目（Project）展示。这是很多人忽略或是觉得没什么可以写的地方，实际上，一个外贸人员，可以写的项目很多，可大可小，大的是你配合一个客户完成一个项目，小的是你组织安排一次展会或是分享，这些都是可以的。

（3）添加更多可以给你加分的素材，比如 Certification（资格认证）、Publication（出版作品）、Patent（专利发明）等。如何添加呢？选择“Add New Section（完善职业档案）”，再选择“个人成就（Accomplishments）”，点击如图 3－2 所示右上角的“＋”号进行添加。

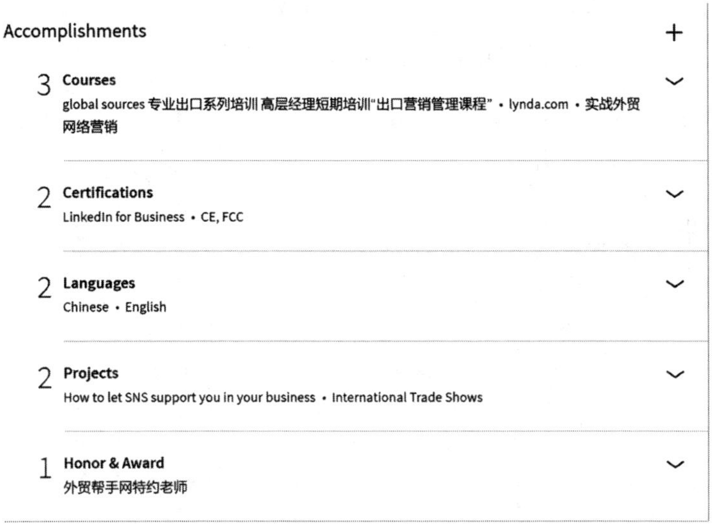

图 3－2

（4）设置个人职业档案的封面图片。专业的背景图片需要让别人看一眼就知道你是从事什么行业或领域的，专长是什么，所以图片最好是展现专业、职业的你，如你的工作场景的相关图。如果实在没有，也可以尝试将公司产品作为档案图片。专业的个人的图片会比公司图或产品图要好，因为个人职业档案需要展现的是专业的你，而不是你的公司，展现公司可以在 Company Page 里进行。不要用蓝天白云等毫无意义的图片。当然，图片配合简单的文字说明会更容易让人理解。

图 3－3 是 LinkedIn 首席执行官（CEO）Jeff Weiner 的封面图片，供大家参考。大家可以看到他的图片是与工作场景有关的，并且在图片中用简单的一句话概括了他目前的工作状态。图片参考尺寸：1 584×396 px（或参考最新规定）。

图 3－3

（四）借力精选技能（Featured Skills & Endorsements），并邀请他人给你写推荐信（Recommendation）

在 LinkedIn 中不用王婆卖瓜自卖自夸，而是可以借别人的口证明你的优秀，比如请别人给你进行精选技能认可，给你写有说服力的推荐信，见图 3－4。

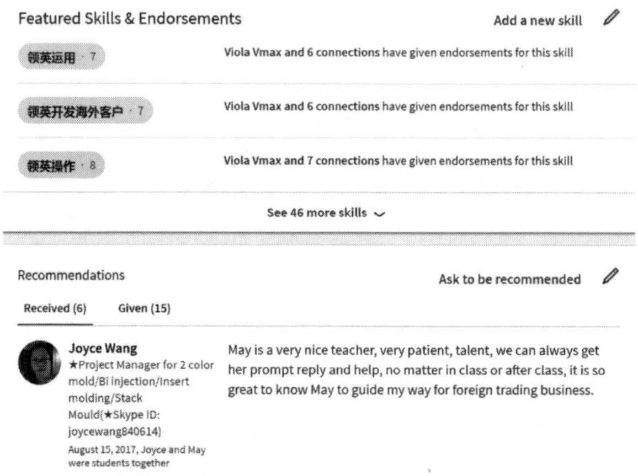

图 3－4

精选技能可以用系统推荐的，当然，也鼓励自创带你产品或行业关键词的有 SEO 效果的精选技能（精选技能不超过 50 个）。

建议填写 3 份以上的推荐信，1 个有分量的人的推荐信会让你获得意外的惊喜。我有一个学员，世界 500 强的行业巨头给他写了推荐信，结果给他带来了不少的潜在客户询盘。

（五）宣传与推广前的准备

你的 LinkedIn 账户方便被找到肯定是必需的，所以你有必要进行 SEO 情况的检查、隐私设置与保护，以及 URL 的更改、Public Profile（公共档案）的设置等。

（1）档案中多处要进行 SEO，包括但不局限于 Headline（标题）、Summaries、Experience，还有被忽略的地方，比如 Featured Skills & Endorsements、Contact and Personal Info（联系方式与个人信息）等多处的文字，以及添加图片时的文字描述，都可含关键词。

（2）URL 不要用系统生成的，要更改为含你个人信息或产品关键词的链接。让其简短易见，更加专业，方便找到，不论是以人名来搜，还是以产品或行业关键词搜索都能找到你，见图 3－5。

图 3－5

第三节　你的 LinkedIn 档案图片合格吗

前几天，一个外贸小伙伴在微信上给我留言，说其 LinkedIn 账号受限了，和 LinkedIn 官方取得联系后，他清楚了自己被限的原因是他的 LinkedIn 个人职业档案上的图片不合适，被多人举报了。后来账号被解限了，可这个事情让他清楚了，原来简单的一张 LinkedIn 档案图片还有这么多学问。

那么，他用的是什么图片呢？和很多外贸小伙伴一样，他是个爱公司的好员工，用的是公司 LOGO（标识）图。

很多人要问了，这也会被举报？下面我们一起来了解下 LinkedIn 档案图片的一些小知识吧。

一、应避免的图片类型

（1）动植物图、远景图、风景照、公司团队照、卡通图片、公司 LOGO 图等。

（2）与你外观不相似的照片或大头照，比如非本人的照片。

（3）各种卖萌、耍酷的图片，比如嘟着嘴巴，又或者是带着墨镜，或是潇洒地叼着烟的照片。

为什么呢？这是因为以上图片违反了 LinkedIn 用户协议 8.2 禁止事项的第三条，协议内容如图 3－6 所示。

8.2. 禁止事项

您同意，您将不会：

一. 以非法或不专业的方式进行与领英"服务"有关的活动，包括不诚实、滥用或歧视；

二. 发布不准确、诽谤、淫秽、令人厌恶、仇恨、威胁或其他不当内容，或宣扬个人的不满或纠纷；

三. 在职业档案中使用与您外观不相似的照片或大头照作为**头像**；

四. 在领英上捏造虚假身份。领英临时创建的虚构档案，或领英明确允许为某促销活动而创建的虚构档案，不得免除此项义务；

五. 谎报身份（例如使用假名）、当前或之前职位、资格认证与某个个人或实体的关系；

六. 建立非本人（真实存在的人）的会员档案；

七. 邀请不认识的人加入您的人脉圈；

八. 使用或试图使用他人账号；

图 3－6

二、建议的个人图片

LinkedIn 的头像要尽可能是职业的半身照，背景干净。如果你一定要展示产品，可以在不影响你个人图片显示的情况下展示，比如你可以抱着你的产品，如飞机模型或是机器人，让产品只是作为点缀，记住，主角是你，如图 3－7、图 3－8 所示。

图3－7

图3－8

自信带微笑的正面或侧面半身照比全身照、产品照被搜索概率更高，会带来意想不到的效果，如可增加21倍档案被浏览的机会、9倍被联系的机会。

此外，有肩膀的头像照片，会让人感觉更可靠。

（一）如何拍摄合格的图片

（1）面带自信的微笑。

（2）眼睛和摄像机保持同一水平度，不向上瞟，也不向下斜视。

（3）上传的图片尺寸最好为400×400 px，如果直接上传大文件再缩放裁剪，不要大于2 000×2 000 px，文件大小小于8MB。

（二）是不是一定要穿西装

拍照时你不一定要西装笔挺，只要这个照片与你的身份或产品比较匹配就可以了。

比如你是一个做渔具等休闲户外用品的，背景选择户外休闲场景也未尝不可。

（三）一定要去专业照相馆拍摄吗

不需要，找一个背景干净的地方拍摄即可，手机就可以拍摄，拍照的人有一定的拍摄技巧就可以了，实在不行，多拍摄一些来选择。

Tips

如果个人职业档案的图片不合适，会有什么后果？

正常情况下，不专业的个人职业档案图片会降低你发邀请被接受的概率。

严重点，如果因为牵扯到图片与个人不符，或是图片侵权，被多人举报，那么你的账号可能受限。

三、档案图片决定对方是否愿意接受你的邀请

关于是否接受别人的邀请这个问题，我会考虑的因素如下。

（一）对方是否有显示个人图片

这个很容易理解，对方是男是女，是黄皮肤还是白皮肤我都不清楚，毫无信任可言，我为什么要加你呢？

有些人可能会很憋屈，明明我放了个人图片，但为什么我在给对方发邀请时，对方看不到呢？可能的原因是对方进行了隐私设置，只看其联络人或社交圈的照片等，见图3－9。

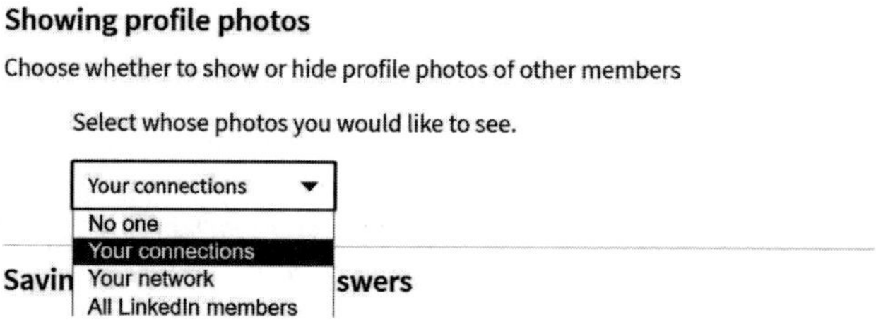

图3－9

（二）个人图片是否专业

在给我发邀请的人中，我大约统计了下，有近50%的人的个人图片是不专业的，要不就是卖萌照，要不就是风景照，要不就是公司团队照，五花八门。

一般情况下对这种不专业的图片，我是不接受其邀请的。

（三）是否写了个性化的邀请信

为什么要加我，请给我一个理由。如何写个性化的邀请信？这点会在后面的章节详细讲到。

四、上传个人档案图片的注意事项

我建议将图片重命名为你的人名后上传。这样做的好处是会让你的图片具有 SEO 功能，如果买家以你的人名作为搜索关键词，特别是以 Google Image（谷歌图片）来搜索时，你就会出现。

同样，有时候，你也可以用这个方法来搜索客户。比如，有些超出你人脉圈的人，如 LinkedIn Member（领英会员），你不能点开其档案，就可以将其头像保存起来，用 Google Image 结合其人名、个人图片来了解更多关于此人的信息。

五、你的个人图片必须一直不变吗

从被 LinkedIn 收录的角度来看，我不建议频繁更换图片。但站在营销的角度来看，建议定期比如每半年更换一次。为什么呢？每次你更换头像之后，会引起你人脉圈中人的注意，引来可能的沟通机会，这也是一个提升个人形象展示率和被浏览率的方法之一。

每次更换的图片需要有一定的特色，能让人看到你最新的状态。

第四节　你那么优秀，你客户知道吗——LinkedIn Profile Headline（个人职业档案标题）的重要性

我们的外贸小伙伴在国际贸易中个个都很厉害，十八般武艺样样精通，了解各国的市场，明白如何指导客户做市场营销，是很好的顾问式营销专家，同时也是物流方面的专家，对于如何节省空间装更多货，如何帮客户省钱都考虑

得周周到到。

但是，你这么优秀，你的客户知道吗？你 LinkedIn 上的客户，在你们的交易还没成交之前，未必清楚你的情况，所以，一个专业的、有吸引力的 Headline 就显得非常重要。Headline 可以是你的头衔，也可以是你能提供给别人的帮助，或是包含你的产品或品牌的关键词。

我看到非常多的外贸小伙伴们，Headline 或头衔写的是 Sales（销售员），这很谦虚，但能不能换个词？首先，销售员本来就是多面手、多个方面的专家，你那么优秀，不表现出来客户怎么知道呢？

其次，在国外，销售员给人的感觉非常激进，动不动就电话骚扰，就像我们经常接到的买房、卖房等中介电话一样。

再次，国外客户尤其是欧洲、日本、美国、印度等国家和地区的客户，在沟通时特别注重身份的对等，你写销售员或许会让对方失去与你接触的兴趣。

一个好的标题（Headline）或头衔需要在 30 秒内吸引人。不用销售员，那用什么呢？

一、书写有吸引力的头衔

×××Business Development Specialist

×××Product Manager

×××Product Expert

×××Account Manager

×××Business Developer

“×××”是你的产品或行业关键词，当然，前提是你够专业，如果你本来就是“菜鸟”一枚，那就老老实实地写销售员或是与你身份相匹配的头衔。

二、可以适当做 SEO

如果“×××”是你的产品或行业关键词或品牌词，你可以这样表达：“Focus on ××× for 9 years”，又或者是：“I help more than 500 companies to increase business in ××× field”。

据了解，LinkedIn 上在 Headline 里做 SEO 的权重不低。多个外贸小伙伴和我分享，他们在 Headline 中加了产品或行业关键词后，引来了多个客户的询价。特别是相对冷门或是新兴的行业，在 Headline 上做 SEO 效果会不错，因为你的潜在客户在搜索时，结果相对较少，你很容易排到最前面去。

三、可以尝试用提供利益型、提供帮助型、突出专长型、头衔+产品或服务型文字及别人对你的评价词

提供利益型（Free ×××）；

提供帮助型（I help ×××）；

突出专长型（××× Expert，Coach）；

头衔+产品或服务型；

别人对你的评价（结合数据）。

举个例子，一个很厉害的无人机飞行员，他的 Headline 是“FAA part 107 certified drone pilot”，借助权威认可和数据，给人留下了非常深刻的印象。

四、借助一些符号，让 Headline 更清晰

正常来说，如果你最近的某个工作职位是 Marketing Manager（市场经理），你所在的这个公司是 ABC 公司，那么系统默认给你的 Headline 是“Marketing Manager at ABC Co.,Ltd”，非常中规中矩，没有什么特色，更别说给人留下鲜活的印象了。

LinkedIn 的 Headline 可以很精简，但要有个性，这样才有节奏感和传播性。如何有个性呢？要打破传统的、系统默认的或大部分人的表达方式，比如你可以用@表达“at”，或是调整其顺序，将公司名放在前面（前提是公司有一定的知名度），又或者是加一些表达强烈或特殊感情的符号，也可以尝试用价值主张或口号（前提是你有一定的知名度）。

举个例子，一个很厉害的无人机飞行员，他的 Headline 是“CAA approved NQE @ Uplift Drone Training”，这个 Headline 一方面借力 CAA，另一方面用@表达“at”，让人过目不忘。

如果你有多个头衔，你可以想想现阶段你最想突出与你业务相关的 1～2

个，如果它们都相关，你都想表达也没有问题，借助一些符号将它们隔开，会让你的 Headline 更出色。

可以借用的符号，比如分隔符“|”“,”“;”“&”等，显示不同领域。为了突出自己的特质或价值，你可以用一些表达某种情感的词语，或变换文字形式使之生动有趣一些，如“@”“!”等。

五、其他被 LinkedIn 评选为优秀的 Headline

图 3-10、图 3-11 这两个案例中的 Headline 的特点是借用符号表达，以提供利益型或提供帮助型的口吻来写，并借力数据。

图 3-10

图 3-11

你可以在使用 LinkedIn 的前期多尝试不同类型的 Headline，选择出最适合自己的。

如何操作呢？打开你的档案，点开右边的铅笔状修改符号，如图 3 - 12 所示，就可以进入图 3 - 13 所示界面，对 Headline 进行修改，最后保存。

图 3 - 12

图 3 - 13

第五节 如何写出优秀的 LinkedIn Summaries（职业概述）

LinkedIn 职业概述是整个档案中最重要的部分，也是除了个人图片以及 Headline 外，最先映入阅读者眼帘的一部分。那么，这么重要的概述到底应该如何去写才能出彩，展现一个专业的行家形象呢？

LinkedIn Summaries 是个人简介，但又不只是个人简介，它需要根据你正在做的事情和目标受众的不同有所侧重。打个比方，如果你是一个大学毕业想要找工作的学生，现阶段想用 LinkedIn 找工作，那么你的个人职业档案就和个人简历很类似，目标受众很可能是人事经理或者你未来的雇主，你要更多突出的是你在学校的表现、老师对你的评价、你有哪方面的特长、能胜任哪些工作。

而如果你是一个外贸销售人员，那么你建立个人职业档案的目的是为个人建立品牌和口碑，或者是快速获得人脉，又或者是带来询盘和销售，那么概述就需要紧紧围绕你自己和你正在推广的产品这个核心主线来展开了。

一、写 Summaries 你可能会犯的 4 个错误

（一）毫无计划，随意发挥

关于概述我相信有不少外贸小伙伴是直接打开 LinkedIn，想到哪儿，写到

哪儿。那这样做的结果呢？

有可能毫无逻辑，如记流水账一般写了一堆没有重点和亮点的东西。又可能你英语一般，出现一大堆的语法错误。

（二）长篇大论，抓不到重点

不要想着将你所有的优势都写出来，针对你目前想要开展的业务，有侧重地展示那些点就可以了。

洋洋洒洒写了一大篇，优势没有表达清楚就已经超过字数限制。你要知道，新版 LinkedIn 只能显示出前 2 行的文字（看更多需要点“See more”），所以呢，一定要将最重要、最想表达的内容精简并放在最前面，以便于吸引你的读者。

（三）直接将你发布在某招聘网站的个人简介复制过来

我估计很多人会有这个习惯，不过，这样做你就大错特错了。

（四）不注意排版

我看过很多人的概述，看了几眼就头疼不想看了。他们的概述要么是全篇大写，要么是密密麻麻一大段，完全找不到重点。试想，你辛苦写出来的东西完全没有人看，那是不是太浪费了？

除了内容的营销性、专业性，清晰美观的排版也是你需要注意的。你可以借助序号或是一些漂亮的特殊符号进行段落排列，见图 3－14。

WHAT I DO:
online/offline business training , only focus on international business.

How I can help you:
Increase your sales turnover through linkedin social selling + traditional B2B.
Help you build strong International sales team.
Get free lessons at www.tradestudy.cn (contact BK Girls)

图 3－14

以上的错误，你犯了几个？

二、写好 Summaries 的 7 个建议

（1）编辑你的经历时，要突出你的专业能力，且与你目前所要宣传或突出的个人品牌相吻合。概述的写作思路是高度概括自己，然后列明自己具备的能力、知识等。

（2）简洁明快，用标题式文章代替散文式。前 2 行高度概括你的专长，整篇以你能给别人提供的帮助或利益等口吻来写，排版清晰。

（3）可以借力一些大公司、你朋友或同事的评价，或用多媒体资料进行补充佐证，让对你有兴趣的人可以了解更多。

（4）把客户的需要放在第一位，设置专门的内容讨论“我要怎样帮助你”，让你的概述变得出类拔萃。借力个人主页链接，展示个人总结和专业介绍，告诉别人你能做什么，你能为客户提供哪些帮助，清清楚楚写出你之前为客户解决了哪些问题。

（5）开头或结尾可以尝试用一些感谢阅读之类的话。如果你是以找工作为目的或是不怕别人打扰，可以在结尾加上你的联系方式。

Tips

你的 Summaries 可在 LinkedIn 站内被人脉圈内的人看见，也可能会被非 LinkedIn 人员看见，比如别人通过 Google 搜索或是 LinkedIn 合作的第三方服务公司看到。

（6）先在 Word 文档里进行撰写，检查后确保没有语法错误再上传到 LinkedIn。

英语语法及拼写检查工具：Grammarly，网址“https：//www. grammarly. com”，在谷歌商店内也有插件。

这样做的好处是确保你呈现给读者的是专业的形象，而不至于语句不通顺或是语法错误一大堆。另外一个好处是有了 Word 存档，你只需要在原档基础上根据每个社交平台的特点进行相应的更改，然后将其分享到其他的社交

平台。

（7）要坚持更新。比如尝试每个月或每季度变化一次，以引起更多的关注。

三、优秀的 Summaries 案例

（一）案例 1

Are you guilty of the 7 Deadly LinkedIn Mistakes? You are not alone! Download this FREE eBook to find out what you are doing wrong and how to fix it! http://bit.ly/ven7deadly

VENGRESO DELIVERS DIGITAL SALES TRANSFORMATION FOR INCREASE REVENUE RESULTS....

WHO WE SERVE: We work with individuals and sales teams to align marketing with sales through the proper mindset, toolset, and skillset around social media to enable sales and marketing professionals to engage in digital channels effectively and grow your revenue.

WHAT WE DO: Our approach, has been customized for entrepreneurs and Fortune 50 companies alike. We provide you the services you need to succeed in every step in the digital sales ecosystem, including:

• Content Strategy and Distribution, so you have a blueprint for the messaging and content assets that meet the needs of your buyer at each stage of the buying journey, as well as distribution platforms and methods to ensure that your customized approach will scale

• Personal branding, so that your LinkedIn profile attracts your buyer from the get-go because it is written through the lens of your buyer

• Digital Sales Training, so that you understand how to attract and engage your buyer in digital channels to build trust and get the results you need

• Talent Recruiting, so you can grow your sales team. We apply social recruiting methodologies to attract—and retain—the best salespeople for your organization.

Why Vengreso? We are the:
• Only full spectrum digital sales provider.
• Largest personal branding service provider for sales and marketing professionals.
• Largest social selling training provider.

ALIGNMENT | MINDSET | SKILLSET | TOOLSET

Don't take my word for it. Keep scrolling down to read 100+ client testimonials on topics including #SocialSelling, #LinkedInTrainer, #LinkedInSpeaker, #LeadGeneration

图 3－15

（二）案例 2

In this reverse timeline I'll share my journey from knowing nothing about Digital Marketing 2.5 years ago, to owning and running a successful 6-figure Digital Marketing Agency and travelling internationally to share my passion and knowledge as a Digital Marketing speaker.

September 2017 – KPS Digital Marketing won Digital & Social Media Business of the Year 2017 & The Kent Innovation Award at IBAK 2017.

August 2017 – I was named Top #50 Agency Strategy Influencers 2017 by Onalytica.

August 2017 – I was named Top #50 Lead Generation Influencers 2017 by Onalytica.

April 2017 – I had my first International speaking gig in Ireland.

September 2016 – KPS Digital Marketing won Social Media Business of the Year 2016 at KITA Awards.

April 2016 – I was named #12 Most Influential Digital Marketer on Twitter in the World in 2016 by Onalytica.

March 2016 - Became a contributor for Social Media Examiner, Content Marketing Institute & Jeff Bullas' Blog.

February 2016 – Lloyd Knowlton officially joined KPS Digital Marketing as a co-founder.

图 3 – 16

点评：

图 3 – 15、图 3 – 16 所示两个案例，都有共同的特点，比如开门见山吸引读者，概括自己的专长，描述能为读者提供什么帮助，段落清晰，有理有据，或有链接来进行补充说明。

第六节　如何写 LinkedIn Experience（工作经历）

添加工作经历，可以加强对方对你的了解，工作经历的基本写法和传统的招聘网站有些类似，但也有不同。

一、写 Experience 的思路

写工作经历没有固定的思路，你可以多尝试，总体来说是这样：

第一部分，用一句话进行公司和产品的简短介绍，你加入公司的心得或感受。不要过度宣传公司，因为毕竟这是你的个人职业档案，不是公司

主页。

第二部分，你的主要工作职责，你能（或曾经）如何帮助别人，你解决了哪些问题。

第三部分，你曾经有哪些出色的表现（借力）。

第四部分，你在某些行业或领域的专长（关键词）。

最后，如果可以的话，加上个人博客主页。

二、工作经历非常多，需要全部展示吗

如果你有非常丰富的工作经历，可以全部写出来，或是选择2份以上写出来，至于是否全写，我的建议是你需要考虑这些工作经历是否对你目前的产品经营或服务有帮助。这个时候，重点突出的是你所经营的品牌，一些职业生涯早期的内容可以简单介绍。比如你之前是做玩具的，现在转做电子产品，那么做玩具的经验中有和欧美大买家合作的经验，能证明你了解市场，有丰富的海外市场拓展经验，当然可以写出来。如果你还有一份做国内销售的工作，简单介绍下就可以了。

三、没有正式参加工作，或是工作经历特别少，该如何写 Experience

之前我讲过个人职业档案中建议有不少于两份的工作经历以便达到 All Star，而 LinkedIn 上的规定是用户年龄不低于 16 岁，也就是说很多大学生是有使用 LinkedIn 的权利的，那针对没有参加工作的大学生来说，这就比较尴尬了，没有真正的工作经历，那如何写工作经历呢？

我的建议是：学生在学校参加的组织或相关活动，比如校运动会、年级演讲比赛，或是慰问孤寡老人等活动，都可以写进去。

如果学生有在校外短暂的实习经验最好了，比如在超市当导购员，又或者是在哪个外贸公司或工厂实习的经历，最好能够详细地写出来，比如做什么产品，面向什么市场，你是如何做的，你学到了什么，

等等。

总之，你需要遵从三个原则：一是尽可能详尽地写下精彩的过程，或是遇到困难时的积极处理方法；二是尽可能和你目前所要找寻的工作相匹配；三是让别人看到你的正能量。

四、语言功底不好，英文表达也不好，如何写好 Experience

这个没有人能帮你，你自己的经历、优势、特长等只有你自己最清楚，你可以尝试着先写好中文，然后找你身边英语不错的同事、朋友帮忙，或是把你写的英文文档，发给你关系很好的外国朋友看看。如果实在不行的话，你也可以借助“https://www.iwriter.com”，少量付费请老外来写。

五、公司员工很多，需要统一写 Experience 吗

这是个非常值得公司管理层思考的问题，在工作经历中，会有部分内容简单介绍下公司，那么公司统一撰写的高质量描述就显得尤为重要了。它可以融入公司品牌或产品关键词，这样每个同事可以将这部分描述放在个人职业档案的公司部分，并且多位同事这样做的好处是增加大家被搜索到的机会。

六、为什么写公司名称时，有些公司名称能自动显示，并且还有公司 LOGO，而有些公司没有

经常有小伙伴问我，他在两家公司工作过，为什么他写公司 A 的名称时会自动显示公司名称且有公司 LOGO，而公司 B 却没有呢？这实际上就是因为 A 公司已经在 LinkedIn 上建立了公司主页，而 B 公司还没有，所以这时他只能手动输入 B 的公司名称。待哪天 B 的公司主页建立好了，他再选择关联一下，就会出现 B 公司的 LOGO 了。

七、优秀的 Experience 案例

（一）案例 1

KPS Digital Marketing is a family run Digital Marketing Agency focused on helping you grow your business.

How can we help you grow your business? 📈

1. Develop a results driven Digital Marketing Strategy for you.

2. Train you and your team to execute the results driven Strategy

3. Fully/ partly manage your results driven Digital Marketing Strategy.

Our Mission 🎯

Our mission is simple; to provide the best, sustainable return on investment (ROI) for our customers whilst providing a completely transparent, honest and ethical service.

图 3－17

（二）案例 2

Advisory Board Member
OneMob
Nov 2016 – Present • 1 yr 2 mos
San Francisco Bay Area

✪ I am excited to join the Board, amazing leaders and the entire team at OneMob.com. Social Video is the next evolution of Digital Sales 1.0 or Social Selling 2.0.

✪ No longer is video a "thing" marketing does. Engagement with video does and is creating higher level of response rates back from your buyers.

OneMob is backed by leading investors including Salesforce Ventures, Tim Draper, Steve King (former CEO of DocuSign), Gainsight CEO Nick Mehta, Sand Hill Angels, and Alchemist Accelerator. Our platform caters to the entire customer lifecycle, starting with sales prospecting (putting a face to a name), all the way to customer support/renewals (people like to buy and renew from people they know).

Try it today at http://www.onemob.com and see what we're up to at http://blog.onemob.com

Media (2)

Make your LinkedIn Profile Stand Out from the Crowd

Don't Leave
Money on the Table,
Use Video

[Webinar] How to Make an Awesome Sales Video that Produces Results ...

图 3－18

点评：

图 3-17、图 3-18 所示两个案例，有共同的特点，简短介绍公司所提供的产品和服务、自己的主要工作职责以及能如何帮助客户。

当然，你可以尝试不同的写法，多借鉴下国外行业买家的表达。

第七节　Media（作品文件）展示胜过千言万语

比起自卖自夸式的文字表达，作品文件是更好的展示方式，你可以通过上传图片、视频，或是个人博客等链接，让买家看到一个更加专业的你。

以下是关于作品文件资料的常见问题解答。

（1）哪些地方可以上传作品文件资料？

常见在 Summaries、Experience 中可上传作品文件资料。

（2）如何上传作品文件资料，以及有哪些可以上传的格式？

打开你的 Profile，在 Summaries、Experience 板块，右上角都会有个铅笔图标，点进去看到 Media 就可以进行上传或编辑了。

可支持直接上传的文件格式为：幻灯片有 PDF、PPT、PPS、PPTX、PPSX、POT、ODP，文档有 PDF、DOC、DOCX、RFT、ODT，图片有 PNG、GIF、JPG、JPEG，如果你有个人博客或网站的文章，或是 YouTube 等视频，就可以直接以链接的形式来上传。

所以呢，外贸人要养成收集整理素材的好习惯，比如和客户的合照，写过的文章，公司某款产品或服务的介绍，或公司和某个行业巨头合作的消息被知名媒体报道的新闻，都可以以图片、文档等形式上传，让这些媒介替你说话，展现生动的、专业的你。

当然，你需要注意的是，这些作品文件资料上传之后并不是一成不变的，例如某类产品和信息已经更新了，或是产品已经下架，你则需要同步更新。

第八节　关于精选技能你不知道的 6 大秘密

Featured Skills & Endorsements 中文叫精选技能，简单理解，就是熟悉你的 1 度联系人给你进行的一个背书，承认你有这个专长，越多人给你精选技能认可，就越能给你的客户你很专业可信的感觉。

同样，你也可以给你的1度联系人精选技能认可，点击图3－19所示某技能旁边的“＋”就可以了，这时你会发现精选技能认可总数量上多了你的那一票。

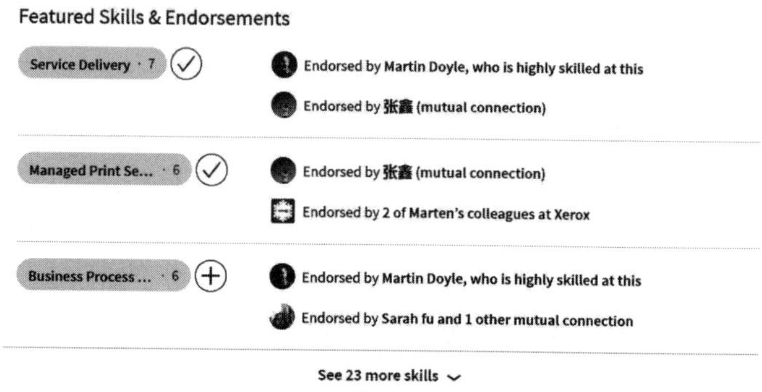

图3－19

一、关于精选技能的2个数字——3/50

LinkedIn总共允许添加最多50项精选技能让你的1度联系人进行认可，而只有3项能排在上面，余下的47项需要点进“Show more”才能看到。据统计，大部分的人都只会关注对方显示出来的前三项精选技能，从而给对方认可，所以把现阶段最重要或最需认可的精选技能放在最前面是很有必要的。

二、可以进行关键词或品牌词的SEO

打开图3－20所示的右边的“Add a new skill”，你可以输入你想要添加的精选技能前几个单词，系统会默认显示一些高频词。同样，你也可以自己创造一些词，在这些词中，当然可以包含你的产品关键词。

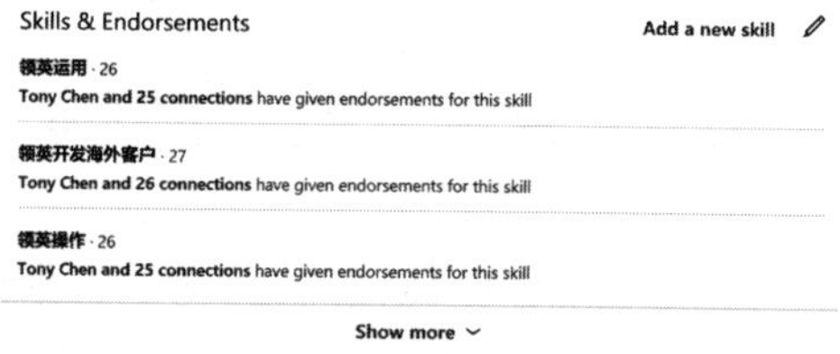

图3－20

三、可以手动调整前后排序

正常情况下，系统是按照得票数由高到低地将你的精选技能排序，如果对于某项精选技能，你特别想获得他人的认可，可以通过点“Add a new skill”旁边的铅笔图标看你目前添加的所有精选技能，并拖动进行排序，将你最需要别人认可的精选技能放在最前面。

四、可以隐藏某些重要客户给你的精选技能认可

在给你精选技能认可的人中肯定有你的合作客户或是意向客户、潜在客户，对于一些重要客户的精选技能认可，你可以选择不显示，这样就减少同行撬走客户的可能性。具体操作方法是，点开你不想展示的那个客户给你认可的那个技能词，点进其数字，就可以看到所有就这项精选技能给你认可的人。对于你不想公开的人员 A，将右边的 Visible 拖动到左边呈灰色状态就可以了，见图 3－21。

图 3－21

五、如何让他人欣然为你进行精选技能认可

想获得其他人给你的精选技能认可最好的方式是你先给别人精选技能认

可，被认可的人会看到你的投票，也很可能反过来给你投票。如果他没有投票的话，你也可以主动请他给你精选技能认可。你可以礼貌地发一份请求信息给他，信息可以这样写：

Hello Jack,

I went to your Page and endorsed all of your skills.

When you have a moment, would you please scroll to the bottom of my page and do the same for me?

Thank you in advance for your help. Let us know if there is anything I can do for you.

Take good care.

Warmest Regards.

六、如何随时知道谁给了你精选技能认可

在 notification（通知）项下，你可以看到很多通知，比如 1 度联系人给你的文章点赞、评论或分享，又或者是有新的人关注你，或者有 1 度联系人给你精选技能认可。

当知道别人给你精选技能认可时，你可以用系统自带的默认客套话表达感谢，见图 3－22，也可以写个性化的感谢信来引起他人注意。

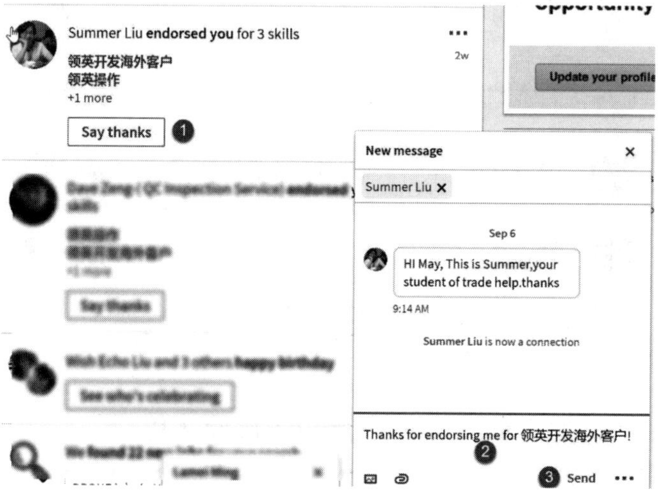

图 3－22

第九节 Recommendation（客户推荐信）：成交订单的一大助力

我非常清晰地记得，在 2017 年 6 月 11 日沙龙时，一个做模具的学员和我们分享，世界 500 强行业佼佼者 A 给她写推荐信了。2017 年 9 月某天，还是这个学员，很开心地在微信上和我分享，她在 LinkedIn 上成交了。当然，对象不是 A，但是这封有分量的推荐信帮了她很大忙。客户 B 看到推荐信后说："你这么厉害啊，刚好我们也有需求，来个询盘试试。"通过后面沟通、邮件跟进等，她拿下了订单。

这位学员是如何获得世界 500 强且还没合作的客户给其写推荐信的呢？简单地说，她的情感营销非常到位。总是带给人快乐的她分享道，在 LinkedIn 上和 A 取得联系后，她经常结合 Facebook 关注 A 的动态，得知他几月几号要来中国，她就贴心地给 A 一些来中国出差的建议，包括天气、带什么衣服之类的。客户在中国出差期间，她时不时地用 Whats App 等聊天工具嘘寒问暖。有一天，客户分享他来中国水土不服，拉肚子、胃疼之类的，她很善良，也很细心，马上根据客户的地理位置，了解到附近有哪些药店，推送给客户。她还担心客户因为语言沟通障碍，买不到合适的药，更是贴心地来到她周边的药店拍了照片发给客户……

客户感觉很温暖，特意在计划之外安排时间去了她工厂，对她有了更深入的了解，最后真诚地主动给她写了推荐信。

故事听完了，我们一起来学习有关推荐信的知识吧。

一、请谁给你写推荐信

你的同事、合作伙伴、合作不错的客户、同学四种关系的人都可以给你写推荐信，见表 3－1。前提是他们必须是你的 1 度联系人，即 Connection。

表 3-1 LinkedIn 上常见的几种推荐人和被推荐人的关系

序号	名称	细分
1	上下级	4 种关系：（1）直接上司 （2）直接下属 （3）间接上司 （4）间接下属
2	同事、合作伙伴	3 种关系：（1）部分同事 （2）一起共事但属于不同部门 （3）一起共事但属于不同公司（比如共同为某一特定群体完成特定项目等）
3	客户	2 种关系：（1）他是你的客户 （2）你是他的客户
4	同学	3 种关系：（1）曾辅导或指导过你 （2）为你提供过咨询 （3）曾是同学

二、在哪要求你的联系人给你写推荐信

有两个地方可以请求你的 1 度联系人给你写推荐信。

一个就是打开他的档案，将其标题的下方的省略号点开，点击“Request a Recommendation”，见图 3-23。

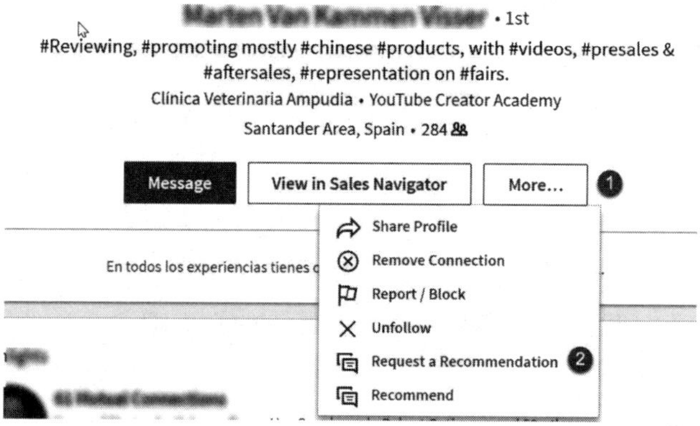

图 3-23

一个就是在你的档案中下方，Featured Skills & Endorsements 的下方，有专门的 Recommendations 模块，在其右上角有 Ask to be recommended，见图 3-24，可以选择需要谁给你写推荐信，以及下拉选择你和此人的关系，然后按其操作提示一步步完成。

Recommendations
Ask to be recommended
Received (6)
Given (15)
Joyce Wang
Project Manager for 2 color mold/Bi injection/Insert molding/Stack Mould(★Skype ID: joycewang840614)
August 15, 2017, Joyce and May were students together
May is a very nice teacher, very patient, talent, we can always get her prompt reply and help, no matter in class or after class, it is so great to know May to guide my way for foreign trading business.
阳峰
总监 - 深圳市前海名创实业有限公司
August 14, 2017, 阳峰 and May were students together
我以前是做内销传统贸易，一个偶然的机会参加了MAY的线下分享会“领英助力外贸企业开发海外客户”，当时给我的触动非常大，原来还可以这样做外贸，我平时就喜欢玩社交平台，那国外的社交平台我也很有兴趣用好。所以在MAY的鼓励下，开始准备用领英。看到过别的学员在领英上有收获客户，收获订单，真是心痒痒，一步步来，期待着我在领英上的收获！谢谢MAY老师带我入门。
View 4 more recommendations

图 3－24

三、如何让联系人愿意给你写推荐信

投之以桃，报之以李。先主动给别人写，再请求他们反过来给你写。

四、如何写出有价值的推荐信

想写出有价值的推荐信，如下几点需要遵从：
（1）说出你们的关系，比如在同一家公司工作（公司名称）；
（2）必须言之有物，说出实际的优点；
（3）如果能结合案例，会更有说服力。

五、案例参考

A diamond in the rough is how I met Eva in her first position at ABC Company. Besides her enthusiasm and eagerness to develop herself she also showed herself as the fabulous multi-tasker with an eagerness to succeed before any deadline and into perfection. In no time Eva got more and more responsibilities within the organisation. And she did outstanding in all.

During the multiple growth and change processes she was my right hand as project manager of the new Structure & Procedures. She was able to dig into the details of all aspects of the workload at Upper Deck. Besides this, she stayed on top of all her own work as managing all external partners of the localisation and both internal and external graphic designers/studios.

She's a treasure worth cherishing. I hope to get the opportunity to work with her again!

六、不是太熟悉的人想让你给他写推荐信，你必须接受吗

我建议你不要接受，珍惜你的信誉。比如明明 A 是一个不怎么样的人，而你却洋洋洒洒地给他写了推荐信，如果认识 A 的潜在客户看到了，会认为你是一个很随便的人，或是你的层次也不过如此，从而对你的印象减分。

Tips

你收到的和你发出的推荐信，你的人脉圈的人都是可以看到的。

七、收到的所有推荐信，都只能接受并显示出来吗

你会收到各种推荐信，有些是你的联系人主动为你写的，有些是你请求别人写的，收到推荐信后，你不用马上接受，你可以先查看它是否符合你的要求，如果不满意，你可以很礼貌地请求你的联系人再重新润色更改（Ask for revision）后发给你。

那么，推荐信是不是需要全部展示出来呢？过多内容雷同的推荐信会分散读者的注意力，你可以先将这些推荐信进行简单的梳理，尽可能挑选一些有分量的，或是突出你的某项工作技能、个人人格魅力或品牌形象的推荐信进行展示。当然，你也可以根据不同的营销阶段想要突出的重点的不同，有选择地显示或隐藏不同的推荐信内容。如图 3－25 所示，在不想展示的那份推荐信右边，点“Hide（隐藏）”，然后再点“Save（保存）”。你就会发现原来那封推荐信已经移到“Hidden Recommendation（隐藏推荐信）”中，不会对你的人脉圈展示。

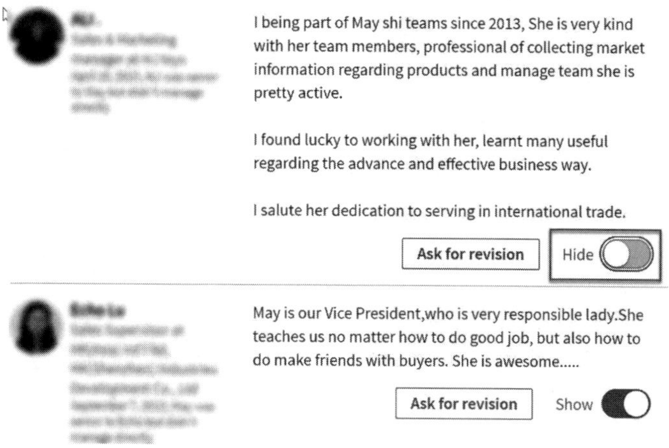
I being part of May shi teams since 2013, She is very kind with her team members, professional of collecting market information regarding products and manage team she is pretty active.
I found lucky to working with her, learnt many useful regarding the advance and effective business way.
I salute her dedication to serving in international trade.
Ask for revision
Hide
May is our Vice President,who is very responsible lady.She teaches us no matter how to do good job, but also how to do make friends with buyers. She is awesome.....
Ask for revision
Show

图 3 – 25

八、你给别人写了推荐信，需要如何知会他

你给别人写完推荐信后，系统会自动发一个信息给对方。但我建议的是，在系统给出的信息之外，你再单独地写一个个性化的信息。如下供参考。

Hi Lynh,

Just wrote you a Recommendation on LinkedIn. I have really enjoyed working with you and want the world to know how great you are! If there is anything you would like me to change before you post it, please let me know; happy to make any adjustments. Otherwise, please accept it so it will show up in your LinkedIn Profile.

第十节　LinkedIn 档案中的所做项目怎么写

当看到所做项目这个词时，我相信大部分人会有类似的感慨：“我又不是什么项目负责人，仅仅是一个普通的销售人员或外贸管理人员，哪有什么项目可以写呢?”

首先，这说明你没有意识到 LinkedIn 所做项目的重要性，它是一个通过实实在在的项目等事实展现你专业性的非常好的地方。

其次，项目可大可小，给客户做一个 OEM（Original Equipment Manufacturer，代工生产，定点生产）的案子，组织筹划一个展会，进行某一产品的市场调研，帮助客户做彩盒设计，与客户一起完成某个大客户的大订单等。

有了项目，如何去呈现呢？注意如下5点。

（1）给你的项目起一个简单并符合事实的名称，比如：33 Social Selling Tips From Leading Social Selling Leaders。

（2）用300字符高度提炼你的项目明细，需要说清楚5个W，即Who、What、When、Where、Why。

（3）将项目参与人拉进来，如果参与人多，按照贡献程度从高到低的顺序排列。

（4）附上项目的链接。

（5）项目的时间可长可短，可以是已完成的，也可以是目前还在继续的。

可以参考的Project案例，见图3－26。

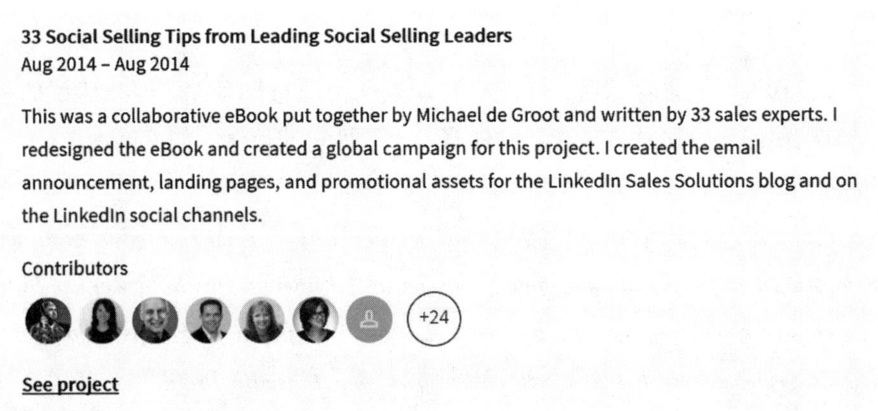
33 Social Selling Tips from Leading Social Selling Leaders
Aug 2014 – Aug 2014
This was a collaborative eBook put together by Michael de Groot and written by 33 sales experts. I redesigned the eBook and created a global campaign for this project. I created the email announcement, landing pages, and promotional assets for the LinkedIn Sales Solutions blog and on the LinkedIn social channels.
Contributors
+24
See project

图3－26

第十一节　添加教育经历，让校友助力你的业务

在LinkedIn Profile中，系统会提醒你填写你的教育经历，这部分很多外贸小伙伴们不重视，或是有部分小伙伴觉得自己上的不是名校，没有什么可以展示出来的，实际上，这种想法是不可取的。

后面我们的搜索找客户章节中，我会介绍到用学校（Schools）这个维度

来找客户或合作伙伴，而校友情可以很好地助力你的业务。对于母校，你会非常了解某专业的人员其整体水平如何，或是有了校友这层关系的牵线搭桥，会让你认识或挖掘更多优秀的人才。

某些有特色的学校很多雇主喜欢，比如，我的前公司在招聘时，就特别喜欢湖南某些不知名的学校，也非常喜欢招深圳大学及某些职高院校的毕业生。他们觉得那里的学生要么所学的专业知识非常接地气，要么校风纯朴，非常踏实。

添加教育经历的操作非常简单，系统会提示你先输入或选择你的学校，再填写学位、所学专业或领域、参加的活动或社会实践等信息。

为了丰富或证实你的教育经历，你还可以添加多媒体资料，见图 3－27。

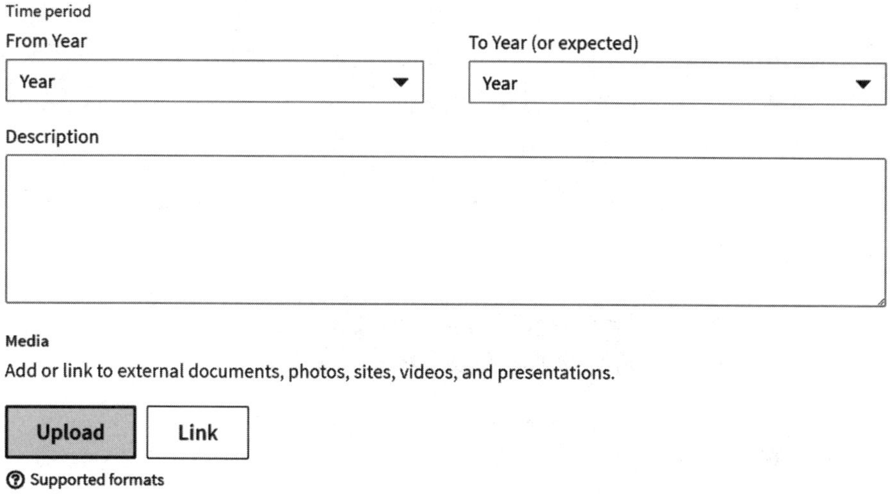

图 3－27

除了全职的在校学习，你在工作之余参加的其他电大、夜校，又或者是针对某项技能的培训班，都可以添加上去，展现出一个积极向上的你。

Tips

有些外贸小伙伴会纳闷，为什么他选择了学校后没有出现学校的标志，而有些人的档案上有，这是因为他的学校没有在 LinkedIn 里建立学校主页，而有些学校建立了学校主页，所以呢，建立了学校主页的学校的学生档案里就会显示出其 LOGO。

第十二节 够优秀，大胆秀：LinkedIn Accomplishment（个人成就）

如果你够优秀，那不妨大胆展示出来吧。

LinkedIn 提供了 Accomplishment 这个板块，比如你获得的证书，你所学过的课程，又或者是你获得的奖项、荣誉等，全部可以在这里尽情展现。这些都会给你加分，提高你被搜索的机会，特别是你出版过的作品这项，根据 LinkedIn 官方的数据，它可以让你档案的浏览率提高七倍，也是另外一个可以做 SEO 的地方。

LinkedIn 总共提供了九种个人成就，分别是：Publications、Certifications、Courses、Projects、Honor & Awards、Patents、Test Courses、Languages、Orginazations 等。那如何操作呢？

点 Profile 界面右边的"Add new profile section"，再点相应成就后面的"+"可以添加更多的材料，见图 3－28。

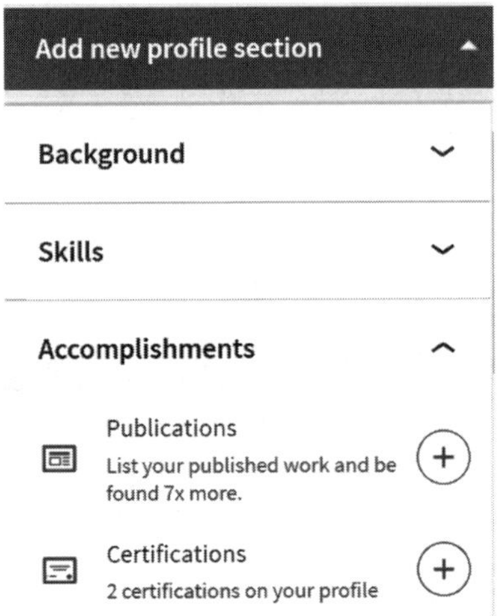

图 3－28

在每一份个人成就中，你可以详细描述内容，适当地包含你的产品、服务或品牌关键词。下面提供我的个人成就给大家做参考，见图 3－29、图 3－30。

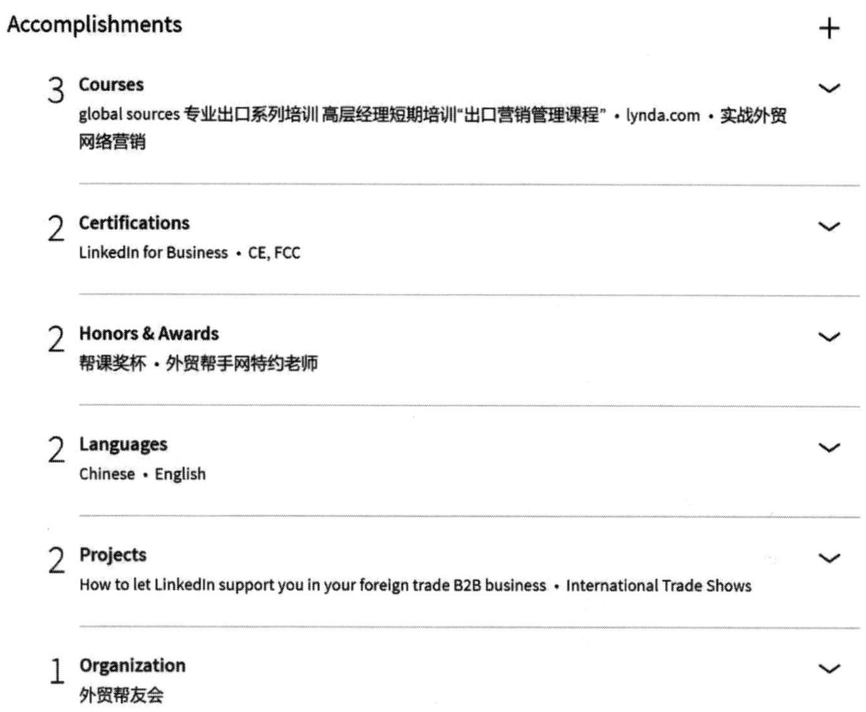

图 3－29

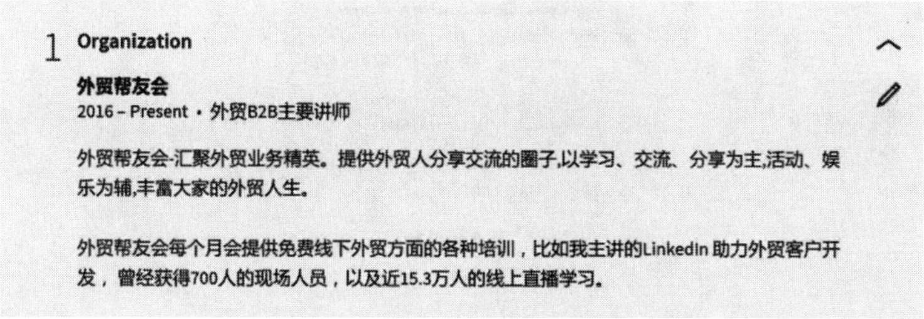

图 3－30

第十三节　联系方式和个人信息——小细节，大学问

LinkedIn Profile 右边的 Contact and Personal Info 是很多外贸小伙伴很关心的，因为在这里，可以填写或查看你的人脉圈朋友的联系方式和个人私密信息。它是外贸找客户或是做情感营销的一个信息来源。

这个小小的板块，其实有很多细节是需要你注意的，因为它隐藏着不少的学问。

一、细节1：URL可以更改

如果你对URL不做任何更改，系统生成的是比较杂乱的一个URL，“www. linkedin. com/in + 一串无意义的数字和字母组合”，这种自动生成的URL当然无法被记住，也无法达到你所需要的营销传播目的。

所以，你需要对URL进行自定义，更改为含你个人、产品或品牌的关键词，比如我的URL就是“http：//www. linkedin. com/in/tradestudy-mayshi/”，tradestudy是我们的品牌，mayshi是我的名字。

如何更改URL呢？打开你的档案，右边相对中上的地方，点进“Contact and Personal Info”右边的铅笔修改符号，如图3－31所示，就来到了“Edit Public Profile”，进行相应的更改就可以了。

图3－31

Tips 1

URL中包括5～30个字母或数字，不能用空格、符号或特殊字符，要简短易记，更加专业，方便其他人找到。

Tips 2

不建议频繁更换URL，一是被LinkedIn站内搜索或站外搜索引擎收录抓取的考虑；二是频繁更换，会不方便别人找到你。系统可接受的最大次数是每半年内不超过5次（5 Times/6 Month），如果该URL被人用过而现在不用了，新用户需要等待6个月后才能重新启用。

二、细节2：添加网页有学问

系统提供了6种可选的网页类型，包括Personal（个人网页）、Company（公司网页）、Blog（博客）、RSS Feed、Portfolio、Other（其他），我们比较常用的是Personal、Company、Blog。我建议大家可以选择Other，因为Other可以让你做关于此网站的简短描述，而这些描述可以让你的读者清楚这个网站是做什么的。描述中可以包括你的产品、服务或品牌的关键词，甚至还可以加一些激发行动的语句，比如“sign up for get free lessons”之类的。

三、细节3：添加其他联系方式有学问

在这里，你还可以添加你的联系方式包括Phone、Email、Twitter、IM（个人即时通信工具），比如Wechat、QQ、Skype。

值得注意的是，老用户有两个地方可以添加微信，一个是在IM，一个是在Wechat，读者可以直接扫描二维码添加你的微信。如果你是新用户，单独的Wechat功能已经被取消了。

四、细节4：不同人脉的权限不同，所看到的Contact and Personal Info有所区别

LinkedIn是全球最大的适合B2B贸易的社交媒体平台，这里聚集了全世界大量的商务人士，包括采购商、供货商、服务商。很多外贸小伙伴在此平台上搜索客户，而取得有效的联系方式，比如电话、邮箱是很多外贸小伙伴们所追求的。

为了保证用户不被过多骚扰，LinkedIn充分保护用户隐私，所以不同的人

脉所能看到的联系方式也是有区别的。

1 度联系人即你的 Connection 所能看到的联系方式是你的全部信息，包括 Profile URL、Website、Email、Phone、Twitter、IM（Wechat、QQ、Skype）、Address、Connected date、Birth date 等。

可以被所有人（非你的 1 度联系人，包括但不局限于你的 2 度、3 度、3 度以外的联系人，或是通过 Google 等搜索引擎搜到，又或者是被 LinkedIn 合作第三方推荐而点进去查看你档案的人）看到的联系方式是你的部分信息，包括 Profile URL、Website、Twitter、Wechat 等。

第十四节　LinkedIn 档案上能做关键词和产品词优化的 11 个地方

关键词和产品词优化，就是通过合理的关键词设置，更大限度地让自己的公司、产品或服务被别人找到。在这里，你需要有一个思维，买家可能搜的词就是你的关键词，不少朋友会狭义地认为关键词只是产品、品牌或服务，其实不然。

个人整理了下，如下这些都有可能成为你的关键词。

一、LinkedIn 中个人职业档案（Profile）的关键词类型

（一）Title

这个很容易理解，买家需要找的是什么职务的人，是 CEO，还是 Sourcing（采购员），还是 Designer（设计）。

（二）Name

打个比方，也许买家就是在某个玩具展会上或是通过其他途径，貌似记得有个叫 May Shi 的做玩具的中国女孩还不错，通过 People 维度来搜 May Shi（有可能还会加产品或品牌关键词），所以名字也会成为你的关键词。

（三）Product Keywords

产品的关键词当然可以放在多个地方，比如标题、概述等。

（四）Industry

行业只能按 LinkedIn 的下拉清单选择相匹配或相近的大类，如图 3－32 所示。

图 3－32

LinkedIn 会根据需要不断完善行业选项，你可以将精准小类行业词融入标题、概述等的描述中去。

（五）Country

当以 People、Jobs 维度来搜时，右边的 Filter（筛选）就提供了按 Location（所在地）筛选。

（六）Company's name

很明显，建立一个公司主页，并且让员工关联到自己公司的主页是多么重要，很有可能你的买家就是按公司名称来搜的。

（七）School

比如，有些客户希望能找到共同的校友合作，若你有这样一层同学的关系，且标注出来，是不是更容易做成生意呢？

二、关键词优化要点

下面，我以产品关键词来说，在 LinkedIn Profile 上，有 11 个地方可以用来做 SEO，将关键词放置上去，每个地方又有着不同的特点，如表 3－2 所示。

表 3－2　LinkedIn Profile 上可以用来做 SEO 放置关键词的 11 个地方

序号	名称	如何做	图片	重要指数
1	LinkedIn Profile Picture	在上传之前做好重命名		★★★★★
2	Headline	（1）系统格式化地显示为“某个职位@某个公司” （2）我们可以定制这部分内容，放入希望被搜索到的关键词	May Shi RC Toys since 2003 ★ B2B Business & Social Media Marketing Consultant ★ Helping more than 50000 Companies in China. Tradehelp • The electronic information of Career Technical College Shenzhen City, Guangdong, China • 500+	★★★★★
3	Summaries	（1）可以用 2 000 字进行概述，加上你的产品、服务或品牌关键词，也可以是你的独特优势的关键词 （2）可做 SEO 的地方：对于个人经历或优势进行描述的正文，以及后面可以加上 Specialties，表达中融入你的关键词	WHAT I DO: online/offline business training , only focus on international business. How I can help you: Increase your sales turnover through linkedin social selling + traditional B2B. Help you build strong International sales team. Get free lessons at www.tradestudy.cn (contact BK Girls) Who I work with: Alibaba Globalsources Made in china Vinda international holdings ltd Other more than 50000 companies What my student says? “may is really one good teacher, teach us too much, especially for how to promote products and find buyer in linkedin, we learned the lesson everyday”. “I Get order USD100 till June 30 2017, while only USD80 for whole year 2016”. “It is my first time do L/C, with may’s help, we have no any discrepancies for document presentation, it is really unbelieveable, even the bank don’t think it is our first time”. Specialties: Social Selling in linkedin LinkedIn Consulting International Business Development Specialist Personal Training (international trade business) R/C Toys Expert	★★★★★

续 表

序号	名称	如何做	图片	重要指数
4	Experience（Current company）	在工作经历最上方的一个工作经验是可以做SEO的地方：（1）Title：如果能将关键词放在当前职位上，则转化率可能会更高一些。比如，你的Title中包括所营销产品或服务的品牌词 （2）工作经历的详细描述中	2017 – Present • less than a year Colorado, California, New York, Florida, Maryland, Boston, Pennsylvania Vengreso delivers digital sales transformation for increase revenue results…. Seven of the biggest minds in the digital sales industry decided it was time to redefine the approach to what has become known as social selling. Today's savvy sales professional knows that generating leads through social media in our hyper-connected economy is more important than ever. There is an average of 6.8 decision makers to win over in Fortune 5000 organizations.	★★★★★
5	Experience（Past company）	过去的工作经历，建议填写1份或以上，并且选择与你目前的工作经历特别是产品有一定契合度的工作经历来写。可以做SEO的地方：（1）Title：如果能将关键词放在当前职位上，则转化率可能会更高一些。比如，你的Title中包括所营销产品或服务的品牌词 （2）工作经历的详细描述中	KwF has been working to design, fabricate, integrate, and operate "MiSHELL" - a fully autonomous custom drone with the ability to collect and process data onboard. A MiSHELL drone will be "trained" to perform the functions of human beach walkers, identifying and locating turtle tracks, following the tracks to locate nests, observing nests, and reporting on their location and condition. Additional pattern recognition and reporting capabilities will be added as required by the marine turtle research and protection community. The results of this project are expected to determine how effective and efficient drones could be in marine turtle monitoring programs.	★★★★

续　表

序号	名称	如何做	图片	重要指数
6	Featured Skills & Endorsements	同事、朋友、客户、合作伙伴等给你的精选技能认可与背书： （1）可以有最多50个Featured Skills & Endorsements，部分进行SEO，包括你的产品或服务关键词 （2）对于重点想让别人认可与背书的，可以优先排在最前面		★★★
7	Recommendation	有分量的Recommendation会让你加分不少，甚至促进销售： （1）需要写出真实有料的推荐，而不是“She is very nice”之类的。 （2）可以适当包括产品或服务关键词，但不要堆砌		★★★

续 表

序号	名称	如何做	图片	重要指数
8	Education、Volunteer Experience	（1）可以是在校期间的，也可以是在工作之后增值学习的，让大家看到一个积极上进的你 （2）可以进行 SEO 的地方：Activities and societies、Description 中，可以适当加上，但不要刻意，可遇而不可求	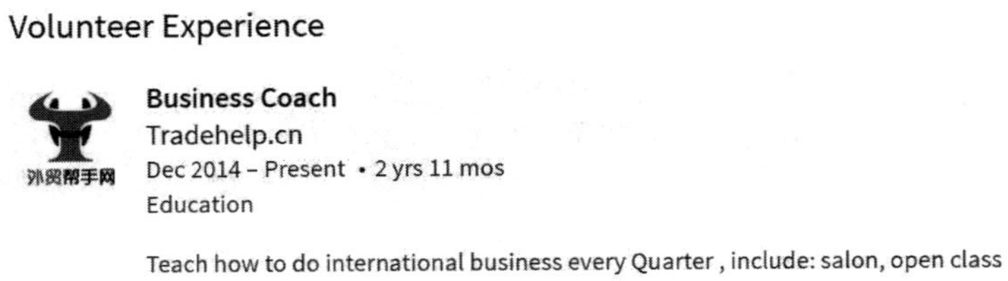	★★★
9	Contact and Personal Info（website）	（1）添加网页的类型可以选择 Other，进行产品或服务的介绍 （2）还可以进行 Call To Action（行为召唤），比如“Click here for morelatest RC Toys news”		★★★★

续 表

序号	名称	如何做	图片	重要指数
10	URL	可以进行自定义，通常有3种选择：（1）www. linkedin. com/ in/ jack （2）www. linkedin. com/ in/ xxx expert （3）www. linkedin. com/ in/ company name 建议可以包括产品或服务或人名关键词	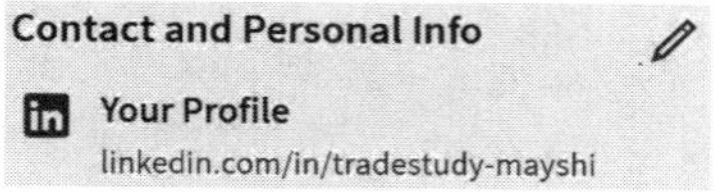	★★★★★
11	Media	（1）360度展示专业、职业的你，结合佐证。比如你写过的文章，你参加过的展会，你客户给你的见证，你给别人的培训等 （2）形式：Picture、Video、PDF、Link，在上传这些资料时，可以加一定的描述，包括你的产品或服务的关键词		★★★★★

重要提示：

（1）定义好你的关键词，比如品牌名、产品关键词（建议不要太长）、人名等。

（2）虽然大量的关键词可能带来流量，但是如果因为堆砌造成文案质量低下，对于营销也是没有任何好处的，还会影响你的品牌形象。

（3）保证语句通畅，不要为关键词而用关键词。

第十五节　LinkedIn 完美档案打造 12 天行动计划表

LinkedIn 档案的打造，给你 12 天足够了，希望表 3－3 能帮助你做好规划。

表 3－3

阶段	时间	完成事情	注意点
基础信息完善	Day 1	Profile picture	（1）着装专业，符合职位形象，眼睛平视，微笑 （2）简单背景，400×400 px （3）非动植物图、LOGO、公司图、远景图、风景图
基础信息完善	Day 1	Create a unique headline	（1）可包括产品或行业关键词 （2）能提供什么帮助 （3）用符号醒目区分
基础信息完善	Day 2	Thoughtful summary	（1）高度概括自己具备的能力、知识、专长等 （2）多用我如何帮助别人的口吻来写 （3）先用 Word 编辑、检查好，使用特殊符号可让其更美观易读
基础信息完善	Day 3	Build out experience	（1）最少 2 份工作经历，时间截至当前 （2）你的主要工作职责 （3）学会借力，描述你曾经的出色表现，如何帮助别人
基础信息完善	Day 4	Project	（1）要有链接 （2）小公司有小公司的 Project，展会、帮助客户设计彩盒等都可以包括
借力	Day 5	Add rich media	（1）展现专业的自己 （2）图片、Video、PDF、PPT、Link 等形式都可以 （3）添加图片时适当使用 SEO 优化
借力	Day 6	50 Featured Skills & Endorsements	（1）最重要的放前面 （2）可包括产品关键词 （3）不一定要写满 50 个
借力	Day 7	Recommendations	（1）3 份以上比较完美 （2）先给别人写，投桃报李 （3）写后通知别人接受
借力	Day 8	Contact and Personal Info、unique URL	（1）完善 Website、Wechat、Email （2）个性化的 URL，易记易搜索，易于 SEO 优化 （3）对 Public Profile 进行个性化设置
借力	Day 9	Add new section（Accomplishment、interest）	（1）完善 Publication、Patent、Certification、Course 等部分 （2）不吝啬、全面展现优秀的你

续 表

阶段	时间	完成事情	注意点
锦上添花	Day 10	Background banner（背景图）	（1）1 584×396 px （2）可用 canva. com 个性化设计 （3）展现专业的你（工作场景、产品或服务）
	Day 11	小语种档案	有这样的优势，为什么不利用？
	Day 12	隐私保护	Share profile edits（“me——settings & privacy——account”），Who can see your connection（“me——setting & privacy——privacy”）

另外我也整理出了关于 LinkedIn Profile 相关的 11 组数字，如表 3－4 所示。

表 3－4

序号	名目	数字	解释
1	Profile 的等级	5	分 Beginner、Intermediate、Advanced、Expert、All Star 5 个等级，其中，All Star 是最高级别
2	All Star Profile 的好处	36	一份 All Star 的 Profile 会让你被阅读的概率提高 36 倍以上哦
3	LinkedIn Profile 建档几大步	7	分为定义目标、上传头像、吸引人的 Headline、专业个人经历、工作案例展示、借力、方便找到共 7 大步，若干小步来建档
4	LinkedIn Profile Picture 的重要性	21、9	专业的个人 Profile 图片可以带来 21 倍的浏览概率，9 倍获得 Request 的概率
5	LinkedIn Headline、Title 的重要性	30、120	（1）需要在 30 秒内吸引人 2）最多 120 Characters（字符）
6	LinkedIn Title	100	最多 100 Characters
7	LinkedIn Summaries 的重要性	2 000、2	（1）最多 2 000 Characters （2）默认第 1 屏只显示 2 行，所以对于重要优势或产品的提炼，让其显示在前 2 行是多么重要
8	LinkedIn Recommendations 的重要性	3、2	（1）3 份以上比较完美 （2）可以在 2 个地方要求别人给你写 Recommendations
9	LinkedIn Location 的重要性	23	显示所在地（Location），被搜索的概率会增大 23 倍
10	LinkedIn URL 的自定义更改	5、6、6	（1）LinkedIn Profile URL 可以自定义，但不要频繁更改，以免刚被收录又被更改了，支持的更改次数为 6 个月内不超过 5 次 （2）如果之前有人用过后来没用了，6 个月后才能被别人用
11	Featured Skills & Endorsements	50、3、5、27	（1）最多可有 50 组 Featured Skills & Endorsements （2）只有前 3 个会在第一屏显示，其他 47 个需要点 Show more 才能看到 （3）多于 5 个技能，被招聘单位或猎头搜索到的概率会增加 27 倍

第十六节　如何建其他不同语言的档案

LinkedIn 的用户群体主要以英语国家为主，比如美国、加拿大等，但也有不少的小语种国家，比如德国、西班牙、巴西等，LinkedIn 目前支持 20 多种语言。如果你的营销所面向的目标受众涉及不同的语言，而你又有这些小语种的优势，那么请不要浪费，你可以为不同的群体创建不同语言的个人职业档案，这无疑有利于你更好地拓展市场，获得客户。

比如客户在 LinkedIn 的 People 维度搜索时，点进右边的精准筛选框（All Filters），也可以选择想要搜索的档案语言（Profile Language），见图 3－33，如果你有小语种的个人职业档案，当然会比同行获得更多的销售机会。

图 3－33

从另外一个方面来说，分别建英文以及其他小语种档案，也让你多些被搜索的机会。可如何创建其他语言的个人职业档案呢？

打开你的档案，系统会默认你现在打开的某语言档案，比如英语，如果你要创建中文档案可以点上面的“Chinese”，网页会切换到你的中文语言档案，其对应的 URL 链接也会发生相应的变化，多了中国的简称 CN，比如我的中文档案链接“https：//www. linkedin. com/in/tradestudy-mayshi/？ locale = zh_ CN”。

如果需要创建新的语言档案，在现在打开的档案右边，点小三角形下拉，再点“Add another language”就可以进行创建了，见图 3 – 34。紧接着按照其提示，一步步填写资料就好了，红色部分是必填项目。

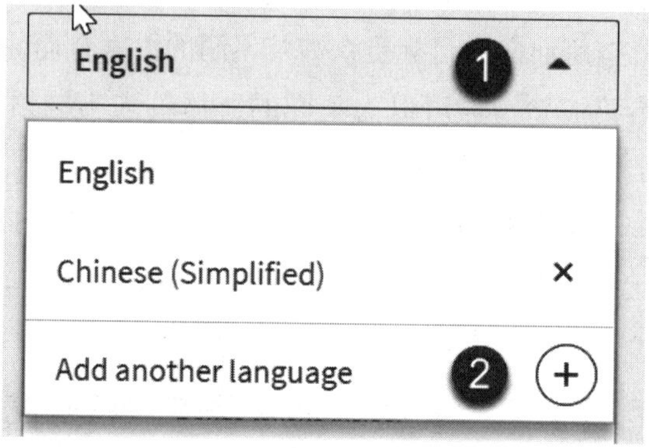

图 3 – 34

你可能有疑问，你是用中文建的个人职业档案，但客户是用英文语言界面，那他看到的档案是什么样子呢？他看到的当然只能是你的中文档案，这样给客户的感觉肯定不太好，对吧？如果你分别建了中文档案、英文档案，客户用英文语言界面，那看到的就是你的英文档案了。

第十七节　关于 LinkedIn 档案你可能犯过的 18 个错误

LinkedIn 是全球最大的 B2B 社交平台，全球用户超过 5 亿，而这些专业职场人士有很多是你的潜在客户，一份专业的档案，是你展现给这些潜在客户的第一张名片，所以很多外贸小伙伴已经意识到这个门面的重要性，会漂漂亮亮地去装扮它。但是，一部分小伙伴们想当然，或是过犹不及，一不小心就踩了坑，达不到想要的效果或是引起不必要的麻烦，比如账号受限。下面，我们一起来看一下在 LinkedIn Profile 打造方面有哪些你可能犯过的错误呢？

（1）不清楚自己的定位、目标、受众，胡乱建账号、写档案。

（2）外贸小伙伴们用中文版填写、制作档案。

（3）用公司 LOGO、团队照片或是产品图片作为个人图片。

（4）用个人远景图作为个人图片。

（5）用自己喜欢的东西作为个人图片。

（6）个人图片显示为空白。

（7）毫无吸引力的标题式头衔。

（8）随意发挥的概述和工作经历。

（9）不真实的工作经历。

有些小伙伴们可能想借力，说自己在某行业的知名公司工作过，心想，反正是真是假又没人知道。对不起，这违反了领英的用户协议，如果有人举报你，那么你的账号很可能受限。

所以一方面你要真实地表现自己，另一方面，如果有人冒充你们公司的员工，你可以举报。什么方面可能会被人举报？不真实的工作经历、不真实的人名、不合适的个人图像、随便乱加人、想加人时不写出个性化的邀请信、不合适的骚扰信息、含明确推销性质的群聊，以及不守群规的群组话题等都可能成为被举报的对象。

（10）不正确的姓名表达。

姓名分 First name、Last name，你正确表达就好了，不要想着在这里还做 SEO，或是想在 Last name 中加上一些其他信息，比如电话号码，这样做违反了领英的用户协议，严重的后果就是你会账号受限，或进入黑名单，别人搜索你的名字时也不会出现。所以不要总想着 SEO，总想着关键词堆砌。

如果你曾经叫 Tracy，后面叫 Tina 了，担心你原来的客户搜索时找不到你怎么办呢？你加上 Former name 就好了，见图 3－35。

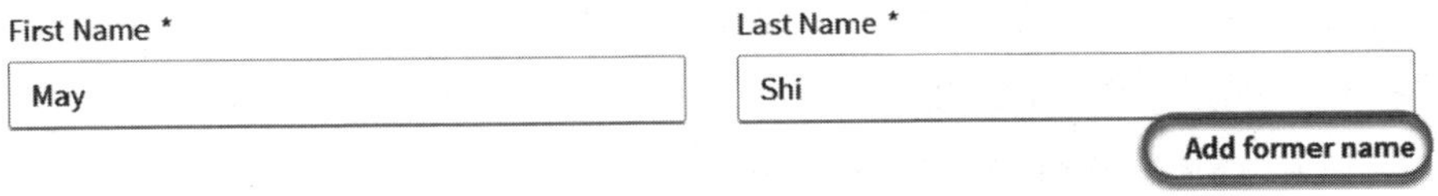

图 3－35

（11）Profile URL 保持原始状态，不优化。

（12）联系人没隐藏，一不小心，辛苦加来的客户全被同行撬走了。

（13）在档案填写的初步阶段就联系客户，想加人，或是细小变化也展示给你人脉圈内的人。

这个就好比你想参加一个展会，要布置摊位，当摊位都还没装修好，产品也还没摆放好或是没有调试好，你就打开门来迎接客户。客户被你吆喝进来了，发现摊位上一团乱，不和你深聊马上走开，你们还会有机会合作吗？所以先不要着急，将门面工作做好后，再漂亮地邀请客户也不迟。

另外，在你档案的基建阶段，可以不将细小变化展示给人脉圈内的人，以免造成不好的影响。如何设置呢？当你在进行概述、工作经历等编辑保存时在最下方可以将“Share Profile Changes（分享档案变更信息）”设置为No，再点“Save”。

当然，当档案已经基本完成，后续的锦上添花或是一段时间后的更改，是可以展示给人脉圈内的人的，让其知道你最近的变化。

如果你这段时间做了一些动作，比如关注某个公司、写推荐信，而不想在你的人脉圈展示，也可以进行不分享设置。

Tips

LinkedIn越来越人性化，即使你选择了你的变化对你人脉圈的人可见，也只有一些里程碑的变化，比如新的职位、新的工作经历、更换头衔等才会展示在你的人脉圈（根据事情的重要度，会以LinkedIn Notification或LinkedIn Feed展现）。对于你在档案做的一些微小变化，比如你添加了新的课程、证书等，是不会频繁推送到你的人脉圈的。这时你再修改档案时，会在最下面显示一行小字“Your changes above won't be shared with your network（你的以上修改不会分享到人脉圈）”。

（14）给你精选技能认可的重要客户没有隐藏，被你的同行撬走了。

（15）随便给人写推荐信。

（16）推荐信全部展现出来。

（17）忽略了Public Profile的设置。

（18）轻视SEO，或是过度注重SEO。

虽然领英个人职业档案可以做SEO的地方不少，大量的关键词也可能带来流量，但是如果因为堆砌造成文案质量低下，对于营销也是没有任何好处的，还会影响你的品牌形象。

大家可以对照自己的情况，看看你踩了多少坑。

第四章 LinkedIn 至关重要的安全和隐私设置

经常会有外贸小伙伴问我，该怎么防范 LinkedIn 上的客户被同行看到？想看某个人的群组，但又不想让他知道被看过，如何不留下痕迹呢？关注的公司或是加入的群组能不让同行知道吗？每天收到好多 LinkedIn 的邮件，没有太多时间一一打开来看，可又担心丢失掉重要的销售或学习机会，有什么两全齐美的办法？

这些问题我们在使用 LinkedIn 时，一定或多或少都遇到过，如何解决呢？通过合理的隐私设置就可以很好地解决上述问题。隐私设置菜单栏如何找到呢？

在 LinkedIn 的右上角，将鼠标放在你的头像图标“Me”上，点进其中的“Settings & Privacy（隐私设置）”菜单就可以进入隐私保护界面，如图 4－1 所示。

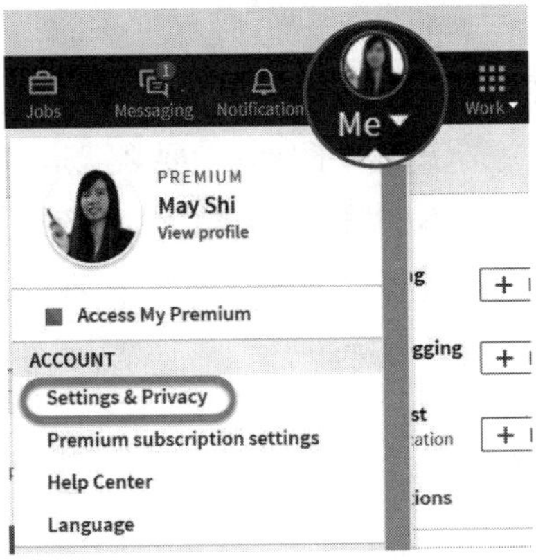

图 4－1

打开后，你会看到 Account、Privacy、Ads、Communications 四个板块，见图 4－2。

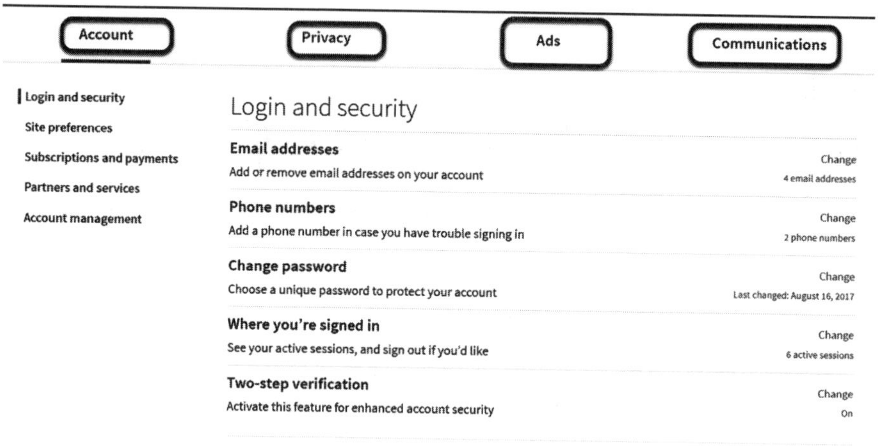

图 4－2

Account 更多的是关于账户的编辑修改及设置与安全方面的内容，比如你在这里可以添加邮箱、电话，以及账号两步认证等；Privacy 更多的是关于隐私保护方面的内容，比如谁能看你的联系人以及哪些资料不显示等；Ads 更多的是关于接受广告方面的相关设置；Communications 更多的是关于消息设置方面的内容，比如你接收邮件的频率，谁能给你发送邀请信、群组通知及邀请，是否接收 LinkedIn 的调查问卷等。

第一节　隐私设置——如何保护你的联系人

在 LinkedIn 上获得一个有价值的联系人并不容易，要么凭借你的个人魅力，要么就是个性化的邀请信打动了他人，要么就是高质量的内容分享让别人主动加你，这些都需要花费不少的时间和精力。加到的联系人当然是你非常珍贵的人脉资源，如何保护这些资源不被你的同行看到甚至撬走就变得非常重要，你可以从如下 5 个方面进行操作。

一、设置联系人只有你自己可见

这个非常简单，在隐私设置里将你的联系人设为仅自己可见就可以了。

Step 1："Me——Settings & Privacy"

Step 2：Privacy 项下，选择"Who can see your connections"，设置为"Only you"，见图 4－3。

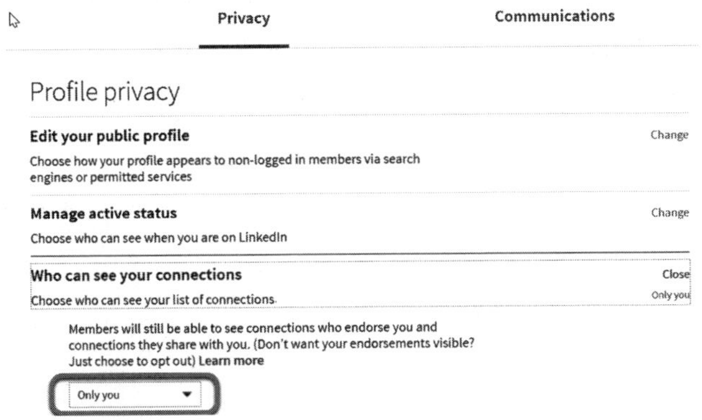

图 4－3

但是你和同行之间的共同联系人（Mutual connection）是无法隐藏的。

二、重要客户不要公开

（一）Featured Skills & Endorsements 中的重要客户不公开

一般给你精选技能认可的会有哪些人呢？通常是同事、合作客户或潜在客户等。会不会给你精选技能认可的重要客户没有隐藏，被你的同行撬走了？当然可能，但是这种事情发生的概率比较低，毕竟你的同行不是间谍。可你要谨记，害人之心不可有，防人之心不可无，重要客户的信息还是要隐藏好。详细操作见第三章第八节的内容。

（二）Recommendation 中的重要客户不公开

正常情况下，我建议将所有给你写的推荐信的内容全部展示出来，如果出于商业保护的目的，对于一些重要客户的推荐信可以选择性隐藏。

当然，既要有多份有质量的推荐信，又要考虑重要客户信息不公开，似乎有些矛盾，看你自己的心态与取舍，没有对错。详细操作见第三章第九节的内容。

三、取消 People Also Viewed 功能

你的潜在客户来到你的个人职业档案，浏览你的页面后，通常系统在档案右侧栏还会推送 People Also Viewed，也就是提醒浏览者，其他浏览者除了看你的个人页面，还看了其他相关或类似的 10 个人员的档案，如图 4－4 所示，这样间接给了浏览者更多的选择，而这些人有可能是你的同事、同行等相关联的人。

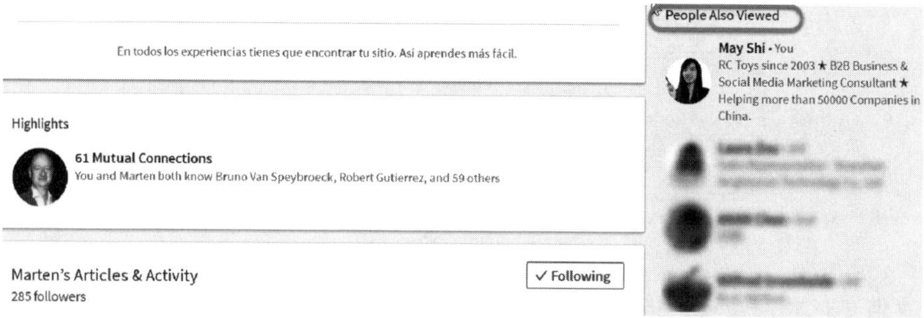

图 4－4

如果你想关闭系统的 People Also Viewed 推送功能，就按如下步骤操作。

Step 1：“Me——Settings & Privacy——Privacy”。

Step 2：“Viewers of this profile also viewed”，选择“No”，如图 4－5 所示。

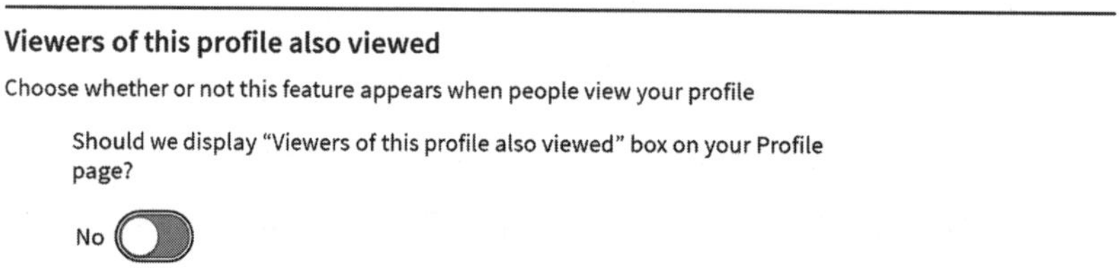

图 4－5

当然这个设置有利有弊，好处就是浏览者看完你的档案，不会顺便再看到系统推送的其他人，排除掉同事或同行之间可能的竞争。而弊端就是少了更多让浏览者了解你或你的公司的机会。这一点怎么理解呢？假如你的客户在看过你的页面后，系统也推送了 10 个你的同事，那是不是可以证明你的公司还是有一定的规模实力？

当然，系统推送的联系人是你的同事还是同行，以及如何排序，这是与其

档案的受欢迎度以及与浏览者的查询匹配度有一定关系的。换句话说，谁的档案被浏览的次数越多，谁就会被优先排在前面，并且会经常随机变换。

四、屏蔽会员

你可以根据需要来屏蔽别人，不让其看你的任何信息，具体操作如下。

Step 1：找到你需要屏蔽的人，可以是你的联系人，也可以是你的关注者。下面以关注者为例来给大家讲解如何屏蔽其他会员。

关注者是只是关注了你但没有成为 1 度联系人的人，一般可以在通知（Notification）中看到谁实时关注了你，想看到你所有的关注者有 2 种方法。

方法 1：在你的 Home 信息流点任何一个推送，点右边省略号下面的“Improve my feed”，见图 4－6，然后你可以看到你所有的关注者以及你关注的人。

图 4－6

方法 2：在你的个人职业档案项下的“Your Articles & Activity”，可以看到你的关注者数量，见图 4－7，点进去你可以看到你所有的关注者的档案。

图 4－7

Step 2：点开你需要屏蔽的人的档案，点“More...”，就可以看到“Report/Block（举报/屏蔽）”选项，如图 4－8 所示。

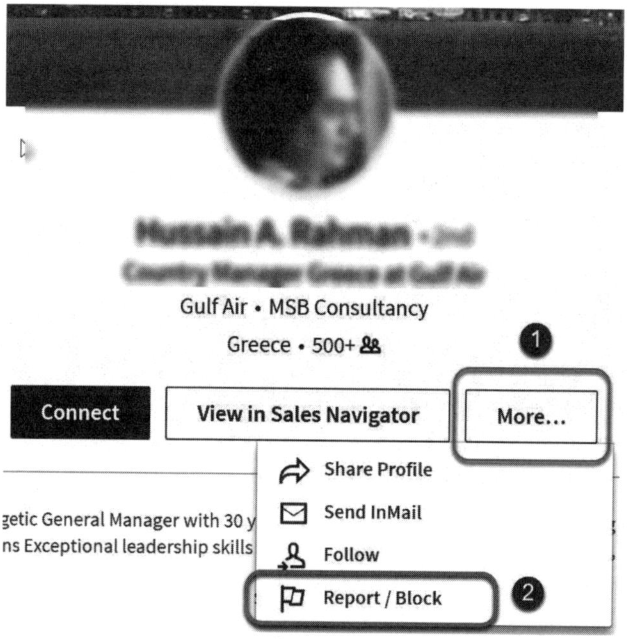

图 4－8

你屏蔽的会员可以在隐私中见到，如图 4－9 所示。

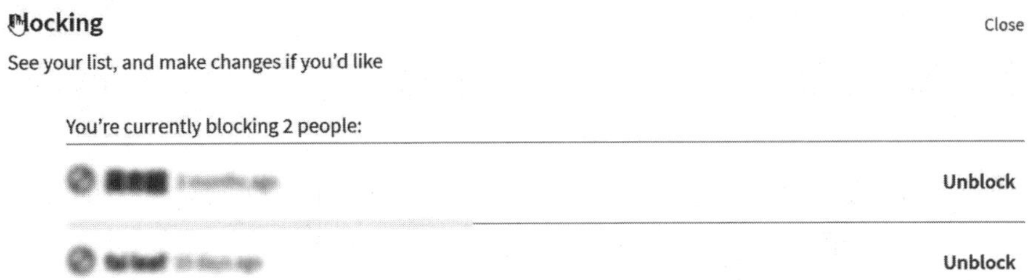

图 4－9

屏蔽之后，对方并不清楚你屏蔽他了。你将不会跟他有任何联系，而且你们之间再也不能在 LinkedIn 站内互发消息或者看到对方的资料和动态。

但是对方仍然可以以非 LinkedIn 会员身份，比如用 Google 搜索等方式来查看你的 Public Profile，包括你的动态和文章，除非你不将 Public Profile 公开，或是不将其中的动态和文章公开。

五、账号两步验证

为什么要进行账号两步验证？

那是因为当更换账户登录的设备，比如出差时使用公共电脑登录 LinkedIn，你担心账户和密码安全，就可以设置手机短信验证码验证以确保登录安全。设置页面如图 4－10 所示。

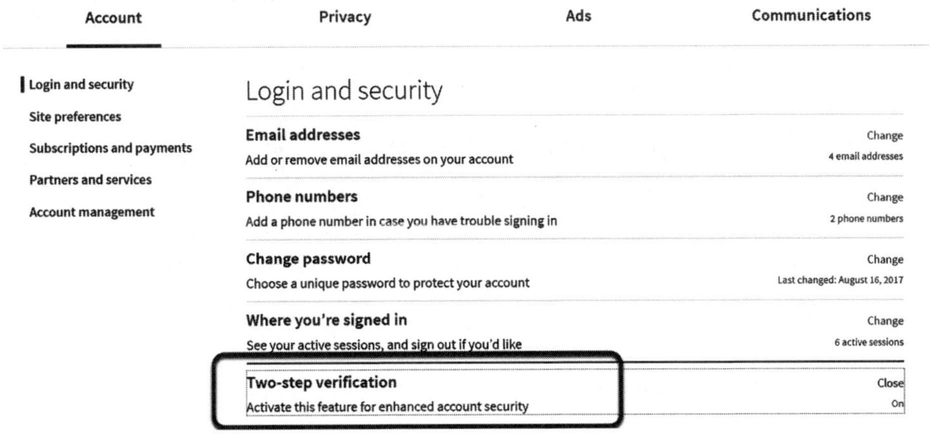

图 4－10

第二节　设置个人资料，保护你的隐私，获取更多展示机会

当你看了潜在客户的档案，希望他能知道并关注你，但是当你浏览同行的档案时，又不希望同行知道你看了他，这该怎么办呢?

LinkedIn 的隐私设置就能解决这一问题。

一、设置个人资料，不留痕迹地浏览他人的档案

当你看别人的档案时，可以选择三种方式出现，分别是公开身份与图像、半隐身、隐身，如图 4 – 11 所示，这三种方式的区别为：

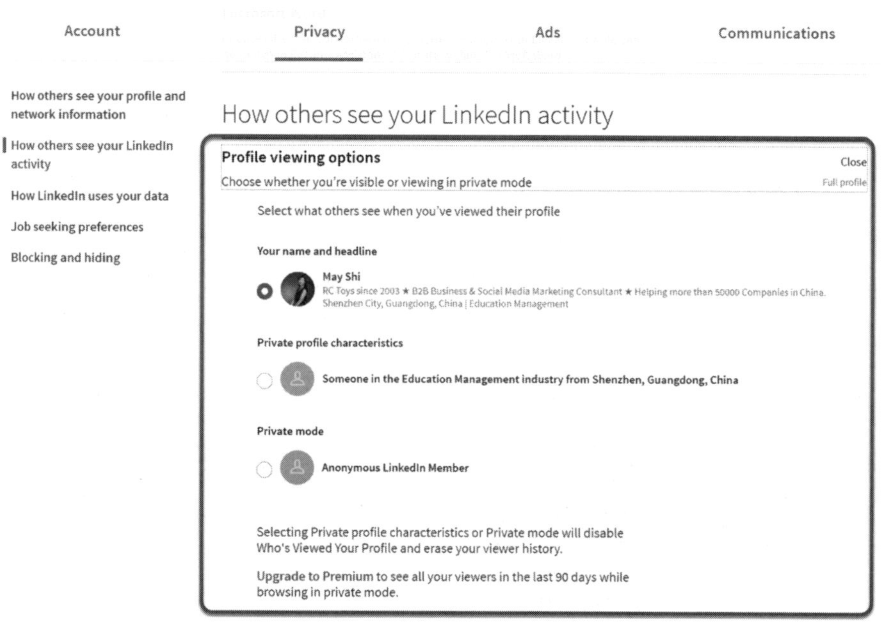

图 4 – 11

（1）公开身份会显示你的个人图片，你的人名、标题，对方能点进你的档案反过来看你；

（2）半隐身是显示部分信息，如行业和城市，但不会显示人名，显示的是“Someone from ××× on LinkedIn”，比如“Consultant at State Farm”

"Someone at Accenture""Student at Cornell University"。

(3) 全隐身是完全不显示信息，直接显示为匿名会员。

我建议大家大大方方地展示资料，公开身份浏览就好了。

二、设置个人资料，让你的档案有更多被抓取的机会

你有没发现，你和同事都发了一些公司或产品软文，过了一段时间你同事获得了客户的询盘，而你竟然无人问津？除去其他因素，比如 LinkedIn 站内不同的人脉圈等，很可能就是你忽略了 Public Profile 的设置。

什么是 Public Profile？简单地说，就是面向非 LinkedIn 用户的档案，多是面对 LinkedIn 站外搜索或是 LinkedIn 合作的第三方。比如，你的客户很可能没用 LinkedIn，他是通过 Google、Yahoo（雅虎）、Bing（必应）等搜索引擎，用你的产品关键词搜索的。而我们知道，Google 等搜索引擎对于 LinkedIn 等社交平台是非常友好的，社交平台的信息会被优先收录。而如果你的 Public Profile 不对外公开，那如何被收录呢？如何被你的潜在客户搜索到呢？

所以，Public Profile 的设置很重要！

（一）向搜索引擎公开

如果 LinkedIn 使用中文语言界面，你的档案则向百度、360 等国内搜索引擎公开，如果你使用的是英文语言界面，则向 Bing、Google 等国际搜索引擎公开。

如何设置向搜索引擎公开？

Step 1："Me——View Profile"。

Step 2：在你的档案右边，点击"Edit Public Profile& URL（编辑公开档案和 URL)"。

Step 3：在"Your profile's public visibility（职业档案对外公开范围）"中进行相关设置，内容上将 Posts & Activities（文章和动态）勾上，见图 4－12。

（二）向第三方公开

具体操作在"Privacy——Profile Visibility off LinkedIn（领英站外职业档案

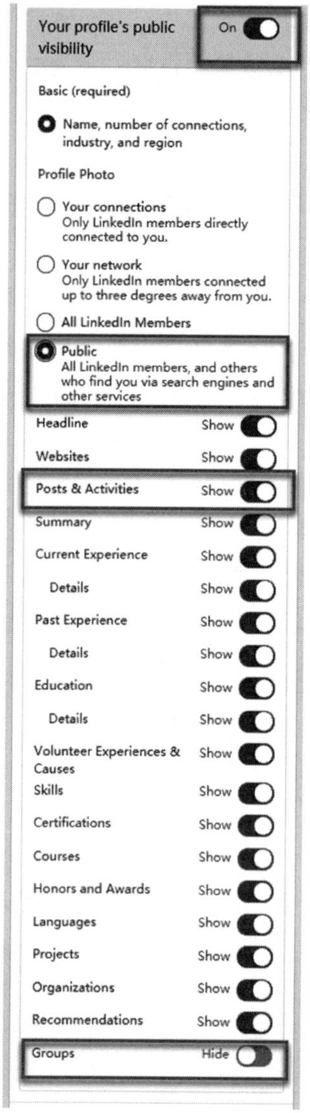

图 4 – 12

可见度)”里进行。

三、如何尽可能多地出现在潜在客户面前

从隐私设置的角度，你可以从如下这些方面进行设置，让自己尽可能多地

出现在潜在客户面前。

（一）谁能给你发送 Invitation

有时你想加某人特别是一些大客户为联系人时，系统会要求你输入其 Email，一方面的原因是你乱加人太多而通过率低，被系统认为是骚扰用户，所以限制了你的权限；另外一方面就是因为对方不想被太多供应商骚扰所以进行了隐私设置，只有知道其邮箱或是在他的重要联系人里的人才能给其发送邀请。

那如何设置呢？操作步骤如下。

“Me——Settings & Privacy”，在 Communication 板块可以看到“Who can send you invitations”，你自己选择一种情况即可，作为中国出口商，我个人建议选择“Everyone on LinkedIn”，这样会获得更多的机会，如图 4 – 13 所示；如果你不想被骚扰，不想扩大人脉，可以选择只有知道你邮箱或是在你联系人清单中的人。

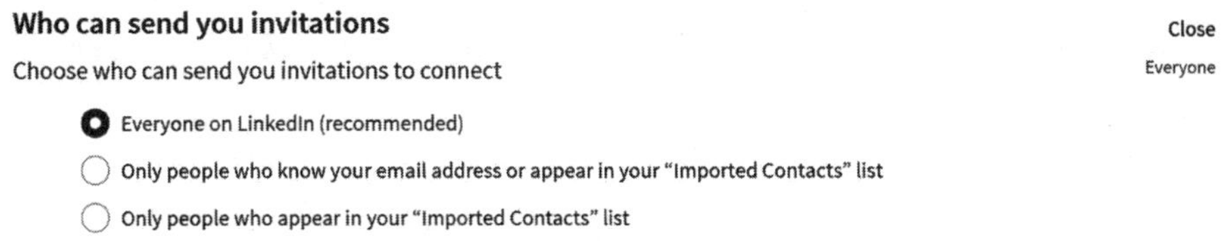

图 4 – 13

（二）谁能 Follow 你

在 LinkedIn 上，人们可以加你为联系人，也可以选择先关注你，而是否接受所有人关注你，也是可以设置的。

具体操作如下。

点击“Me——Settings & Privacy”，在 Privacy 板块可以看到“Blocking and hiding”项下的 Followers，如图 4 – 14 所示，建议选择“Everyone on LinkedIn”，这样你会有更多的被关注的机会；如果你不想被骚扰，不想扩大人脉，则可以选择“Your Connections”。

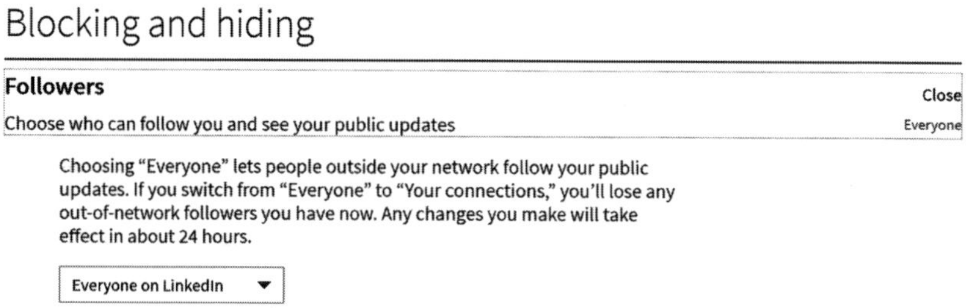

图 4－14

（三）别人是否能通过电话或邮箱找到你

LinkedIn 上的档案，他人能通过 LinkedIn 站内搜索或者站外的 Google、Yahoo、Bing 等搜索引擎或相关的第三方服务商找到。而通常有你邮箱或电话的人都是熟人或是客户，通过简单的设置，你就可以让他人通过邮箱或电话找到你并查看你的档案，你也可以允许 LinkedIn 官方向有你邮箱或电话的人推荐你（Import by address book，Contact lists）。

设置步骤为“Me——Settings & Privacy”，在 Privacy 板块可以看到“How LinkedIn uses your data（领英如何使用您的资料）”选项，如图 4－15 所示，接着就可以设置了。

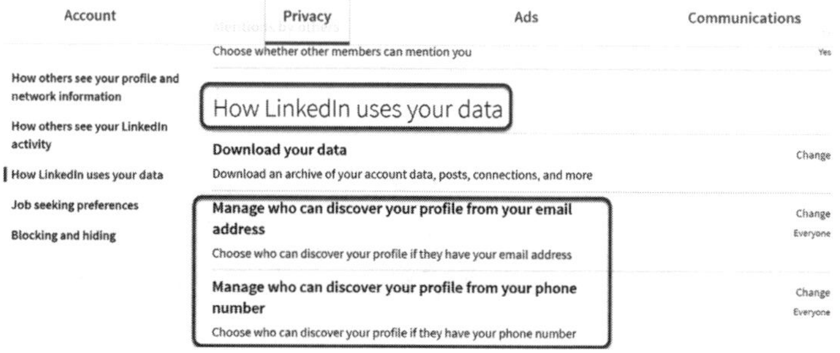

图 4－15

（四）其他

还有许多 LinkedIn 设置可以让你最大限度地出现在客户或准客户面前，让你有更多机会展示自己。比如 LinkedIn 站外职业档案可见度、群组邀请、公开档案更新、上新闻后如何让联系人知道、及时更新目前的行业等。大家可以在

Me——Settings & Privacy 里再仔细研究。

四、如何不让别人知道你关注了哪些公司

这个问题很多外贸小伙伴都会关心，原因是不希望自己的潜在客户资源被别人知道。

你关注公司的信息包括两种情况，一种情况是你关注其他公司的实时动态提醒，另一种是你关注公司的清单。针对第一种情况，你可以在“Me——Settings & Privacy——Privacy”中进行设置，不让别人看到你的动态，见图 4 - 16。

图 4 - 16

但这个有利有弊，弊端就是如选择 No，你的其他关于档案的变化也不会展示在你的人脉圈内，我建议大家还是大方展示，选择 Yes。

针对另一种情况，你关注的公司清单是无法隐藏的。如果你不希望别人知道你关注了这些公司，则可以对一些很重要的客户选择不关注，而通过搜索的方式去查看。

Tips

如何看你关注的公司清单？

具体操作是，将屏幕拉到档案最下面，可以看到 Interests，如图 4 - 17 所示，点击“See all”，在 Following 下方有 4 个板块，分别是 Influencers、Companies、Groups、Schools，如图 4 - 18 所示。在 Companies 下面你可以看到你关

注的公司清单。同样你也可以用这个方法看别人的关注信息。另外，你也可以通过在“View Profile——Your Articles & Activity——Manage follows——×××following——Filter by companies”中看到自己关注的所有公司。

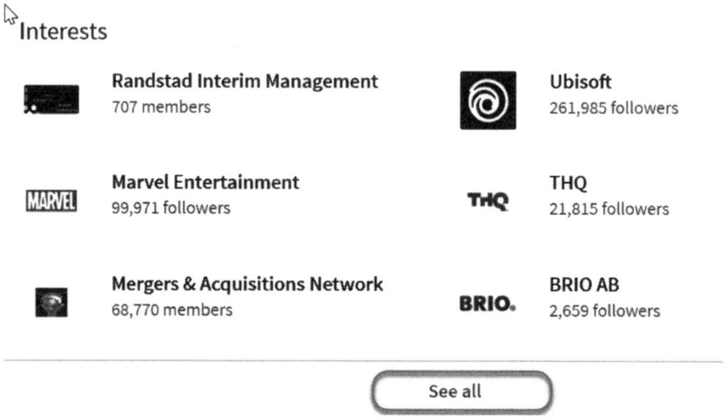

图 4－17

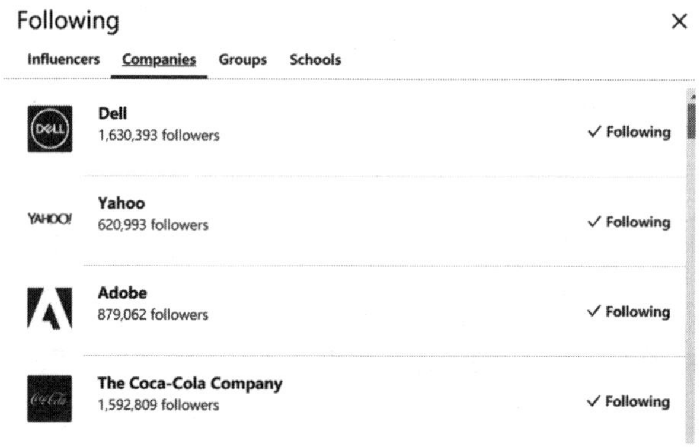

图 4－18

五、你加入的 Group 能不向别人展示吗

和你关注的公司情况类似，你加入的群组信息也分为两种情况，一种情况是你加入群组的实时动态，这个是可以进行设置不让别人知道的。如图 4－19 所示，在“Me——Settings & Privacy——Communication”中进行设置。

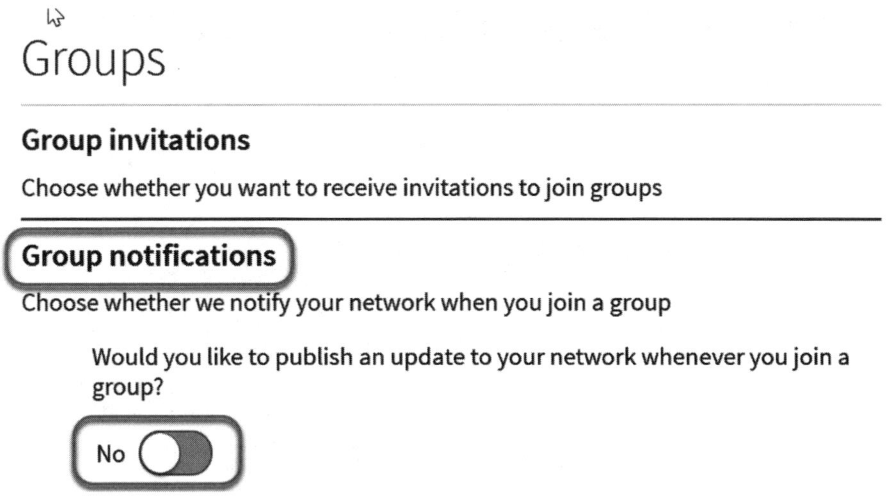
Groups
Group invitations
Choose whether you want to receive invitations to join groups
Group notifications
Choose whether we notify your network when you join a group
Would you like to publish an update to your network whenever you join a group?
No

图 4－19

加入群组后的通知即你新加入了某群，是否向你的人脉圈公开通知这一信息，一般建议是不通知，以免打扰他人。

另一种是你加入的群组清单，这个需要分 Public Profile 以及 LinkedIn 站内两类情况进行介绍。

（一）对没有成为 LinkedIn 会员的人员不公开

当非 LinkedIn 会员通过搜索引擎搜到你的公开档案时，不想让他们看到你的群组，在“Your profile’s public visibility”里不勾选“Groups”就可以了，如图 4－12 所示。

（二）对 LinkedIn 会员不公开

Interest 项下 Following 的整个 Groups 板块是无法全部隐藏的，你可以做的，就是针对一些很重要的特定群组选择在档案上不公开，这样别人在浏览你的 Profile——Interest 时，就看不到这个具体的群组。

具体操作流程如下。

Step 1：点击“Work——Groups”。

Step 2：如图 4－20 所示，进入 My groups 页面，点你不想展示在档案中的那个群组的小齿轮图标进入详细设置页面。

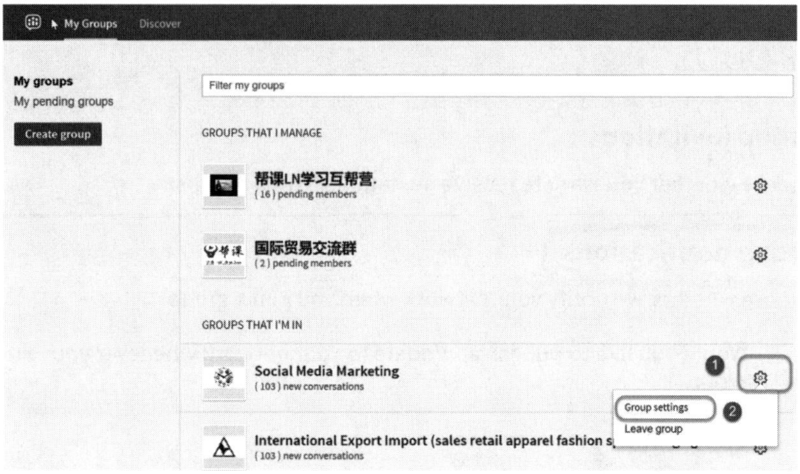

图 4 –20

Step 3：在 Group settings 的 Visibility 设置里，将“Display the group logo”不勾选上，见图 4 –21，就设置好了。一般设置需要一段时间才能生效，生效后档案最下方“See all——Following——Groups”中就少了这个群组。

图 4 –21

第三节　如何不让同行看到你的潜在客户以及你和潜在客户的互动

除了以上的这些不想让同行看到的信息外，有时你也想不让同行看到你与潜在客户的互动等，这不，又是一个学员的疑问：

“Hello，May 老师，我有一个问题想请教下您，怎么样可以不让我的联系人或者关注者看到我给别人点赞或者评论了？因为 LinkedIn 中有很多潜在客户，我一点赞或评论，万一我的竞争对手关注了我，看到了，也去开发跟进这个客户怎么办？”

解决方案如下。

源头上有多种方法，不让他进入你的人脉圈，就是不让他成为你的 1 度联系人，也不让其关注你（前面几节做了详细介绍，可以通过 Who can send you invitation、Who can follow you、Block、Share profile edits 等进行设置）。

那还有哪些可以去注意的呢？下面分几种情况给大家介绍。

一、你在潜在客户的 Article 里点赞、评论

和推送一样，你在潜在客户的 Article 里点赞、评论，这一动作会被你的人脉圈的人知道。解决方案同上。你也可以直接和你的潜在客户发 Message 或 InMail，就其 Article 的内容或观点一对一地交流。但这样，你可能会丢失掉另外一些可能的潜在客户，因为高质量的评论可能会吸引其他潜在客户注意，从而与你互动。

二、你在 Group 里点赞或评论

你对于潜在客户发起的群组话题，可以单独进行私下的回复，这样你的同行就不清楚了，具体操作见第八章第四节。但这样，你可能丢失掉另外一些可能的潜在客户。

三、你自己分享的动态更新（home update）内容，有潜在客户给你点赞、评论或分享

如果你的同行是你人脉圈的人，他是可以看到潜在客户和你的互动以及他们的档案的，除非你将这些重要的潜在客户的评论删除，见图 4－22。

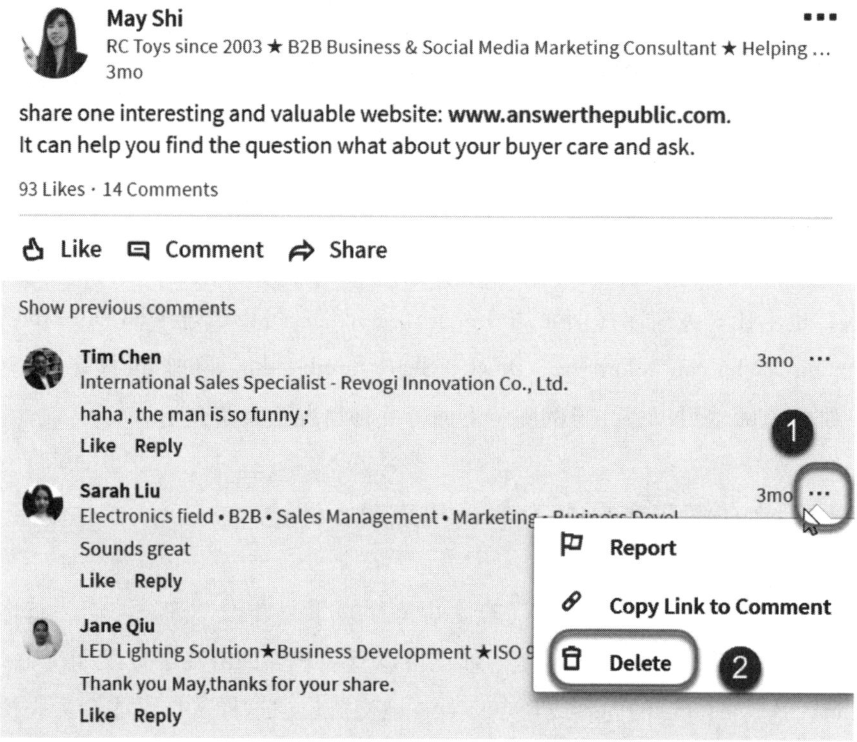

图 4－22

四、你自己分享的文章，有潜在客户给你点赞、评论或分享

如果你的同行是你人脉圈的人，他是可以看到潜在客户和你的互动以及他们的档案的，你可以不允许评论，或是将自己的评论和自己给别人的回复删除，或是对不合适的评论进行举报，但不能选择某人的其中一条评论删除，要不就是删除全部人的所有评论，见图 4－23。但这显然是有些顾此失彼的做法。

五、你自己在群组里发起的话题，有潜在客户给你点赞、评论或分享

如果你的同行和你同为群组成员，他是可以看到潜在客户和你的互动以及

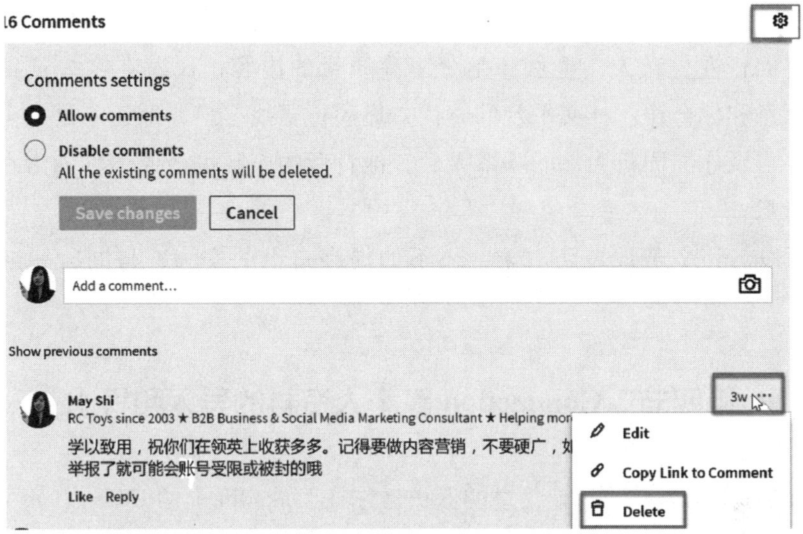
16 Comments
Comments settings
Allow comments
Disable comments
All the existing comments will be deleted.
Save changes
Cancel
Add a comment...
Show previous comments
May Shi
RC Toys since 2003 ★ B2B Business & Social Media Marketing Consultant ★ Helping
学以致用，祝你们在领英上收获多多。记得要做内容营销，不要硬广，
举报了就可能会账号受限或被封的哦
Like Reply
3w
Edit
Copy Link to Comment
Delete

图 4－23

他们的档案的，除非你将这些重要的潜在客户的评论删除，见图 4－24。

查查你的1度联系人数量处于Middle Level 还是Low Level?
这个调查表有点意思，关于领英上的1度联系人，你认为多少合适呢？哈哈，从数量上来看，我还是TOP 10呢？不过，我觉得find the right People 更重要， 不是吗？
"This statistic provides information on the amount of first degree connections on LinkedIn users as of March 2016. During the survey, it was found that 27 percen... Show more
1st level connections of LinkedIn users 2016 | Statistic
This statistic provides information on the amount of first degree connections on LinkedIn users as of March 2016. During the survey,...
Like Comment 1 1
我差点就是前78%中了，哈哈哈，你们说我有多少1度联系人
Like
2mo
Reply to this conversation...
Reply privately
Delete
Require moderation
Remove member
Block member
May Shi · Group Owner
RC Toys since 2003 ★ B2B Business & Social Media
4mo

图 4－24

这些都是方法，但总体而言，玩社交平台，需要有一个开放的心态，没必要将同行视为敌人，重点还是分享高质量的内容，让潜在客户觉得你专业，愿意和你合作。社交平台的时代，你同行要找客户，那还不是分分钟的事情，再说你加同行为你的联系人后，他背后的人脉也会成为你的潜在人脉啊，对吧？

所以与其辛苦地左防右防，还不如提高自己的实力，与同行一起抱团出海。

第四节　Connection 等个人资料的导入和导出

LinkedIn 非常注重用户信息的保护，你在 LinkedIn 上的 Connection 可以通过个人电脑导出，从而实现 LinkedIn 与传统方式相结合地跟进客户。

如何导出你的个人资料呢？

Step 1：“Me——Settings & Privacy”，点开“Privacy”，在“How LinkedIn uses your data”中，点开“Download your data”，如图 4－25 所示。

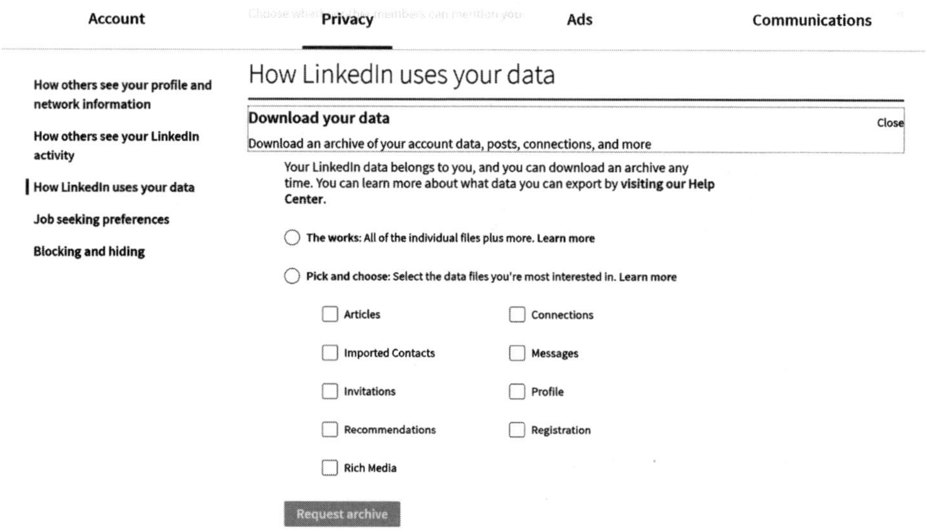

图 4－25

Step 2：下载数据，这里有两种方式，一种下载方式是“The works”，它包含比较全面的资料，但是从申请到导出需要等待较长时间，通常不超过 24 小时。另一种下载方式是“Pick and choose”，共有 9 种资料可以选择，比如 Connections、Profile、Articles、Imported Contacts（建议选择）、Invitations、Recommendations、Messages、Registration、Rich Media，建议根据需要勾选或全选，将资料全部导出。

Step 3：下载前需要重新输入密码。

Step 4：等待 10 分钟左右，查收邮箱里的邮件，点进链接，打开导出页面。

Step 5：重新登录 LinkedIn，如果你有设置账号的两步验证（如登录时需要手机再次认证），系统会让你输入发送到你手机上的 6 位数的认证号码。

Step 6：按 Download 按钮，大约等待 1 分钟。

Step 7：成功导出。

Tips

如果有任何问题，可以找 LinkedIn 帮助中心解决，先在线提交问题，以文字结合附件图片说明，再拨打 400 服务电话。

关于 LinkedIn 的隐私与设置，大家可以在“Me——Settings & Privacy”里详细了解，可能一段时间排版或设置归类会有一些小的变化，请大家保持好的心态拥抱这些变化。

第五章

LinkedIn 联系、分析与沟通技巧

第一节　6 度空间理论与 3 种人脉

根据 6 度空间理论，你和任何 1 个陌生人之间所间隔的人不会超过 6 个。在 LinkedIn 里，人脉圈中的会员被称为联系人。你的人脉圈由 1 度联系人、2 度联系人、3 度联系人、群组成员组成。

一、1 度联系人、2 度联系人和 3 度联系人的含义以及各自的联系方法

（一）1 度联系人

1 度联系人即 connection，是你接受了他们的邀请，或他们接受了你的邀请与你直接建立联系的会员。在搜索结果和会员档案中，其姓名旁会显示“1st”或“1 度”。你可通过 LinkedIn 信息（Message）联系他们。

（二）2 度联系人

2 度联系人是与你的 1 度联系人建立联系的会员。在搜索结果和会员档案中，其姓名旁会显示“2nd”或“2 度”。你可点击 Connect 向其发送邀请，或者在付费账号下通过站内信（InMail）向其发送消息。

你也可以通过关注他，浏览或分享其动态，让其主动加你。

（三）3 度联系人

3 度联系人是与你的 2 度联系人建立联系的会员。在搜索结果和会员档案中，其姓名旁会显示“3rd”或“3 度”。

如果会员档案中显示了会员全名，你可以点击 Connect 向他们发送邀请。如果会员档案中没有显示会员全名，则不可点击 Connect，但如果你是付费账号，仍然可以通过站内信来联系他们。

你也可以通过关注他，浏览或分享其动态，让其主动加你。

二、关于站内信（InMail）

关于别人给你发的所有信息（All Messages），你可以在 Messaging 板块下看到。在 Search Messages 中，你可以看到你的所有信息，包括 1 度联系人发的信息，2 度联系人、3 度联系人发的站内信，以及 Archived（保存）、Unread（未读）和 Blocked（屏蔽）的信息，见图 5－1。

除了以上信息外，还会有一些公司或机构做的付费推广信息，系统会显示 Sponsored，如图 5－2 所示。

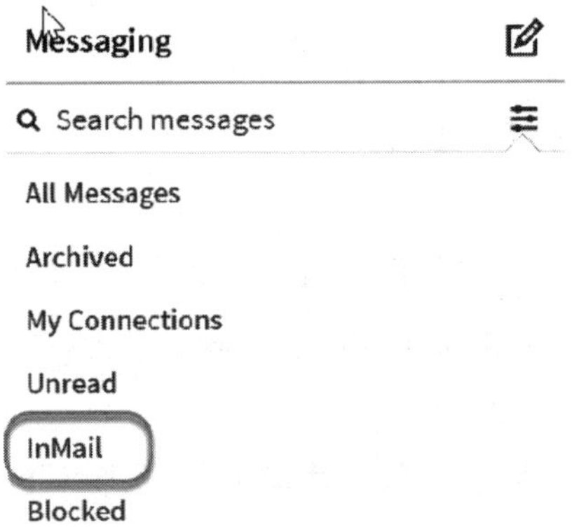

图 5－1

图 5－2

三、群组成员（Fellow member of your LinkedIn groups）

群组成员会被认为是你的人际网络的一部分，因为你们是同一组的成员。

当你打开其档案时，在 Summaries 下方的 Highlights 右边会看到你们之间共同的群组，如图 5－3 所示。如果他是你的 1 度联系人，可以发信息，如果不是，你可以在群组中发送信息来联系他们，记住，仅限于在群组里才能发信息。

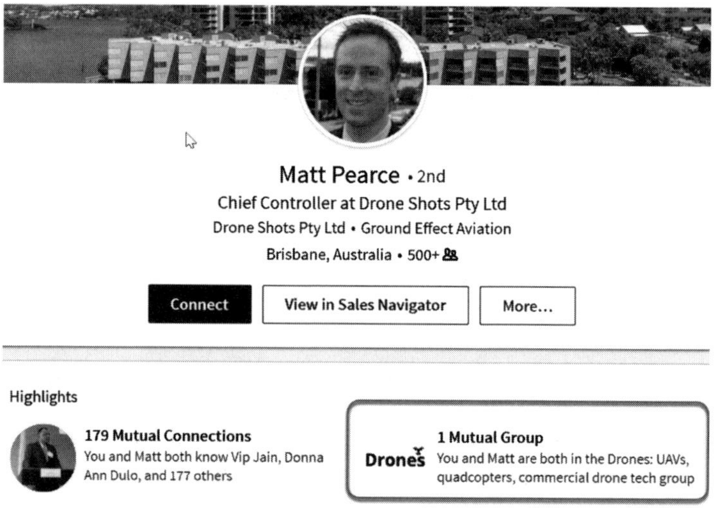

图 5－3

你也可以通过关注他，浏览或分享其动态，让其主动加你，或是你通过个性化的邀请信使其接受你的邀请，从而成为你的 1 度联系人。

四、不属于以上类别的其他 LinkedIn 会员

免费账号下你无法看到其档案，系统会显示他超出你的人脉圈。

你可通过付费账号项下站内信与人脉圈外的 LinkedIn 会员联系。

第二节　加 Connection 的顺序以及系统自带功能导入客户

LinkedIn Profile 基本打造完之后，你就需要加人，让更多人成为你的联系人，因为你的 1 度联系人越多，其背后的联系人也会成为你的 2 度、3 度人脉，这样在以关键词搜索时，才会有更多的潜在客户出现，做内容营销时才会形成雪球效应，你的账号的影响力才会越强，内容的曝光度越高。

一、添加联系人的 3 种方法

如何加更多人让其成为你的联系人呢？有 3 种添加联系人的方法。

第一种方法：加你的同事和朋友。这部分你可以多用系统的自带功能，比如从邮箱、手机通信录导入等。

第二种方法：加你已知的、线下没有成交的潜在客户。你可以结合 LinkedIn 的站内搜索功能，多以 People、Companies 维度来搜索潜在客户。

第三种方法：通过搜索，加线上的潜在客户。用产品或行业关键词在 People、Jobs、Groups、Companies、Schools、Content 等维度中搜索查找。

我建议已成交客户，没必要先加在 LinkedIn 上，你可以把隐私保护设置好后再加上。

二、LinkedIn 提供的 3 种寻找或吸引客户的方法

第一种方法是利用系统自带的各种功能，比如根据你档案中填写的行业、标题等信息推送的“People You May Know”，从邮箱、通信录导入联系人；第二种是你通过搜索主动出击来找客户；第三种就是你通过高质量的内容营销吸引客户找到你，加你为联系人。

下面我就给大家详细分享下第一种利用系统自带的 6 种功能加好友的方法，最后的两种功能在后续的相应章节还会做详细介绍。

三、系统自带的 6 种功能加好友的方法

（一）导入邮箱及手机通信录中的人

点击“My Network”，页面左边会出现你的联系人情况，点下边的“Continue（继续）”，见图 5 -4，你会看到你的邮箱联系人以及手机通信录（绑定的手机号）中的联系人，见图 5 -5。建议不要把人全部选上，可以小批量试一些人，看其通过率。为什么不建议批量导入？因为用这种方式你无法给出个

性化的邀请，而是由 LinkedIn 官方去邀请他们，给客户的感觉不是太好。

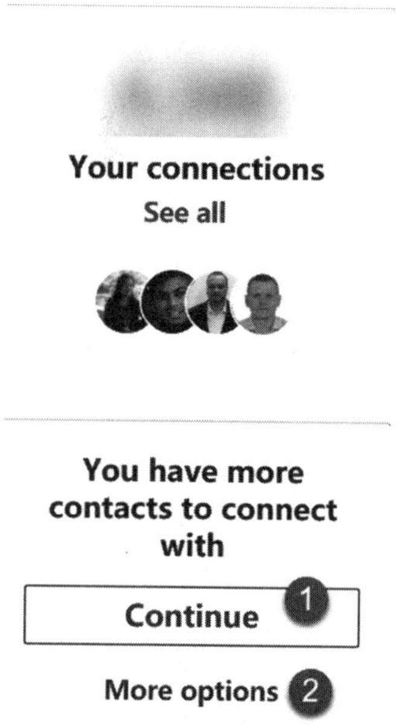
Your connections
See all
You have more contacts to connect with
Continue
1
More options
2

图 5 – 4

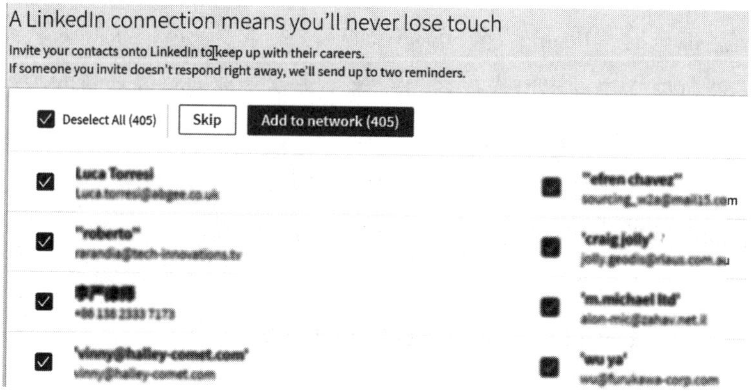
A LinkedIn connection means you'll never lose touch
Invite your contacts onto LinkedIn to keep up with their careers.
If someone you invite doesn't respond right away, we'll send up to two reminders.
Deselect All (405)
Skip
Add to network (405)

图 5 – 5

（二）导入你不同邮箱的联系人

同样，你也可以点图 5 – 4 中的“More options”，这时你可以导入你不同公共邮箱的联系人。企业邮箱的客户目前无法直接导入。

Tips

英文项下和中文项下的邮箱稍有差异，英文语言界面项下支持的邮箱服务商为Gmail、Yahoo、Outlook、Aol，在Find more connections里推荐的大多是国外人士，见图5-6。而中文语言界面项下多了QQ邮箱、网易邮箱、新浪邮箱，并且推荐的多是中国的职场人士。

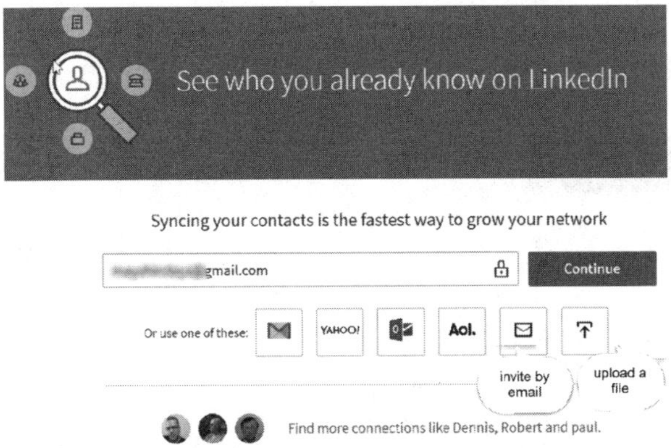
See who you already know on LinkedIn
Syncing your contacts is the fastest way to grow your network
gmail.com
Continue
Or use one of these:
YAHOO!
Aol.
invite by email
upload a file
Find more connections like Dennis, Robert and paul.

图5-6

找找还有谁在领英
同步通信录，轻松拓展职场人脉
@gmail.com
继续
使用以下邮箱：
YAHOO!
Aol.
找找更多像Alex、Alex (อเล็กซ์)和Ibrahim这样的职场人士。

图5-7

（三）通过单独输入邮箱来邀请

点击图5-6中的“invite by email”图标，就可以通过输入对方的邮箱来邀请人。你可以一次性邀请多个邮箱的人，中间用逗号隔开即可，见图5－8。

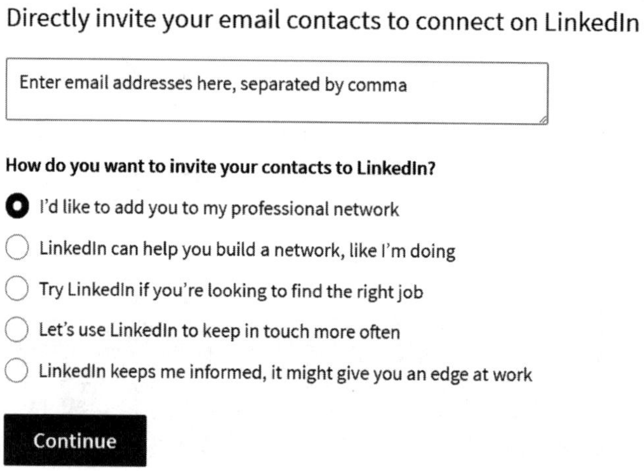
Directly invite your email contacts to connect on LinkedIn
Enter email addresses here, separated by comma
How do you want to invite your contacts to LinkedIn?
I'd like to add you to my professional network
LinkedIn can help you build a network, like I'm doing
Try LinkedIn if you're looking to find the right job
Let's use LinkedIn to keep in touch more often
LinkedIn keeps me informed, it might give you an edge at work
Continue

图5－8

（四）通过邮件导入联系人

点击图5－6所示的“upload a file”图标，通过批量上传CSV、TXT、VCF格式的邮件批量导入联系人，见图5－9。

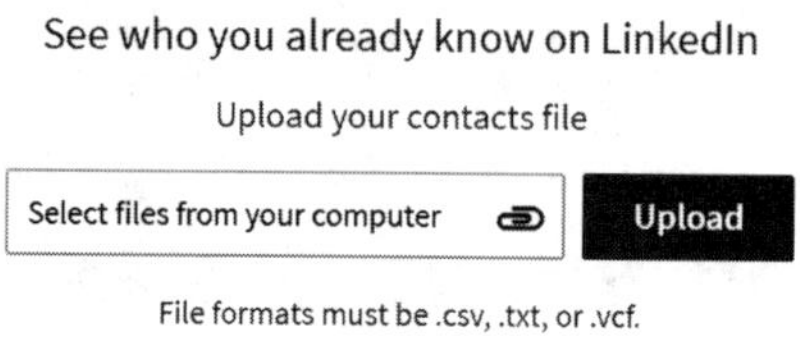
See who you already know on LinkedIn
Upload your contacts file
Select files from your computer
Upload
File formats must be .csv, .txt, or .vcf.

图5－9

你可以从一个文件中将你的目标联系人批量导入LinkedIn，当然，他们不会马上成为你的联系人，还要LinkedIn给他们发送一封邀请邮件，他们同意后你们才会成为联系人。使用这个方法的效率很高。

（五）通过系统推荐的People you may know添加联系人

系统会根据同行业、同背景、同职位、同区域，相似档案信息和经历，有共同联系人等诸多方面来给你推荐相应的人。打开“My Network”，在“Invitation”下方，就是“People you may know”。

Tips

在可能认识的人下方会有一个 Connect 按钮，我不建议直接点 Connect，而是要先打开其档案，研究后写出个性化的邀请信，加大通过率。

（六）通过系统推荐的 Who’s viewed your profile 添加联系人

你的档案建立后，就可能有人来查看。你有两种方法可以查看谁看了你的档案。一种是当你登录 LinkedIn Home，左上角会出现你的档案和发布的信息被浏览的情况，见图 5－10。另一种是打开你的档案，在 Summaries 下方的 Your Dashboard 中会显示你的档案被浏览的情况，见图 5－11。两种情况下直接点“Who’s viewed your profile”，可以看到你的访客信息，其中包括 1 度联系人、2 度联系人、3 度联系人，而这些 2 度联系人、3 度联系人，就是你可以添加的好友。免费标准账号下只能看到 5 个访客信息，在付费方案比如 Sale Navigator 下可以看到 90 天内的访客信息。也可以通过举一反三的思维，添加你文章的 Visitor、你的 Followers 等。

图 5－10

图 5－11

四、巧用 LinkedIn 站内检索功能快速判断是否要添加联系人

找到人了，马上要批量加联系人吗？我建议你先看其档案，再做决定，不批量添加。

那是不是每个人的档案你都要花 5 分钟仔细去看？如果这样，时间可能就完全不够用。我的建议是打开你想要加的人的档案，用 Ctrl + F 键，在其中搜索你的产品关键词，见图 5－12，看检索结果，以便做一个初步的评估。

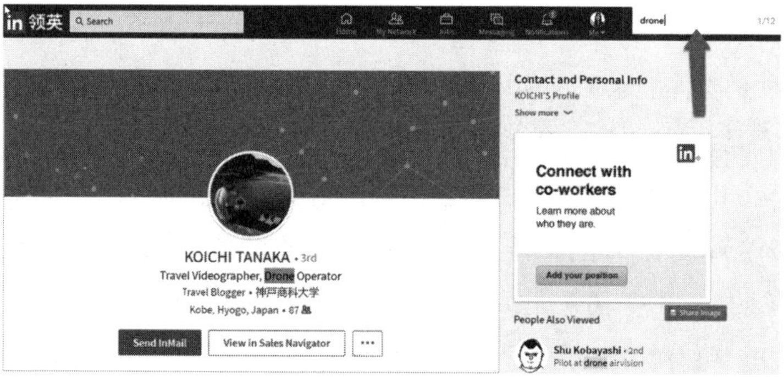

图 5－12

当然，对于重点想加的客户，除了用这个检索功能外，我建议仔细阅读其档案，以便写出个性化的邀请信，加大通过率，也有助于你后续的跟进等。

第三节　如何让别人接受你的邀请

在 LinkedIn 你要先加熟人、朋友，积累一定的联系人基数，让数据看起来不错（LinkedIn 上面的联系人数量别人是可以看到的，只有多于 500 人后才不显示具体的数字，而是显示 500 +），这样后面再加潜在客户会相对容易，不然一个新的账号没几个联系人，客户愿意通过的概率也相对低。

除此之外，如何提高别人对你邀请的通过率？我觉得可以从如下几个方面去努力。

一、个性化的邀请信（Invitation）

邀请信可以根据对方详细档案，如爱好、兴趣、专业等来写。根据你对想加联系人的了解找到切入点，写出个性化的的邀请信，通过率可以达到90%以上。

LinkedIn 改版后也特别注意这块的重要性，所以会给予特别提示，如图 5－13 所示。

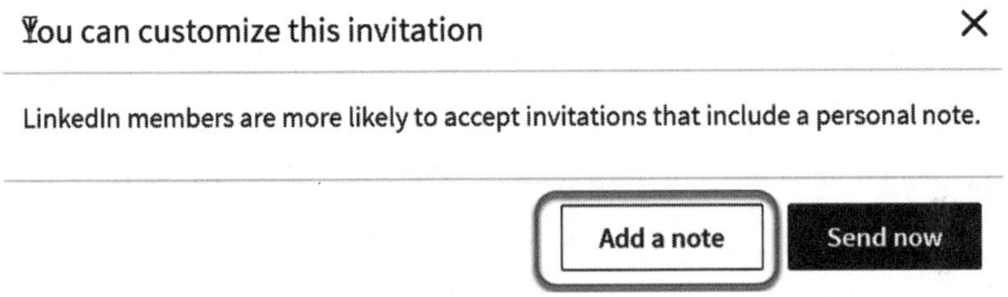
You can customize this invitation
LinkedIn members are more likely to accept invitations that include a personal note.
Add a note
Send now

图 5－13

如下是我根据自己的心得，整理的 LinkedIn 邀请信个性化备注的 8 种模板，供大家参考。

（一）共同兴趣爱好型

Hi Jack,

I see your hobbies very interesting. I like travel, as well as photography works.（根据你们的共同兴趣爱好来写）

I traveled to many cities in China, and also to USA, South America, Germany, Switzerland, Thailand, Korea, I wish to be your friends.

If you have plan to visit China, please feel free to let me know, I can share some helpful informations.

（二）虚心请教型

Hi Arnold,

I like your thinking way on Conversation "What happened with Walmart", And learned that you work in TRU and some other famous retailer for more than 35 years, and much familiar with all the big retailer.（了解联系人的详细背景，给予相应的夸奖）

We cooperated with TRU in the year 2012，*I'd like to add you to my professional network on LinkedIn to learn more from you.*（诚恳表达向其请教的意愿）

（三）开发市场型

模板 A：针对某类产品

Hi Adam,

How are you?

We cooperated with one Poland（根据联系人所在的国家）*buyer for our latest RC quadcopter with PFV*，*but in toys price*（写具体产品类别），*are you interested in getting more informations?*（先激起联系人的兴趣，不着急介绍自己）

What a small world，*one of our big German buyers visited us on April* 22，*and you are his connection also.*（两个目的，一个是展现公司实力，一个是拉近彼此距离）

模板 *B*：针对某个产品

Hi Andy,

Learned that you are strong in R/C Flying items（写具体产品类别）*in UK*（写具体国家）*as one professional distributor.*

As the China manufacture only focus on R/C Toys since 1996，*with Walmart's factory audit*，*we sincerely wish be your friends*，*to expand the market together.*

（四）感谢关注型

Hi Kent,

Thanks for your comment on my post "What's should we care for doing Europe market"（根据具体事情来写），*give me B2B website to join and learn more. It really helps.*

I would like to be your friends.

（五）赞美型

Hi Dor,

I like your post "Drone are toys or tools" . *I agree with you*，*now in the technology time*，*Drone are not only toys*，*but also tools for many field*，*technology change world.*（写一下自己的见解，以引起更多的话题）

Wish be your friend and discuss more with you.

（六）结合型

Hi Hans,

Thanks for your care on my post.

You looks so nice, and are professional in both toys and Swiss watch. I have visit Switzerland in this February, it is a nice place.

I sincerely wish have chance to learn from you.

没有哪个人不喜欢被别人肯定或赞扬，当然前提是它是你实实在在研究过他的档案后的真心肯定或赞扬，不然就有拍马屁之嫌了。

（七）加其他来源的客户

以展会为例，你可以这样来写。

Hi Jack,

It was great speaking to you at the ××× Show in ××× at middle September, the products you showed are very innovate and impressive. I'd definitely like to stay up-to-date on your network.

Thanks and best regards.

（八）加 Who's viewed your profile 的人员

Hi Jack,

I see that you have looked at my profile recently, it would be great to get to know you better and I would be delighted if you can connect with me on LinkedIn.

If there is anything I can do, please feel free to let me know.

总结以上 8 个模板，你给别人发邀请信的 6 大注意事项如下。

（1）个性化一对一称呼。

（2）说明你是如何知道他的。

（3）提及与他档案相关的信息。

（4）找到共同点。

（5）表现真诚。

（6）感谢他。

二、信息交流、分享，提供帮助

你多分享高质量的文章内容，让别人觉得你是一个有价值的人，也有利于提高邀请信的通过率。

三、展现专业、自信

一份专业的档案会让别人觉得很舒服，也愿意加你。

四、使其产生信任

你可以先关注或是对其动态、文章进行专业的评论、点赞、分享等，引起对方注意，从而使其产生信任。

总之，让对方觉得你是非常有诚意想加其为联系人的，而不要让对方觉得你是复制、粘贴、群发的邀请信。

五、借用第三方引荐（Ask For Introduction）加大成功率

当你想添加的联系人是你的3度联系人时，有两种加法。

（1）自己用个性化的邀请信直接加。

（2）付费账号 Sales Navigator 下，在 How You're Connected 中，如图5-14所示，借用中间人做介绍。

如何让中间人愿意给你做引荐，为你在潜在客户面前美言几句呢？

真诚有礼貌是必需的，如下的模板供参考。

Hi Marten,

Wish you have a nice day.

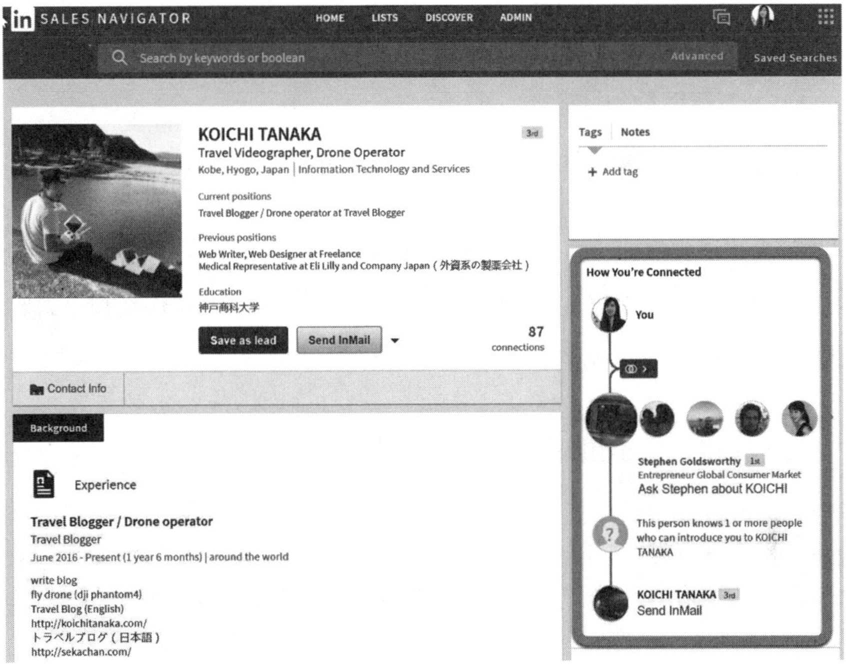

图 5-14

I am writing this email to require a big favor from you.

Learn that you're connected and have good relationships with ×××, *at YYY (Company)*.

We are in the same industry of ××× *since* 1996, *and would like to communicate and share knowledge with* ××× *about our industry trend and news.*

Would you willing to introduce us?

Appreciate your big support in advance.

Best Regards.

第四节 LinkedIn 添加联系人的 7 点总结

一、先完善档案

建议档案级别要到达 All Star，如果能到完美档案就更好了，可以增加个人的专业感，加强读者对你的信任。

此外，你要确保你的个人图片、姓名被完整展示。

二、尽可能加熟悉的人或对你有印象的人

比如在展会上见过，通过邮件联系过，或是其他朋友介绍的人。如果需要加你从 Google 等搜索引擎找来的潜在客户，请一定要用个性化的邀请信，让其被吸引。

三、建议打开你想加的那个人的档案，仔细研究

点开档案再行动。一方面便于研究后再写出个性化的邀请信；另一方面点开档案，人名右边的省略号，如图 5 – 15 所示，会有很多隐藏的选项，比如 Connect。

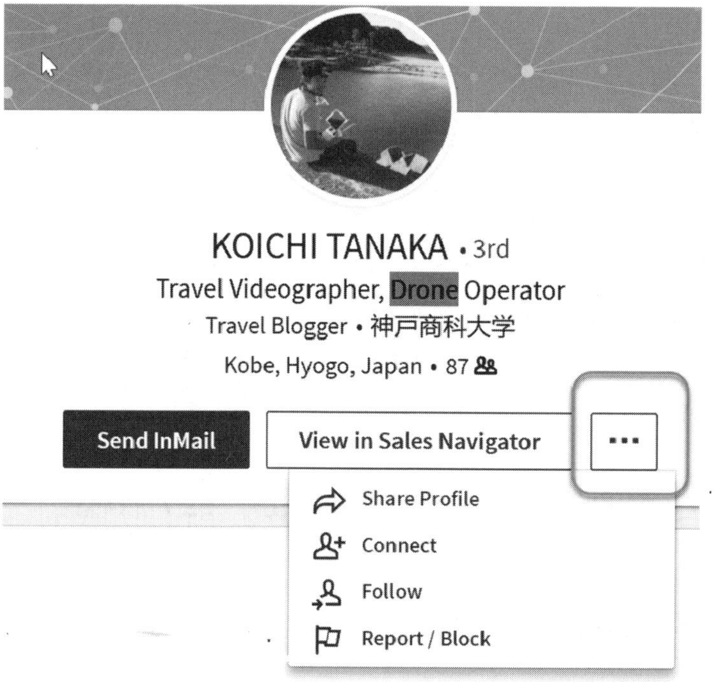

图 5 – 15

你不打开档案，有些时候是看不到 Connect 的。

同样，如果用 People you may know、搜索法搜到客户后，如果不打开此人的档案，是无法发送个性化邀请信的。

四、写个性化邀请信

关于写个性化的邀请信，请参考本章第三节邀请信模板。

五、善用 Ask For Introduction，添加有行业影响力的人

六、适时感谢接受邀请的人，树立有礼貌的形象

别人通过你的邀请后，你要发信息表示感谢等，说不定下次你需要他帮你引荐其他人，有礼貌的形象要树立。

写感谢信按以下三个步骤来。

Step 1：当天先适当夸奖并表达真诚的谢意。

Hi Jack,

Thanks for adding me in your network, I am so glad to meet such professional people in ×××× field like you. I wish have chance to learn from you.

Step 2：3 天以后，问候关怀对方。

Hi Jack,

How are you?

It is so hot in China these days, how about in UK?

Take care and have a nice weekend.

Step 3：1 周后，可以以提供帮助的方式分享信息。

Hi Jack,

You know Racing drone are very new and hot in the market now, and the related report shared with you as per attachment, hope it is helpful for you to understand more about the new line.

七、不太可取的沟通方式

一是太随意，比如“你好”“ Hello”之类的话是不适合的，这不是微信聊天工具；二是急于推销，弄不好，客户会将你的信息举报，说你骚扰他，那你的账号可能受限或被封。

第五节　LinkedIn 加联系人时的常见问题

你在 LinkedIn 加联系人时，可能会出现一系列的问题，比如前期不清楚规则，胡乱给很多人群发了邀请信，因为没有写个性化邀请信导致通过率低，现在想撤回。又或者是不小心加上了错误的人想要移除和其的联系，本节会一一解答这些问题。

一、如何删除误加的联系人

有两种方法，一种是在 My network 项下，一种是直接在这个人的档案项下。

方法 1：“My network——your connection——see all”，找到你误加的那个人，Message 旁边有个省略号图标，点进去能看到“Remove Connection（删除联系人)”，见图 5－16。

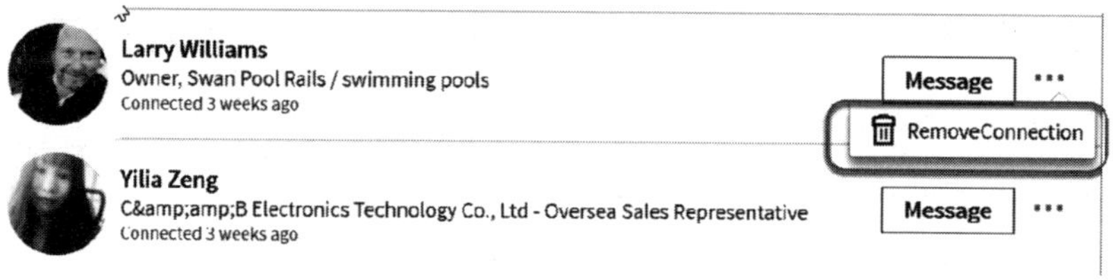

图 5－16

方法 2：搜索找到并打开此人的档案，点击“More...”，会有“Remove Connection”，见图 5－17。

图 5－17

二、如何撤销已发送的邀请信

因为账户限制不能加人这个问题经常会有朋友提到，导致这个问题的主要原因就是发出的邀请信太多而接受邀请成为联系人的少，通过率低，再加上有人投诉，那账号受限或是被封就是大概率的事件了。

如果你前期因为不知道规则而乱发了一通，是可以将发出一段时间而对方没有回应的邀请信撤销的，如何撤销？点击"My network"，可以看到 Invitations 的情况，点右边的"Manage all"，见图 5－18。

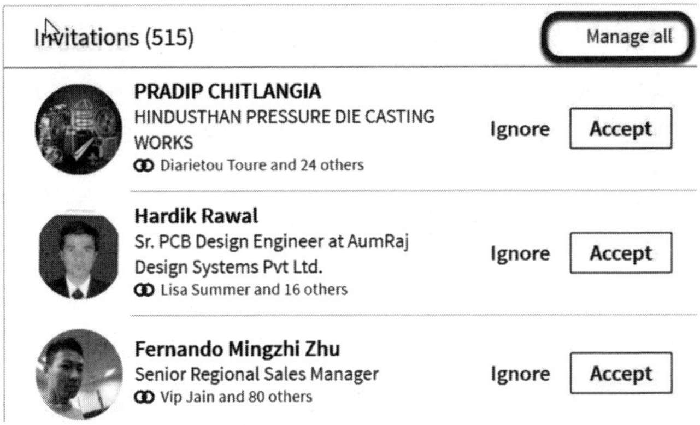

图 5－18

你会看到你收到或发送出去的邀请信，点“sent”，再点旁边的“Withdraw（撤销）”，即可撤回邀请信，见图5-19。

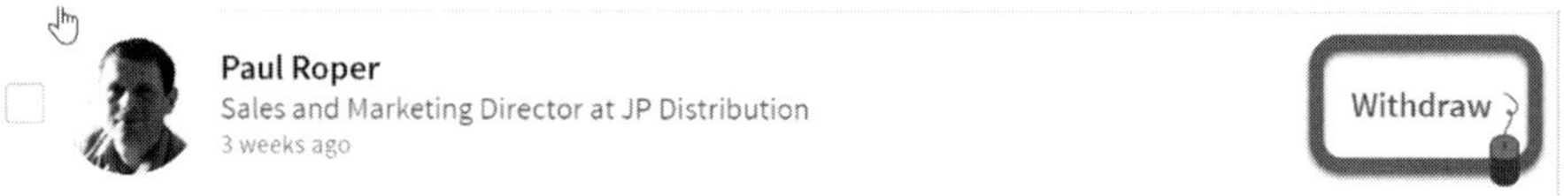

图5-19

Tips

取消邀请不会返还可发送邀请额度，但可以提高邀请接受率。

这样做的好处是当你发送出去的邀请达到上限，需要向LinkedIn帮助中心要求增加时，LinkedIn会根据你发出去的邀请接受通过率考虑是否给你增加数量。

关于邀请上限，LinkedIn官方目前给出的数据是30 000。当你达到了邀请上限时，是有权利向LinkedIn申请增加数量的，但是否能得到同意，那就要参考你的邀请接受通过率了。

注：邀请接受通过率 =接受通过的邀请数量/（总共发出的邀请数-撤销邀请数）。

举例来说，总共发出去了500份邀请，撤回20份，有100个人通过你的邀请成为联系人，那么通过率为：100/（500-20）=20.83%。

三、LinkedIn里的联系人无法直接添加该如何处理

大家经常碰到无法直接添加联系人的两种情况以及分别的解决方案如下。

（一）只有Send InMail选项的处理方法

有些2度、3度联系人右上角只有Send InMail选项，如果你直接点击页面右侧的Send InMail，免费账号下是无法添加联系人的，需要升级到付费账号才可以。

解决方法是点击人名下的链接，进入其档案后添加联系人，有些在其档案界面中可以直接添加联系人，有些是在Send InMail下拉菜单中添加联系人。

（二）LinkedIn Member 无法直接添加联系人如何处理

对于标示为 LinkedIn Member 的人员无法添加联系人这一处理一般分两种情况。

一种是有个人图片，同时显示为 LinkedIn Member，见图 5 –20，你可以用 Google Image 结合 People also viewed 来操作。

图 5 –20

Step 1：将此人的个人图像存下，记下其 Headline，以便后面匹配确认。

Step 2：在 Google Image 里尝试找图片，出现图 5 –21 所示结果。

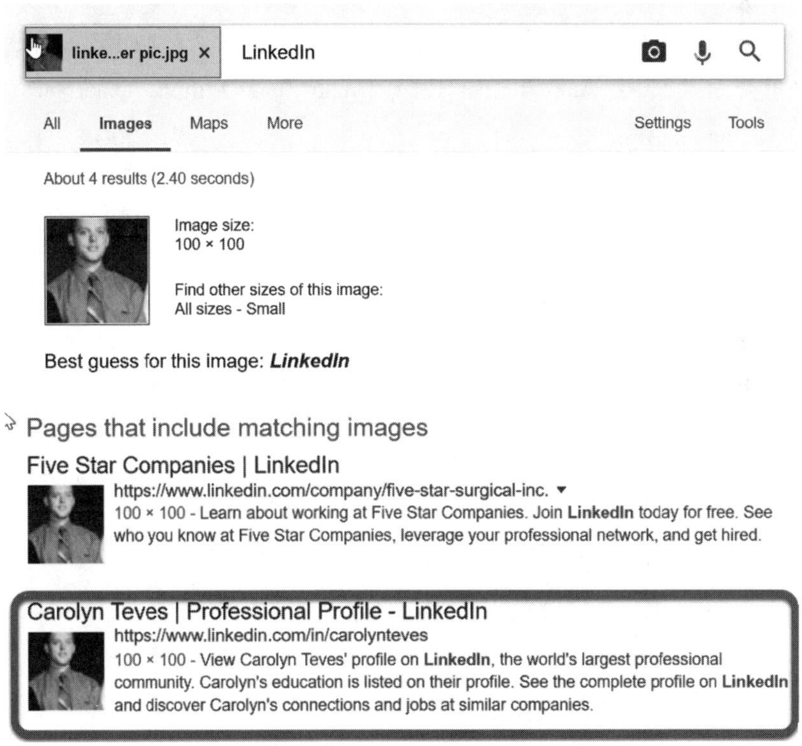

图 5 –21

你会发现有不同的人用相同的图片，到底哪个才是你要找的人呢？没关系，一个个点开看。点进图 5 –21 所示链接是一个女生的图片，但仔细观察，在其后面的 People also viewed 看到了图中的人以及他的标题，见图 5 -22，点进去细看，正是你想找的人，并且有添加联系人的选项，见图 5 -23。

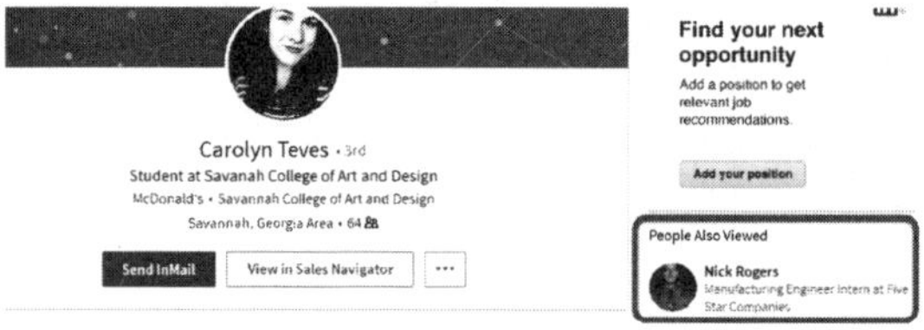

图 5 -22

图 5 -23

另一种是既没有个人图片，也没有添加联系人的选项。这种情况下你可以看其头衔等信息，用 Google 等方式来了解他的信息后再做决定。

比如图 5 -24 所示，你可以将其公司名称、头衔、所在城市都记下来，在 Google 里搜索“Site：LinkedIn. com FPV Drone Zone A drone experience Sacramento，California Area”。

图 5 -24

“Site：LinkedIn. com”是指将搜索限制在 LinkedIn. com 这个平台里，搜索结果见图 5 -25。

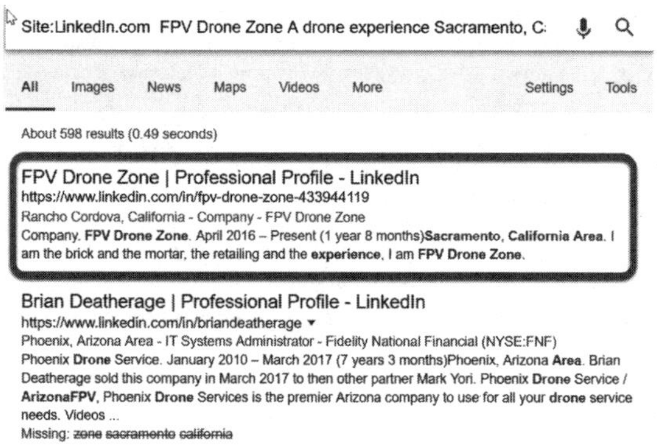

图 5 -25

结果中出现了一条精准信息，点击进去，你就可以看到如图 5－26 所示的惊喜，可以直接添加联系人了。

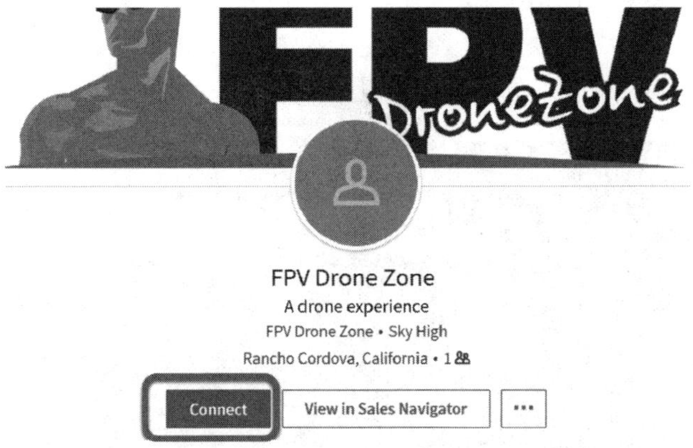

图 5－26

以上介绍的这些都是基于你人脉没打开的情况下的一些应对方案，其实最根本也是最正规的方法就是扩大你的人脉，比如先加一些行业领军人物。

另外省时省力的方法就是升级到付费账号如 Sales Navigator 方案，或者用 Google X-Ray，也是非常棒的方法。后面的 LinkedIn 搜索受限巧应对里有详细介绍。

四、如何免费加更多联系人，扩大人脉

LinkedIn 的免费会员想加更多联系人，推荐如下 9 种方法。

（一）加行业领军人物

加一些行业大咖，也就是我们所说的拥有上万个联系人的大号。与大咖成为联系人后，这些大咖的联系人就会是你的 2 度、3 度联系人。至于如何让大咖接受你的邀请，就需要你动动脑筋，用个性化的邀请信和你的真诚感动他。

如何找到行业大咖呢？除了按关键词搜索，还有系统推荐的方法，你可以选择如下方法。

Step 1：打开“Home”，看你的信息流（LinkedIn Feed）。

Step 2：来到任意一个别人分享的动态，点右边的省略号。下拉会看到“Improve my feed”，见图 5－27。

图 5－27

Step 3：点开“Improve my feed”，你会看到“Follow fresh perspectives”，见图 5－28。你可以关注的有三种类型，一种是人，多是一些知名或公众人物，也有行业领导者，一种是公司，一种是话题，你都可以选择关注一些。

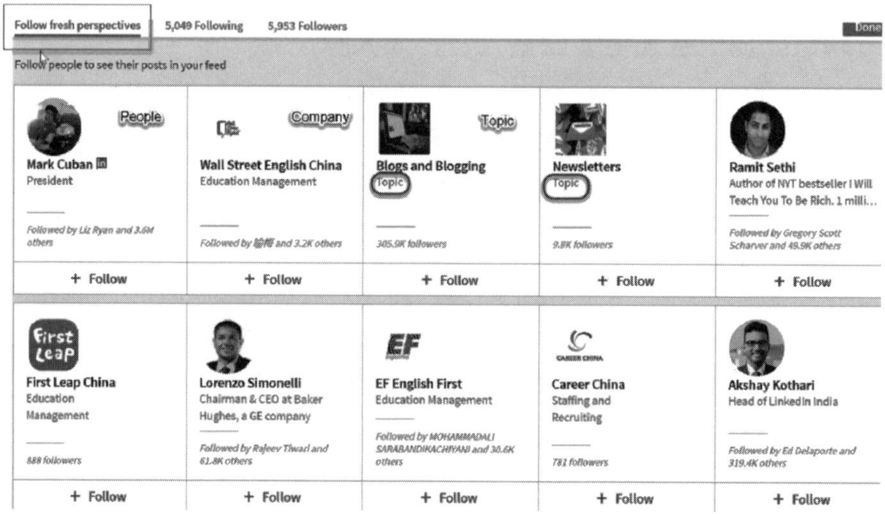

图 5－28

对于人，我建议你适当选择一些公众人物，尤其是行业人员。

Step 4：你可以选择关注，也可以打开其档案添加联系人。

注意：每个人的信息流是不同的，与你填写的行业、感兴趣话题等有关。

（二）加入群组

加入有价值的群组或自建群组吸引别人来加入，这里面是金矿。

（三）发布有价值的内容

通过 Share An Home Update、Write An Article 等方式，让别人被你高质量的内容吸引，主动加你。

（四）关注潜在客户的公司，加其有价值的各种头衔的人员

（五）联系人的联系人

（六）邮箱、手机联系人

（七）在邮箱签名、博客签名、公司官网、展会目录册等资料中加入 LinkedIn Profile 的二维码或插件等。

（八）顺藤摸瓜法

在你浏览公司主页以及个人职业档案时，系统都会推荐 People also viewed，这些都是相类似规模的公司或你的同行，或有着相近档案的人，可能与你职业背景相同，又或者是相同行业等。

（九）通过隐私设置加更多的人

比如向有你电话或邮箱的人员建议添加你为联系人。（详见隐私设置篇）

五、如何进行联系人管理

LinkedIn 2016 年 6 月 24 日被微软收购后，进行了 9 年来最大的一次改版，

新版本的免费账号下已经取消了如下部分功能。

（1）根据所在位置筛选：根据国家或地区定位，一次性将某个国家或地区的客户全部筛选出来，统一给其发节日祝福之类的消息。

（2）TAG（标签）：给联系人创建标签，以便于归档分类。

（3）去掉了 Note、Reminder、How Do You Meet 等个性化的联系人记录。

截至 2018 年 2 月的版本，免费账号下，你可以对联系人进行如下管理。

（1）通过 My Network 可以看到你所有的联系人，见图 5－29，然后一对一发 Message 或 Remove Connection，见图 5－30。按 Recently added、First name、Last name，你可以搜索查找联系人，见图 5－31。

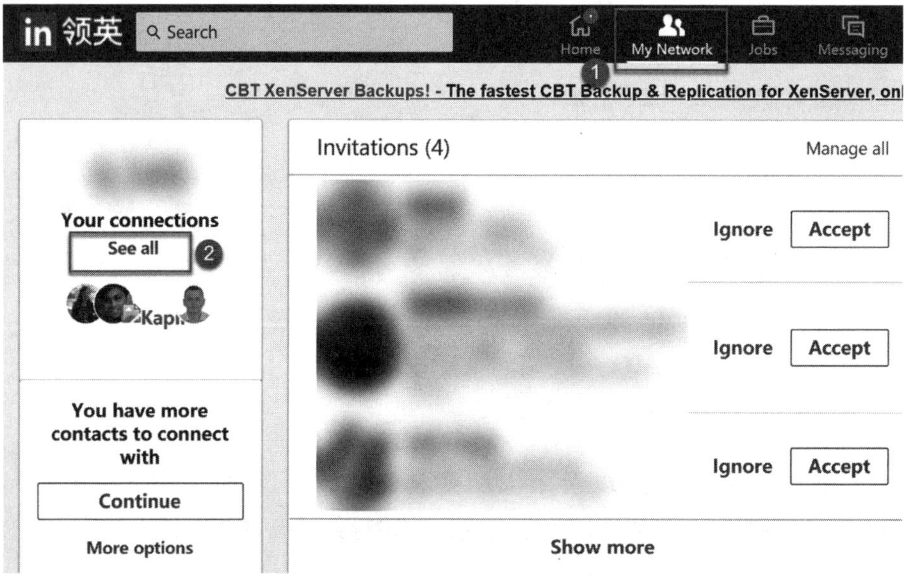

图 5－29

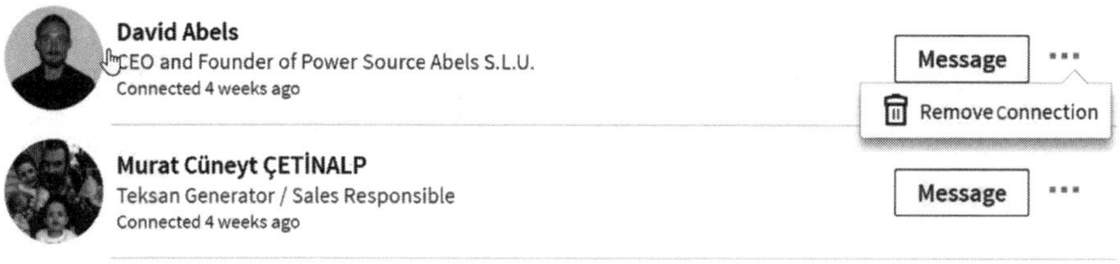

图 5－30

图 5 – 31

（2）按搜索条件查找，搜索条件可以是 Keywords、Title、Location、Industries、Current Companies、Past Companies、Profile language、School 等，按 People 维度右边的 Search with filters 选择条件即可，见图 5 – 32。

图 5 – 32

筛选出来的这些 1 度联系人，你不能进行统一的选定群发。

在付费账号如 Sales Navigator 方案下，依然保存着部分 CRM 功能，如 Tags、Notes，如图 5 – 33 所示，这对于大量联系人的精细化管理帮助非常大。

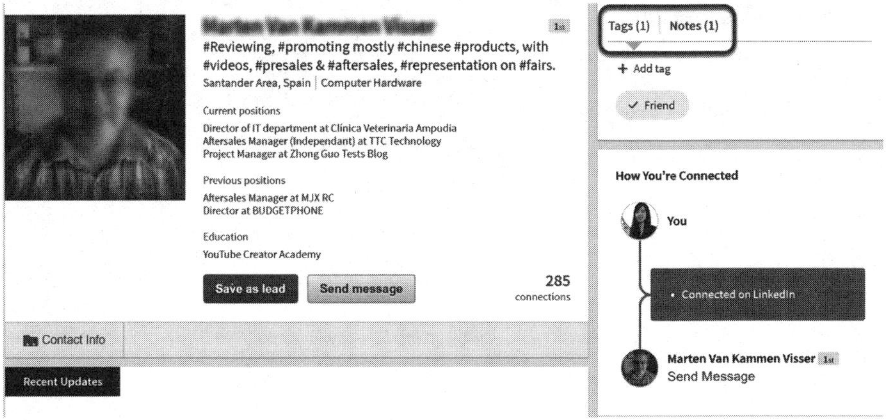

图 5 – 33

六、如何分享联系人资料

你可以对你的联系人（1 度、2 度、3 度）的档案进行分享，以便更好地利用这些资料。

比如需要将此人的信息转给你在用 LinkedIn 的同事让其跟进，又或者是你作为引荐人给两人互相介绍时，需要将此两人的档案分享给对方。具体操作方法如下。

打开某个人的档案，在其标题下方，点击“more...”，就有“Share Profile”选项，见图 5 – 34。

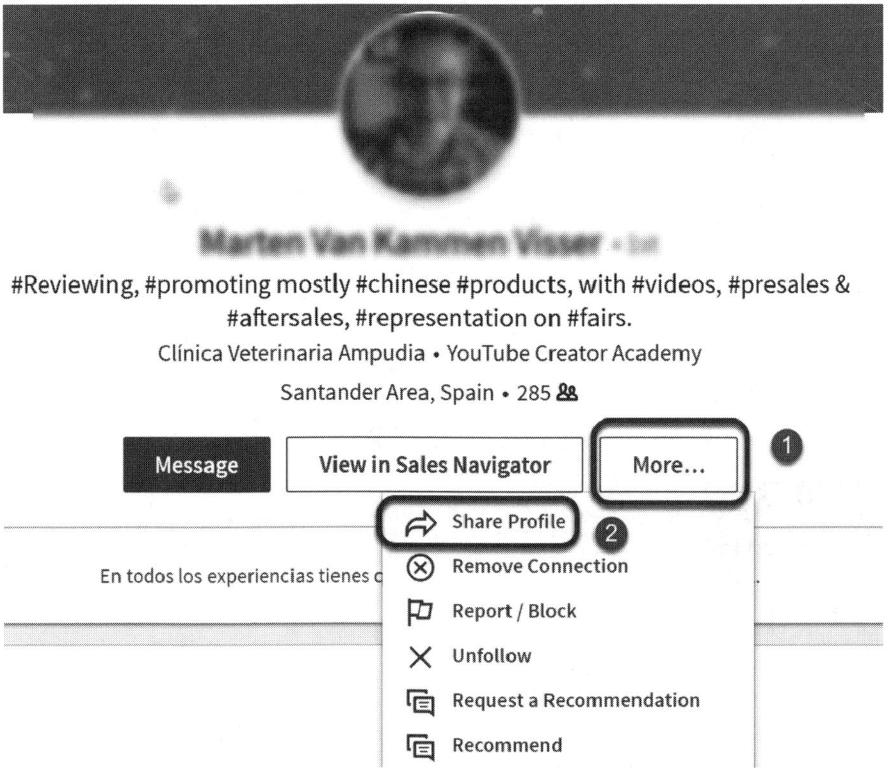

图 5 – 34

点“Share Profile”后，系统会直接跳到如图 5－35 所示的信息窗口，而那个联系人的 Profile URL 已经自动放在了信息的正文内容中，你只需要在上方输入你想分享给谁就可以。你能分享给不超过 20 个你的 1 度联系人。

图 5－35

第六章
LinkedIn 搜索与找客户

在LinkedIn免费账号下有3种思维来搜索客户或吸引客户，它们分别是系统自带思维、主动出击思维、花香引蝶思维。早期你可以适当用系统自带思维来使你的1度联系人基数增加，而使用后期你要更多地用主动出击思维和花香引蝶思维。在主动出击思维中，又分6个维度（People、Jobs、Content、Companies、Groups、Schools），再衍生出基础搜索法、进阶搜索法、Company Page法、找同行客户法等4个维度共近30种细节方法，让你可以找到大量的客户。

看到这个，外贸业务员有没有特别兴奋？下面我就为你奉上其中几个好用的LinkedIn找客户的秘诀！

第一节　主动出击找客户的6个维度

从一定程度上，你可以把LinkedIn理解为一个庞大的数据库，这里面聚集了超过5亿的职场人员，而这些职场人员又来自不同的国家或地区、不同行业、不同的公司，进入了不同的群组，建立了自己的个人页面，还分享了各种不同的内容。假如你需要从数据库里调取资料，比如要搜符合某个条件的人，又或者是你需要通过某个关键词搜索找工作，学习某个行业或领域的知识，搜索符合某行业或产品的公司，想加入行业相关群组，想找校友，那是不是需要快速又精准地搜索？而LinkedIn提供了6个维度（People、Jobs、Content、Companies、Groups、Schools），再结合Boolean Searches（布尔搜索法）来精准关键词，就很好地解决了这一问题。

当你打开LinkedIn时，在其左上角，会有搜索框，在搜索框下边就可以看到

All、People、Jobs、Content、Companies、Groups、Schools 这几个选项，见图 6 – 1。

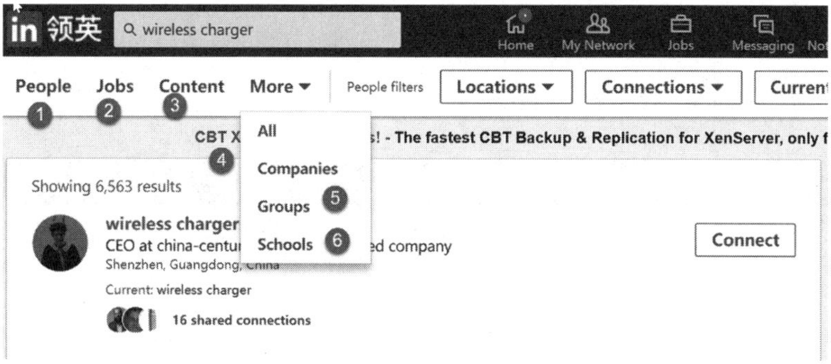

图 6 – 1

All 是指对搜索结果的总结，它会按照 People、Jobs 等排序。

下面我以“wireless charger”为例给大家看看各个维度搜索的结果，并且一一来介绍下。当然，这里只是让大家对这 6 个维度有个基本认识。真正搜索时，一般不以“wireless charger”这样的泛关键词来搜索，会更加精准化。

图 6 – 2 是“wireless charger”在 People 维度的搜索结果。页面右边有 Location、Connections、Current Companies 等各种细分条件，点进“All Filters（精准筛选框）”，可以看到 Company、Schools、Title、Industry、Profile Language 等更多条件，可以更加精确搜索结果。你还可以建立搜索条件（Create Search Alerts），让符合条件的新结果随时被你掌握，在后面的章节中会详细介绍。

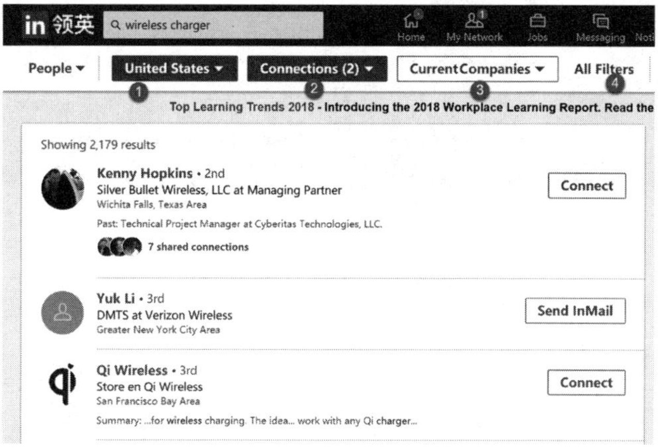

图 6 – 2

图6－3是“wireless charger”在Jobs维度的搜索结果。你可根据Date Posted、Company、Experience Level、Location、LinkedIn Features、All filters精准搜索结果。在页面右边你还可以建立搜索条件，让符合条件的新结果随时被你掌握，在后面的章节中会详细介绍。

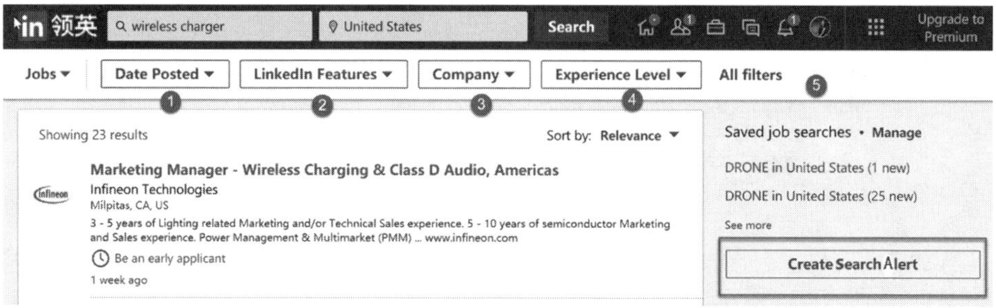

图6－3

图6－4是“wireless charger”在Content维度的搜索结果。Content包括Home Update、Articles。内容可按相关度（Relevance）以及时间顺序（Latest）排序。

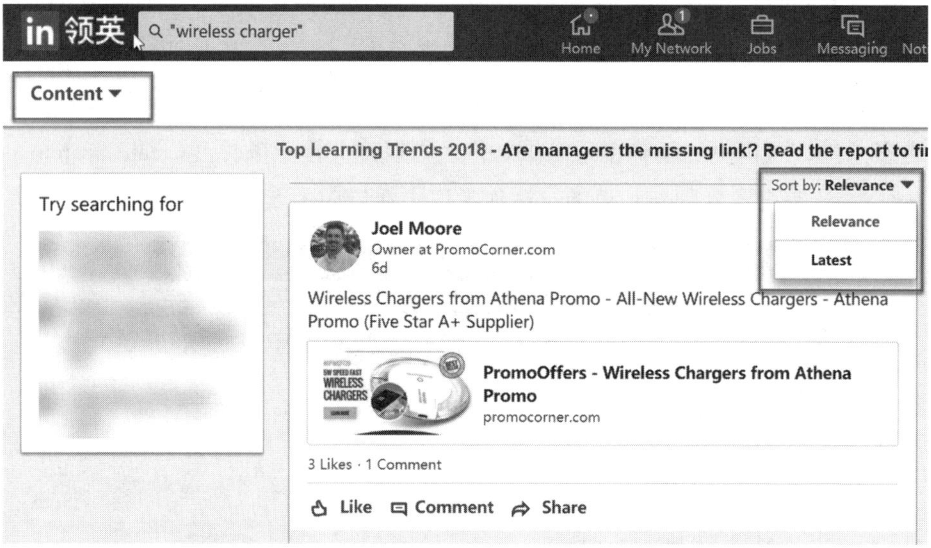

图6－4

图6－5是“wireless charger”在Companies维度的搜索情况，标准免费账号下你只能看到公司名称、员工数，无法看到按国家、公司规模等的归类。

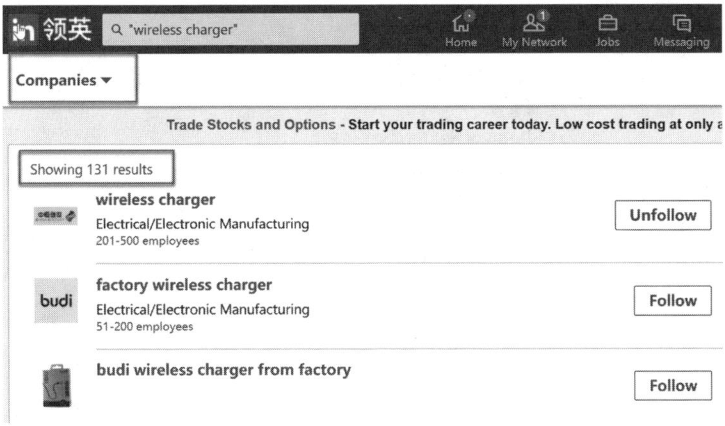

图 6－5

而在付费 Sales Navigator 项下，你是可以按 Location、Industry、Company headcount（公司职工总数）、Annual revenue（年度收入）、Number of Followers（关注者数量）、Relationship（关系）等进行 Advanced Search（高级搜索），见图 6－6、图 6－7、图 6－8。

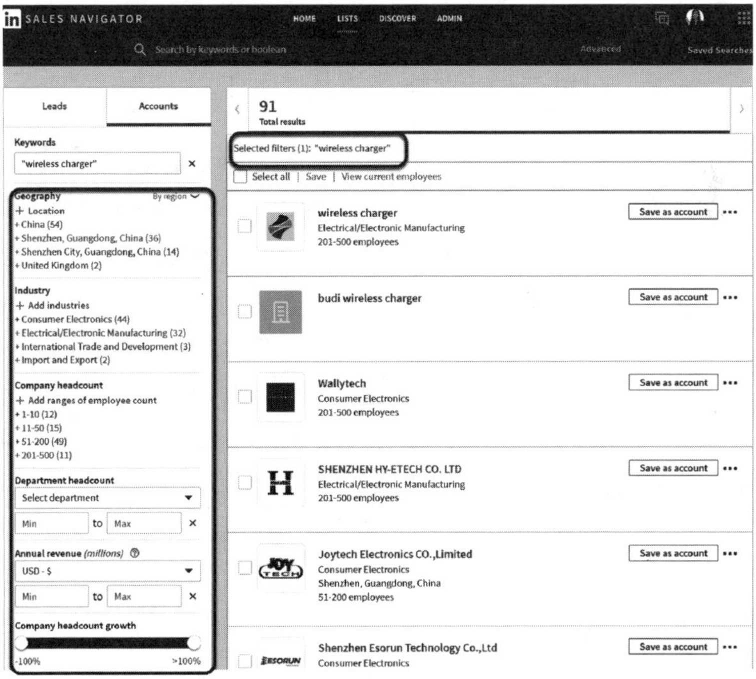

图 6－6

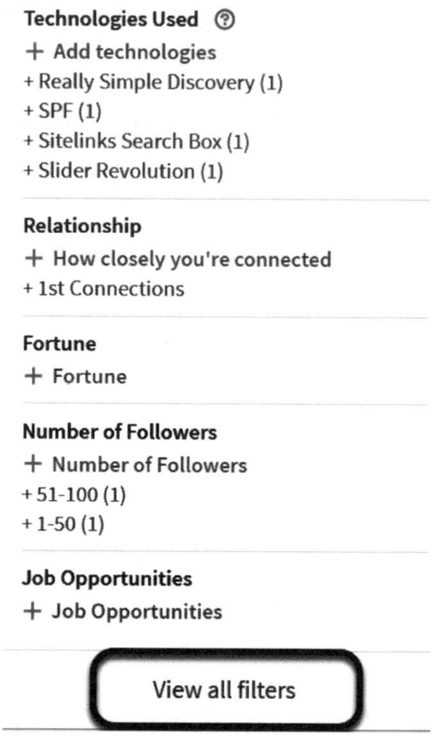
Technologies Used
+ Add technologies
+ Really Simple Discovery (1)
+ SPF (1)
+ Sitelinks Search Box (1)
+ Slider Revolution (1)
Relationship
+ How closely you're connected
+ 1st Connections
Fortune
+ Fortune
Number of Followers
+ Number of Followers
+ 51-100 (1)
+ 1-50 (1)
Job Opportunities
+ Job Opportunities
View all filters

图 6－7

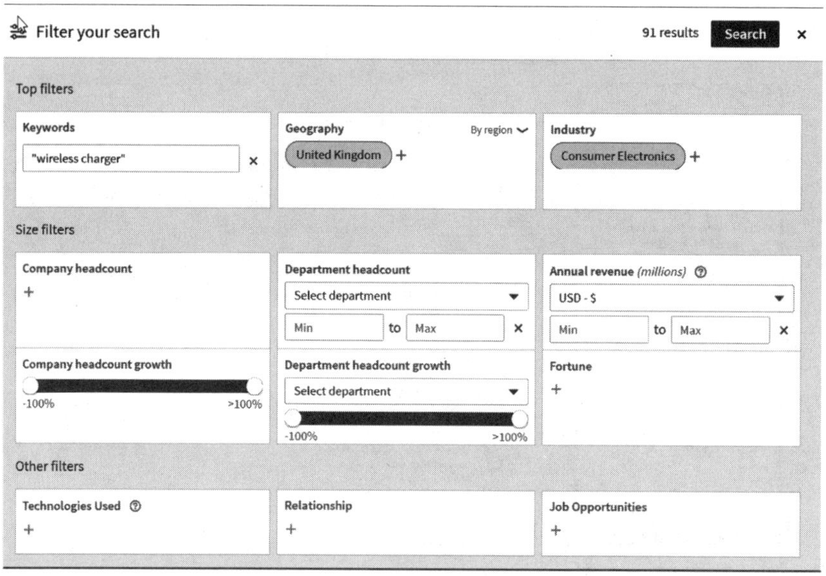
Filter your search
91 results
Search
Top filters
Keywords
"wireless charger"
Geography
By region
United Kingdom
Industry
Consumer Electronics
Size filters
Company headcount
Department headcount
Select department
Min
to
Max
Annual revenue (millions)
USD - $
Min
to
Max
Company headcount growth
-100%
>100%
Department headcount growth
Select department
-100%
>100%
Fortune
Other filters
Technologies Used
Relationship
Job Opportunities

图 6－8

图 6－9 是“wireless charger”在 Groups 维度的搜索情况。

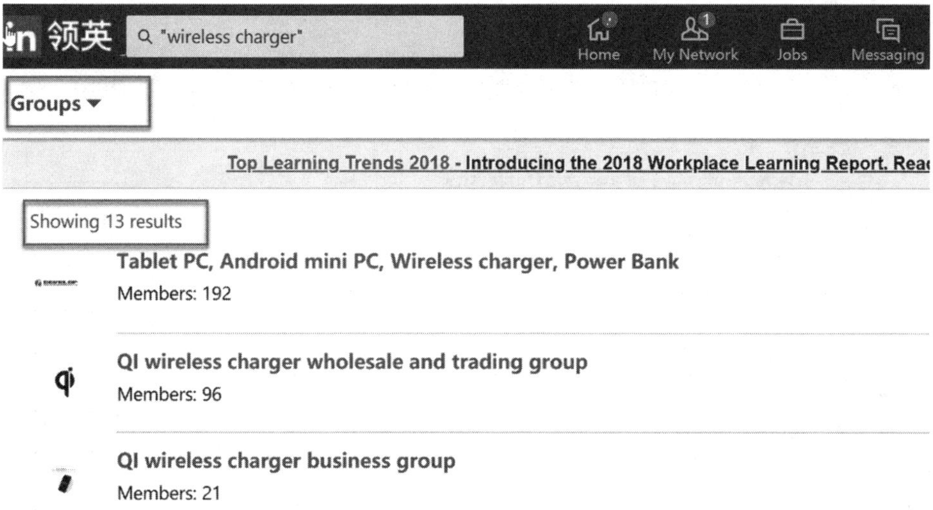

图 6－9

图 6－10 是“wireless charger”在 Schools 维度的搜索情况，我们可以看到以“wireless charger”搜索，没有找到相关的 Schools，宽泛地以“wireless”搜索，就有相应的结果，见图 6－11。灰色屋子 LOGO 代表这些学校还没有在 LinkedIn 建立学校主页，反之，有 LOGO 的就是已经在 LinkedIn 建立学校主页。

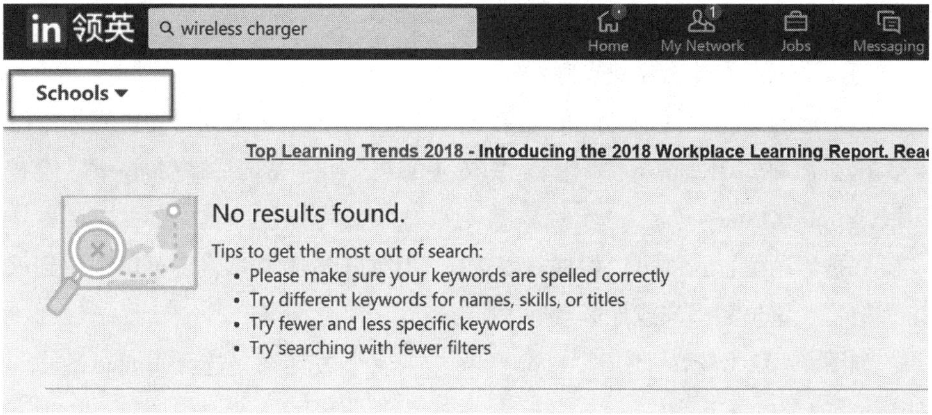

图 6－10

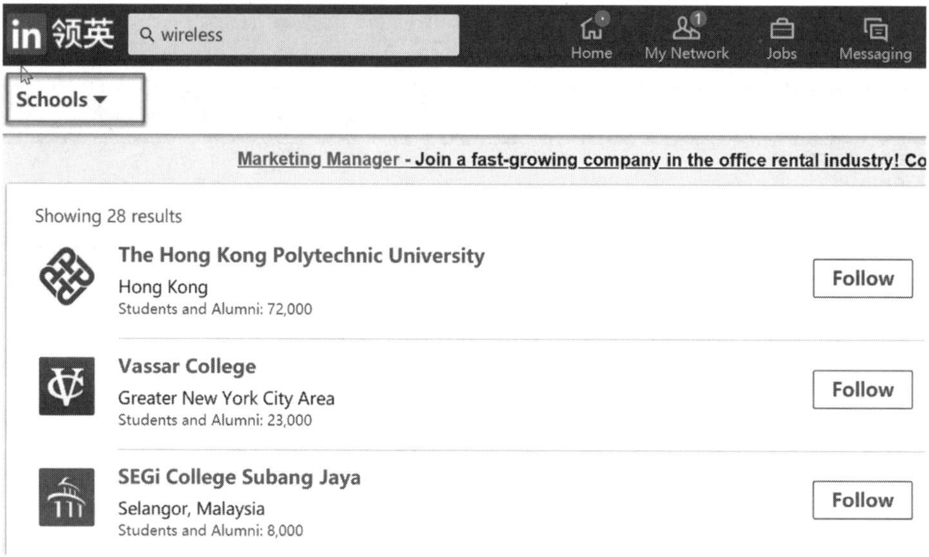

图 6 – 11

第二节　巧用 Jobs 维度搜索客户

正常来说，Jobs 是用来找工作的，那怎么还能搜索客户呢？有时候，你需要的就是不一样的思维，想想，国外发布这些包括你的产品关键词、职位需求的公司是不是你的潜在客户？当然是，还很有可能是大中型公司，因为大中型公司人才需求旺盛。

用这个方法有什么注意点呢？

一是你的产品关键词可以相对宽泛，因为太精准的关键词可能没有搜索结果，比如你可以用“Toys”代替“Rc Toys”，用“Wireless Charger”代替“Car Wireless Charger”。

二是你的位置，你可以根据需要选择，比如 UK 或 USA，还可以细化到城市，但一般定位到国家或地区就好了。

如图 6 – 12 所示，我用“racing drone”这个关键词，选择 United States，就找出了 13 条结果。

打开图 6 – 13 中的“See jobs”，就能看到其职位详细需求。

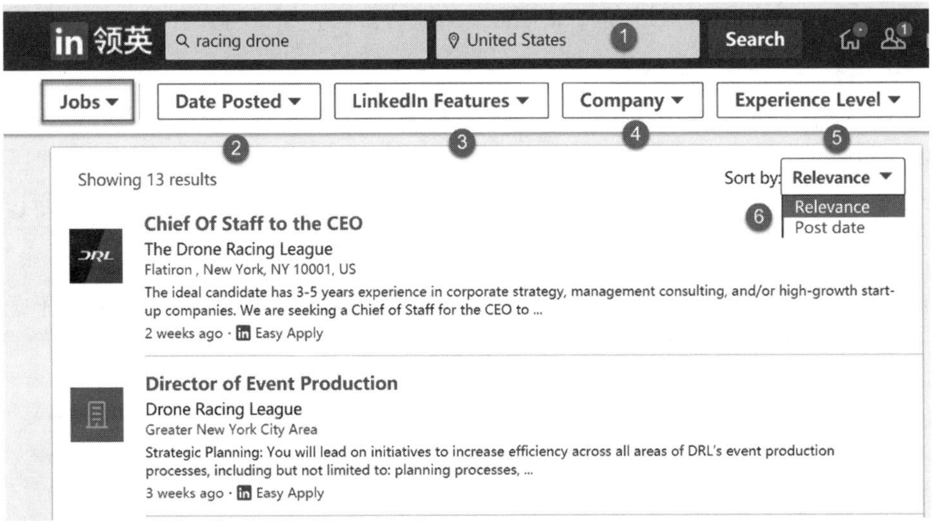
in 领英
racing drone
United States
1
Search
Jobs
Date Posted
LinkedIn Features
Company
Experience Level
2
3
4
5
Showing 13 results
Sort by: Relevance
6
Relevance
Post date
Chief Of Staff to the CEO
The Drone Racing League
Flatiron , New York, NY 10001, US
The ideal candidate has 3-5 years experience in corporate strategy, management consulting, and/or high-growth start-up companies. We are seeking a Chief of Staff for the CEO to ...
2 weeks ago · Easy Apply
Director of Event Production
Drone Racing League
Greater New York City Area
Strategic Planning: You will lead on initiatives to increase efficiency across all areas of DRL's event production processes, including but not limited to: planning processes, ...
3 weeks ago · Easy Apply

图 6－12

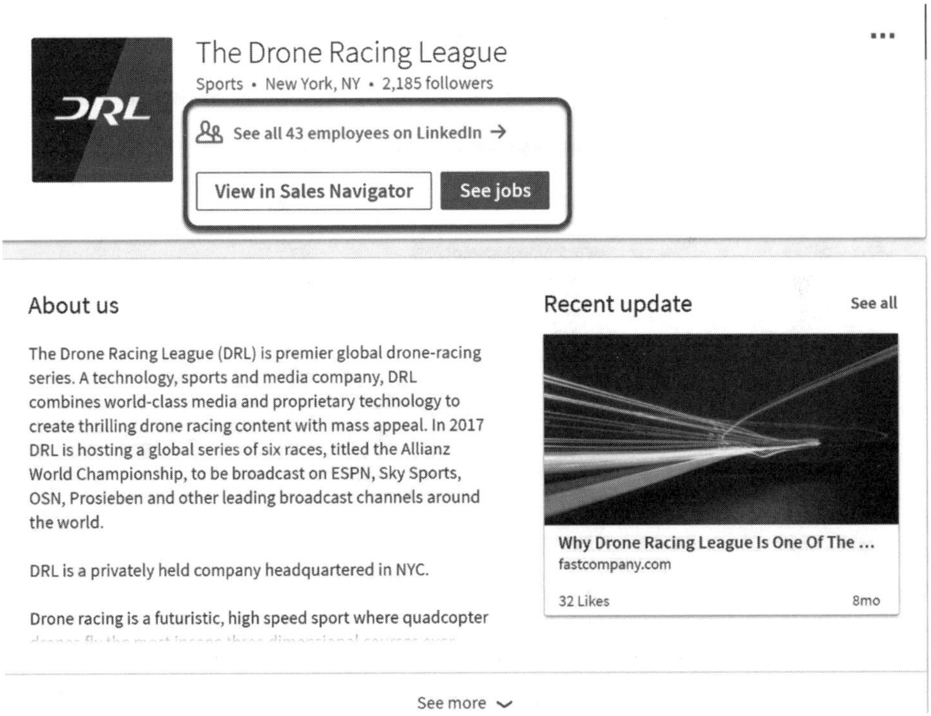
The Drone Racing League
Sports • New York, NY • 2,185 followers
See all 43 employees on LinkedIn
View in Sales Navigator
See jobs
About us
The Drone Racing League (DRL) is premier global drone-racing series. A technology, sports and media company, DRL combines world-class media and proprietary technology to create thrilling drone racing content with mass appeal. In 2017 DRL is hosting a global series of six races, titled the Allianz World Championship, to be broadcast on ESPN, Sky Sports, OSN, Prosieben and other leading broadcast channels around the world.
DRL is a privately held company headquartered in NYC.
Drone racing is a futuristic, high speed sport where quadcopter
Recent update
See all
Why Drone Racing League Is One Of The ...
fastcompany.com
32 Likes
8mo
See more

图 6－13

同时，你也可以点进其公司页面看详细的公司介绍，再在其员工中找到关键决策人。

同样，你也可以用Schools维度来进行非常规思维的搜索。具体有两种搜索方法。

一种搜法是搜你所在的学校，充分利用校友情。比如在你的校友中，可以通过“Where they live”找到其相应的国家或地区，通过“Where they work”找到他们所在的公司，通过“What they do”找到他们的职位，这些人中不乏你的潜在客户或能为你的海外市场拓展牵线搭桥的校友，见图6－14。

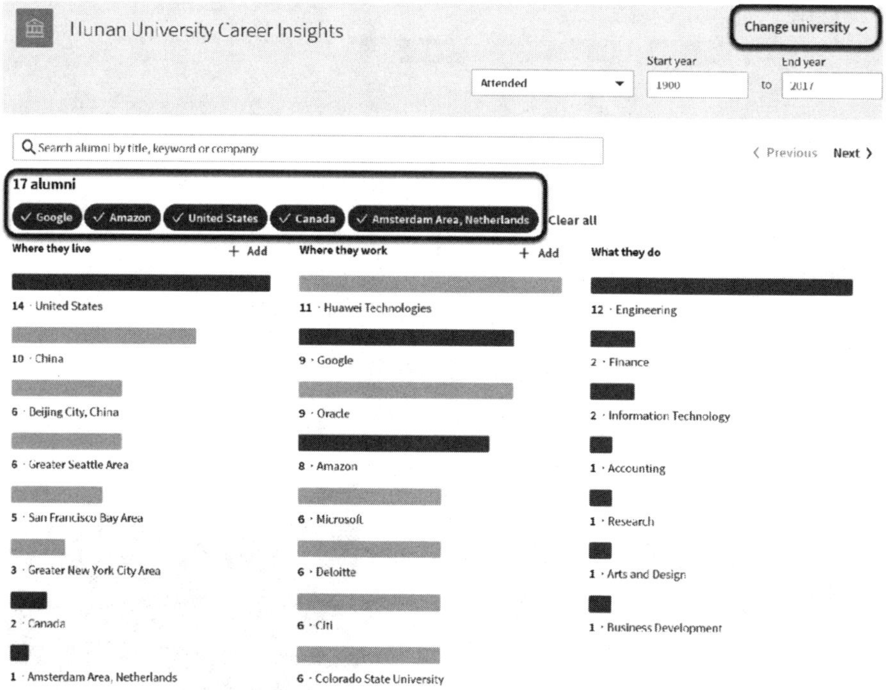

图6－14

另一种是用行业关键词来搜，比如你是从事无人机相关行业的，那你可以用“Drone”作为关键词来搜，可能会有相应的无人机培训研究机构或培训学校，而这些学校里面的校友（Alumni）和员工（Employees），无疑是这方面的专业人士，有可能从事相关行业，为你和客户牵线搭桥。

第三节　利用 Boolean Searches（布尔搜索法）精准寻找客户

外贸小伙伴们在用 LinkedIn 搜索时，经常会遇到一种情况，就是出来的结果不精准，比如我想要的是美国做电子产品的进口分销商，结果出来一堆零售商或是中国供应商。要是有一种方法，能精准搜索结果该多好。还有外贸小伙伴可能有这些疑问，他想找买手，不知道应该找 Buyer，还是找 Purchasing Manager，又或是 Sourcing director，只找一个又怕丢失机会，怎么办？

如上种种，布尔搜索法给了我们很好的解决方案。

一、什么是 Boolean Searches

布尔搜索法包含了 4 个非常重要的逻辑运算符：AND、OR、NOT（均为大写），还有双引号。

（一）AND = 包含

逻辑“与”，在 Google 等搜索引擎搜索时还可以用“ + ”代替，但在 LinkedIn 搜索时，只能用大写的 AND。

例如：Puppy AND Kitten，则只有 Puppy 以及 Kitten 二者都包括时，才会出现在搜索结果中。这有点类似于数学中的“交集”。

（二）OR = 或者

逻辑“或”，在 Google 等搜索引擎搜索时还可以用“ | ”代替，但在 LinkedIn 搜索时，只能用大写的 OR。

例如：Puppy OR Kitten，则二者中任意一个，Puppy 或 Kitten 出现时，都会出现在搜索结果中。这有点类似于数学中的“并集”。

搜索时如果你不确定某个条件，可以使用 OR，把你能想到的各种条件都列上，例如某些有可能的职位的叫法、有可能的产品的关键词等，以便不错过任何潜在的客户。

（三）NOT＝否定

逻辑“非”，在 Google 等搜索时还可以用“—”代替，但在 LinkedIn 搜索时，只能用大写的 NOT。

例如：Puppy NOT Kitten，则在所有有 Pubby 的搜索结果中，去掉有 Kitten 的，剩下有 Pubby 但没有 Kitten 的结果才会出现。

NOT 的用法就是排除掉某部分结果，例如排除掉对手、某种客户类型、某个区域、某个产品关键词等。

（四）双引号

双引号代表完全匹配，使关键词不分开，顺序也不能变。

例如：Wireless Charging Solution，哪些结果才会出现呢？

在其 Profile、Headline、Summaries 或 Experience 中，有完整出现过“Wireless Charging Solution”字样的，而不是只出现过“Wireless”或“Charging”或“Solution”字样的结果才会出现。

二、在 LinkedIn 中如何运用 Boolean Searches

首先，你需要理解 LinkedIn 的搜索原理，有 People、Jobs、Content、Groups、Companies、Schools 6 个不同的维度，其中更需要用 Boolean Searches 的，当然是以 People 维度搜，因为以 People 维度搜索，如果关键词不精准，往往出来的结果有成千上万个。

那用 People 维度搜索，其数据来源是哪里呢？是领英会员的档案，完善过 LinkedIn Profile 的人都清楚，档案包括了 Headline、Summaries、Experience、Project 等。如果你以 People 维度去搜，用的关键词是“Toys OR Electric”，即在所有的领英用户中，其档案中有“Toys”或“Electric”的都会呈现出来。

可以运用 Boolean Searches 的地方有 2 个，即图 6－15 左上角的搜索框，以及页面右边的 All Filters，选择精准搜索条件。当然，只有在以 People、Jobs 维度去搜时，才有 All Filters，以 Groups、Companies、Schools 维度去搜时免费账号下是没有 All Filters 的。

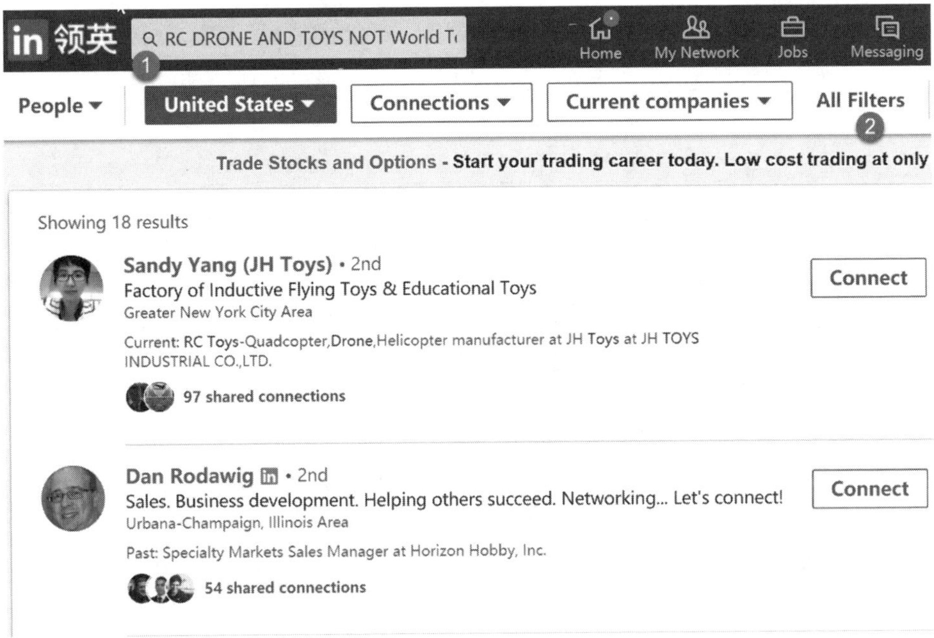

图 6 – 15

三、Boolean Searches 案例学习

如果你想找的是同时涉及 RC Drone 和 Toys 这两个领域的客户，搜索结果又要排除掉同行或已合作的客户，客户所在国家是美国、英国，你该怎么做?

不用 Google 一步、二步、三步层层挖，让 LinkedIn 来帮你。

维度选择 People，如图 6 – 15 所示，页面左上角的 Keywords 填“RC DRONE AND TOYS NOT ××× (你需要排除的同行或合作客户)”，将右上角的“All Filters”中的 Location 设置为“United States”“United Kingdom”。

Tips

如果默认的 Location 中没有你想要的，可以在添加后 Apply (应用)，如图 6 – 16 所示。

图 6－16

如果你想再精准到客户的头衔为 Purchasing manager、Buyer、Sourcing Director 或 CEO，那么右上角的 “All Filters” 中的 “Title” 写 “Purchasing manager OR Buyer OR Sourcing Director OR CEO”，如图 6－16 所示。

当然，前期你尽可能不要用太多的搜索条件，后续根据情况再细化，以避免刚开始就太精准以至于搜索结果太少。

布尔搜索法需要大家不断去练习和尝试才能运用得更好。

第四节　利用精准筛选框轻松搜索客户

People 维度右边的 All Filters 中包含的筛选条件有如下几个。

（1）Connections：即对方与你的人脉关系，你是需要 1 度的、2 度的，还是 3 度的联系人。

（2）Name、Title：这个筛选条件下你可以按 First name、Last name、Title

来搜索，其中用得最多的就是按 Title，你可以结合布尔搜索法来写你想要的 Title，比如“Purchasing Director OR Project Manager OR Product Manager NOT Sales”。

（3）Past Companies、Current Companies、Schools、Industries、Nonprofit interests 等，见图 6－17。

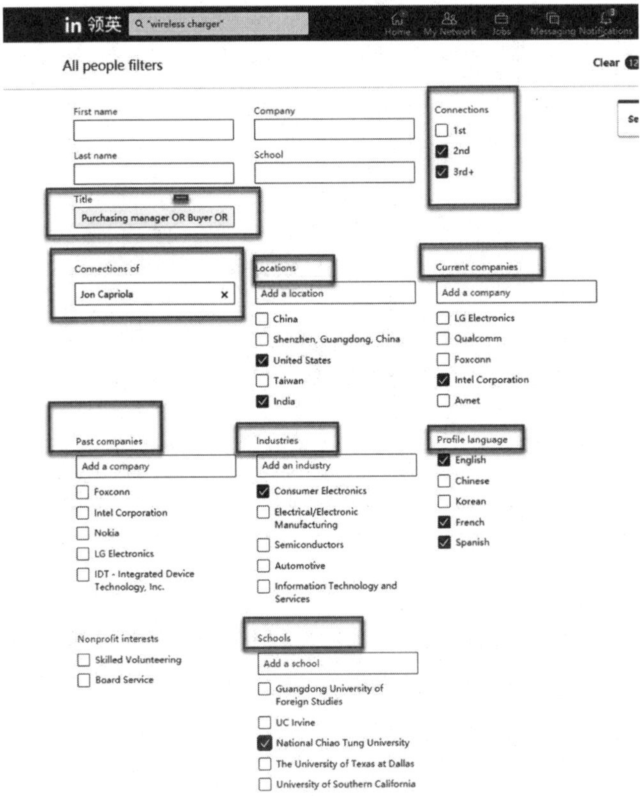

图 6－17

举例说明，比如你是做玩具行业的，想搜索的是 Walmart 公司的人，符合这些条件的人的头衔为“Purchasing Director OR Project Manager OR Product Manager NOT Sales”，客户所在行业为零售业，所在地为美国。

那你可以这样搜索。左上角的 Keywords 填“TOY”，点进右边的“All Filters”，你可以将对方相应的 Title 写上，Company 填为“Walmart”，Location 选择“United States”，Industries 填为“Retail”，如图 6－18 所示。

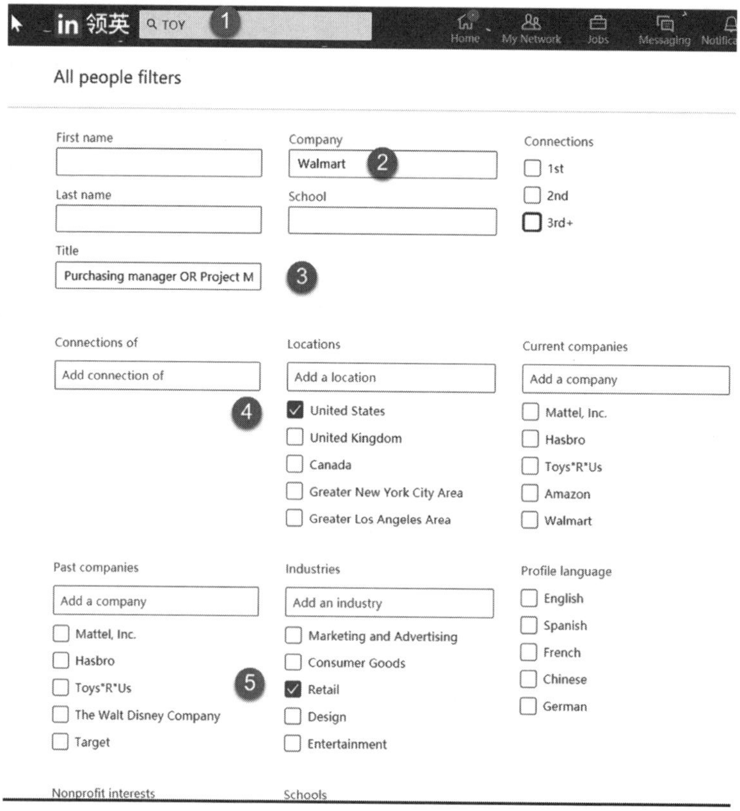

图 6－18

在“All Filters”中，刚开始你可只选择 1～2 个主要条件（比如 Location、Title），后面看到结果特别多时，再根据实际需要，加更多的精准条件。

以 People 维度和 Jobs 维度搜索时，其“All Filters”是有区别的。如以 Jobs 维度搜索时，筛选条件为 Location、Company、Date Posted、Experience Level、Industry、Job Function、Job Type、LinkedIn Features 等。

第五节　聪明的懒人搜索法

你如果使用免费账号，会存在搜索次数限制，所以最聪明、最系统、最偷懒、最可持续的做法是用布尔搜索法结合 Saved Searches，我把它叫作聪明的懒人搜索法，省时高效，不丢失新的销售机会。

布尔搜索法我前面已做了详细的介绍，现在就分享懒人搜索法的详细运用步骤。

一、Saved Searches 的原理

设定好搜索条件，以后只要有更新的符合该条件的结果（LinkedIn 平均每1 秒就有 3 人注册，更新速度非常快），系统就会自动推送到你绑定的邮箱。

二、Saved Searches 解决的问题

（1）搜索限制。
（2）不需要持续搜索关注。
（3）时时让新客户进入你的视野（一周或一个月一更新）。

三、用哪些搜索维度搜索时可以用 Saved Searches

目前只有以 People、Jobs 两个维度搜索可以“Create search alert”，从而进行 Saved Searches。

四、Saved Searches 如何用

（一）以 people 维度使用 Saved Searches

Step 1：建立需要持续关注更新结果的搜索条件。比如我要找的是“Electric AND Smartphone OR Wireless NOT Computer”，需要的客户头衔为“Buyer OR Purchase Manager NOT Sales”，需要的客户所在地为 USA、UK，客户所在行业为 Wireless、Telecommunications、Electrical/Electronic Manufacturing、Information Technology and Services。

如图 6－19 所示设置好精准条件。搜索条件越精准，以后的新结果会越少，所以前期可以尝试宽泛些。设置完搜索条件后点击“Create search alert”即可，见图 6－20。免费账号下目前只能保存 3 个搜索条件。

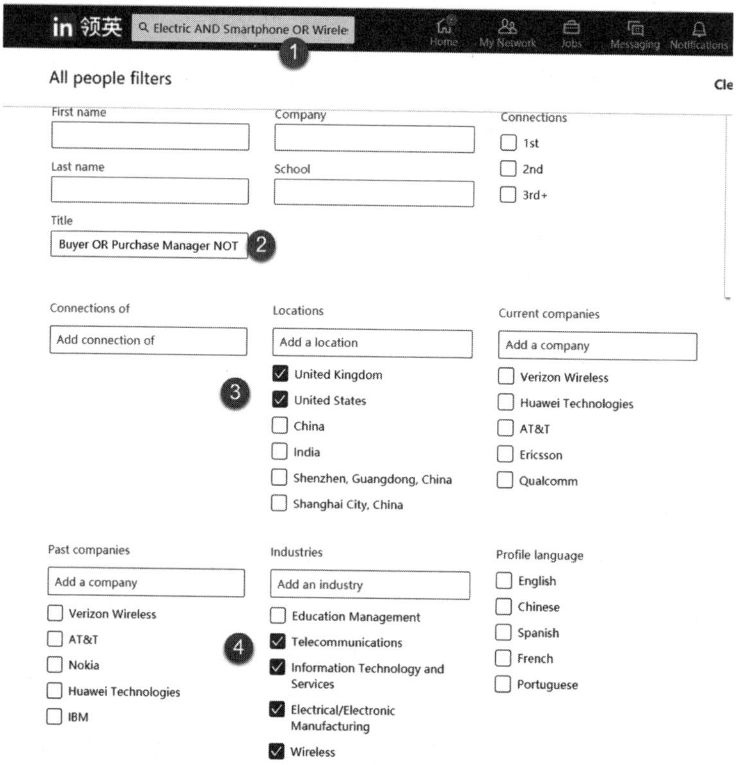

图 6 – 19

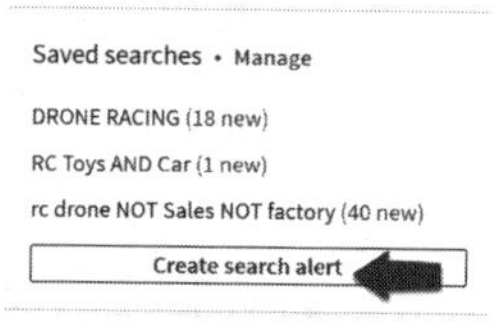

图 6 – 20

Step 2：保存搜索条件，设置接收搜索结果的频率（每周或每月），见图 6 – 21。

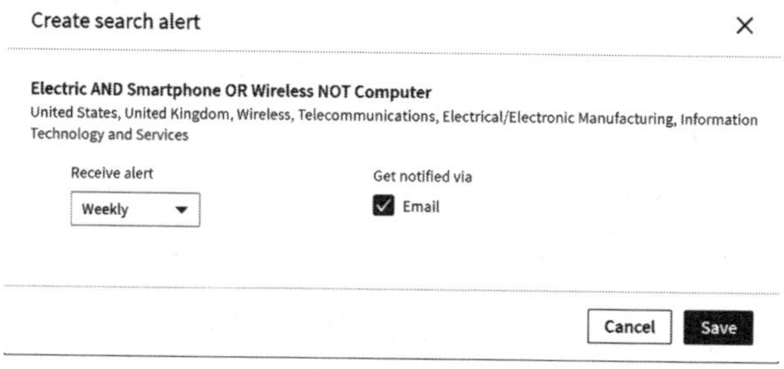

图 6 – 21

你还可以看到已经保存过的搜索条件，并点图 6 – 20 右上角的 “Manage” 进入相应的管理界面，进行删除、编辑等操作，如图 6 – 22。

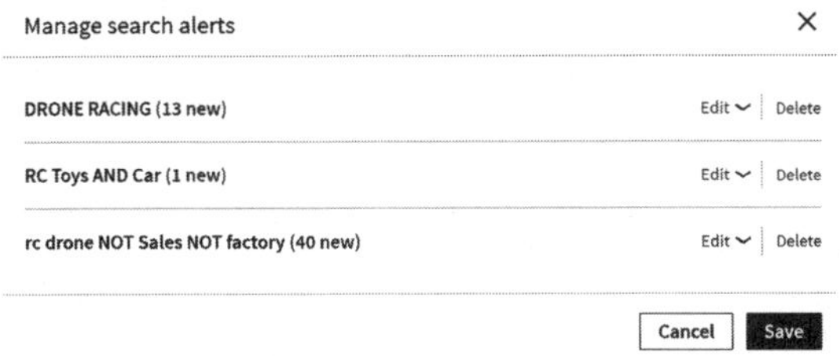

图 6 – 22

Step 3：在绑定的邮箱定期查收邮件。

比如图 6 – 23 是我的其中一个搜索条件下的新结果通知。

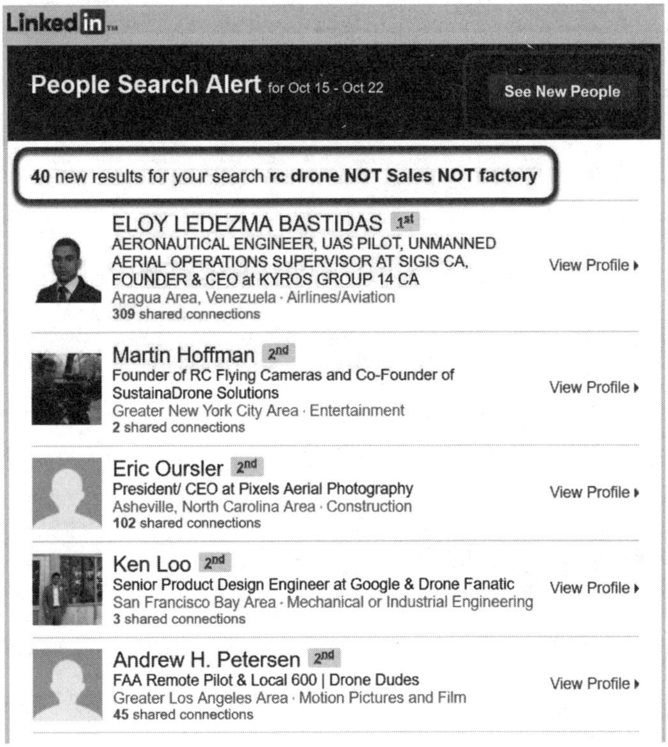

图 6 – 23

对于这些新结果，直接点进 “See New People” 就可以自动链接到 LinkedIn

官网，看到更新结果，正常情况下是不需要再登录的。

有些不良分子会制造仿 LinkedIn 的钓鱼邮件，这些邮件一般具有两个特点，一是需要你输入用户名、密码才能登录其网站，二是点此链接进去的网站非 LinkedIn 官网，可能是很相近的。大家千万睁大眼睛，以免上当受骗。

另外，当你下次以 People 维度进行新的搜索时，对于以前设置了搜索条件的就会看到符合条件的新结果（旁边有数字，如显示为“21 new”），点进去就可以看到所有新结果了。

（二）以 Jobs 维度使用 Saved Searches

同样，对于 Jobs 维度，也可以用 Saved Searches，只是稍有区别，比如通知的时间可以设置为一天或一周，通知方式有两种，一种是邮件，另一种是手机客户端和桌面客户端通知。

根据我的了解，知道这个方法的人不多，如果你看到了这里，那么恭喜你，你已经领先许多外贸人了。如果你不会，看了后是不是觉得非常简便实用？心动不如行动，快点用起来吧！

第六节　Google + LinkedIn 组合精准开发特定目的国的潜在客户

Google + LinkedIn 组合开发客户适合于公司想特定开发某一个市场的情况，那么如何找到这些公司，并且找到有决策权的客户，如 Buyer、Product Manager 等？你可以从 People、Companies 两个维度来搜索。

一、以 People 维度来搜

搜索页面左上角的搜索框中填产品关键词，All Filters 中的人脉关系（Connections）选择 2nd、3rd +，只需要非 1 度联系人，因为 1 度联系人我们已经在沟通了，头衔（Title）尝试用“Buyer OR Sourcing Director OR Product Manager”，所在国或区域（Location）选 USA、UK、Brazil，行业（Industries）选你需要的。

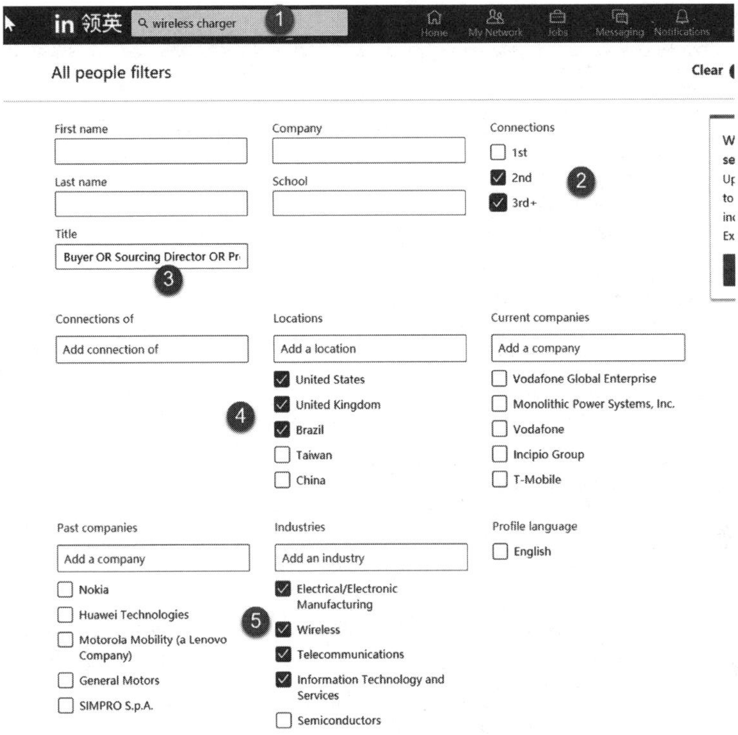

图 6－24

二、以 Companies 维度来搜

Step 1：目前免费账号下你以 Companies 维度来搜，没有右边的精准筛选框，所以你直接在搜索框输入“产品关键词＋国家”也可以，但结果往往不精准，因为这里的结果是指在其 Company Page 或是 About us、Update 中出现了你输入的国家这个词的。

比如我以“wireless charger”UK 来搜，出现的 19 个结果中有部分来自中国的公司，见图 6－25。这是因为在其 Company Page 中的 About us 出现了“UK”这个词，而不是 Location 为 UK。

通过付费 Sales Navigator 方案，搜索公司主页中含有 wireless charger 的，可以直接精确国家为 United Kingdom，还有 Company Size、Annual Revenue 等更多精准条件，见图 6－26。

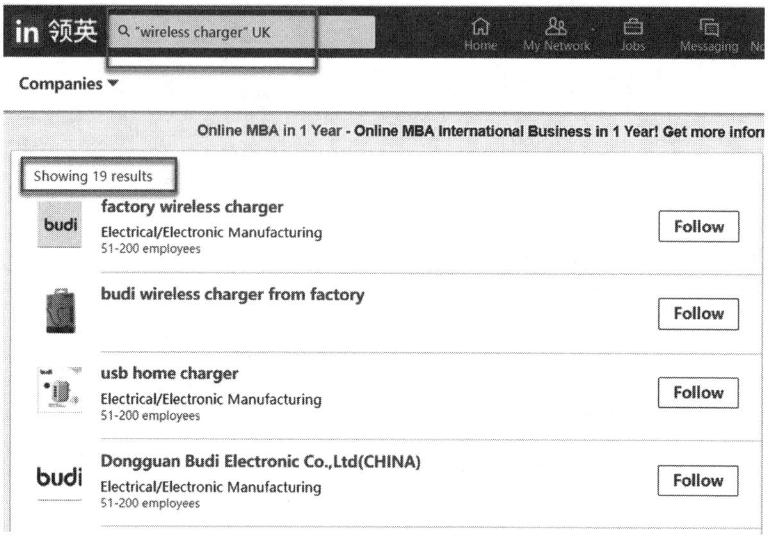

图 6－25

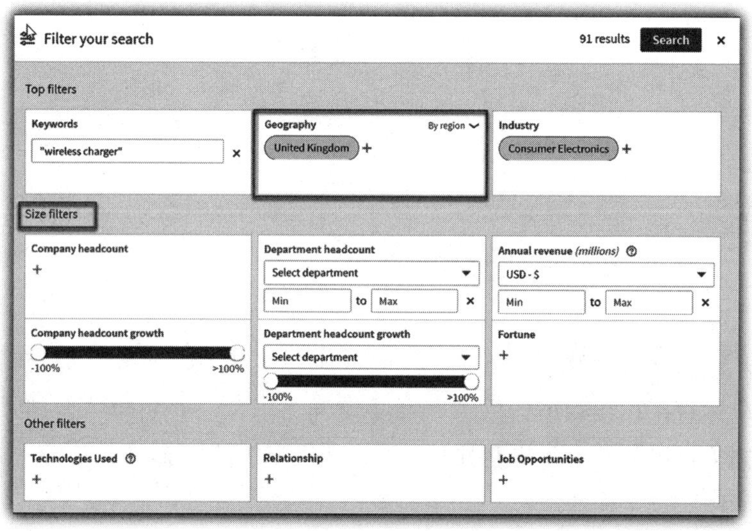

图 6－26

如果你已通过其他途径清楚具体潜在客户的公司名称，直接输入公司名称也可以。

Step 2：免费账号下进入其公司主页，看其职位角色，找到相应的负责人，或直接用 People 维度，结合右边的精准筛选框来搜索。

一般要找国外买手可以尝试的头衔有：CEO、Buyer、Product Manager、Sourcing Director、Project Manager、Buying Director、Import Manager、Marketing Manager。有些大公司有几百个不同的产品分类，你可以再细化，如 Product Manager（Cameras、IT）、Buyer-Preschool & Outdoor Toys、Buyer-Stationery、Home Office & Photo Centre、Fabrics Sourcing Manager。

不同国家或地区有决策权的买手的头衔有所区别，大家可以自行研究，比如在美国多为 Merchandising manager、Merchandiser，在德国多为 Product Manager、Project Manager，在澳大利亚多为 Category Manager、Sourcing Executive 等。

你也可以找目标公司中国办事处的人员，比如我与很多大客户合作过，他们的中国办事处采购人员通常都具有一定的推荐或决策权。

Tips

你可用 People also viewed，找到更多类似的公司，也可结合布尔搜索法，精准对方头衔。如果遇到 LinkedIn Member，无法直接添加，解决方法详见第五章第五节的内容。

Step 3：和目标客户在 LinkedIn 上建立联系，成为其 1 度联系人后能看到其邮箱，或是你与客户沟通后取得邮箱，不建议大家使用 Google 插件方式获得对方邮箱，这违反了 LinkedIn 的用户协议。

如果你在 LinkedIn 上找不到买家的具体邮箱，可以结合 Google“email”命名符来操作，具体可尝试：

（1）“email” 人名 + 公司域名。

（2）“abc. com”（e） mail。

（3）“Abc. Com” CEO Or President Or Owner Or Founder Or Purchasing Or Purchase Or Buyer（E） Mail。

（4） * @ abc. com。

此外还有 Google Image 搜索法，以及 Hunter、Rocketreach、Lusha、Snov. io 等第三方工具可以查邮箱。

Step 4：通过与 B2B 等传统邮件方式结合和客户联系。

Step 5：用 LinkedIn 做情感营销。比如发送了邮件，如果一段时间客户没回，可打电话，或是在 LinkedIn 上发信息提醒客户。

第七节　免费账号达到搜索商业上限的解决方案

这是外贸小伙伴求助最多的一个问题，如果你不熟悉规则，在搜索时就很容易达到搜索的商业上限，那应该如何避免以及解决呢？

一、怎么看出已经达到商业上限

（1）系统有提示，在到达搜索商业上限之前，会出现图 6－27 所示几行字。

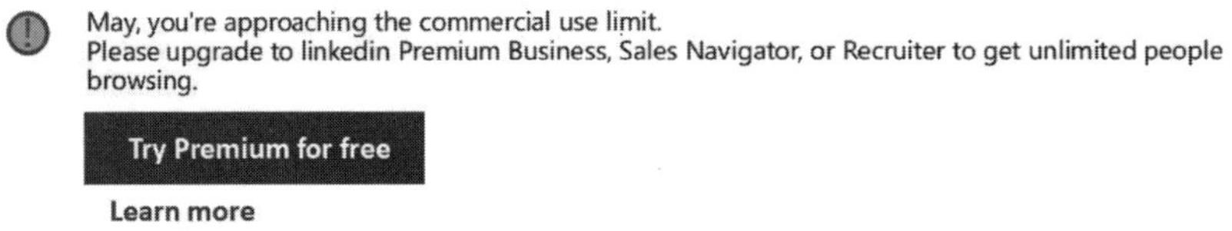
May, you're approaching the commercial use limit.
Please upgrade to linkedin Premium Business, Sales Navigator, or Recruiter to get unlimited people browsing.
Try Premium for free
Learn more

图 6－27

当免费账号下你搜索某一条件时，假如总共有 1 000 条结果，但只能显示 3 条或几条结果，并出现提示"Reach Commercial Limit"就是指 Profile Searches And Views 达到了搜索商业上限。

Tips

LinkedIn 免费账号，正常情况下在国内最多展示 1 000 条结果，100 页。即使你搜索出来的是几千条结果，但你能一一点开看的只有 1 000 条，点击 100 页之后的页面会出现"No Result Found"。

（2）如果你短期内搜索或浏览档案特别多，系统可能暂时不提示，在你下次搜索时直接就无法显示任何搜索结果。

二、什么是搜索额度

免费账号下的搜索额度取决于你 LinkedIn 的整体搜索情况，比如 LinkedIn 搜索次数，每次出现的结果总数，查看“People also viewed”的数量，在 LinkedIn 官网以及手机客户端搜索的总体情况。假如你搜索频率高，或是虽然搜索频率不高但是搜索条件不精准导致每次搜索结果特别多，都可能会被限制。

打个比方，假如官方给出的搜索总量是 10 000 条/月（具体总数 LinkedIn 官方并没有明文给出，我只是举例），你搜索条件不精准，每次出来 1 000 条结果，10 次就用完了额度。反之，如果你每次搜索条件设置精准，每次出来的结果也少，这样就可以增加搜索次数。

三、如何避免免费账号达到搜索商业上限

（一）精准搜索条件

多用布尔搜索法，结合精准筛选框进搜索。

（二）结合 Saved Searches

聪明人用聪明的方法，而且这样做可以让你不丢失符合这个搜索条件的新结果。

（三）用 Google X-Ray 工具

Google X-Ray 工具网址是“https：//recruitin. net”，用 Google X-Ray 时，也可以用 Saved Searches。

四、官方建议的达到商业上限的处理方法

（1）等到下个月 1 日恢复额度（没用完的额度也不会累计转到下个月）。

（2）购买付费账号。

坦白来说，付费账号的确比较高效。以适合销售人员个人用的 Sales Navigator Professional 来说，相对于免费账号，多了高级搜索（Advance Search）、简单的 CRM、20 份 InMail、3 度以内人脉无限浏览、销售线索推荐和保存等功能，见图 6－28，对于注重效率的人来说，建议用付费账号。

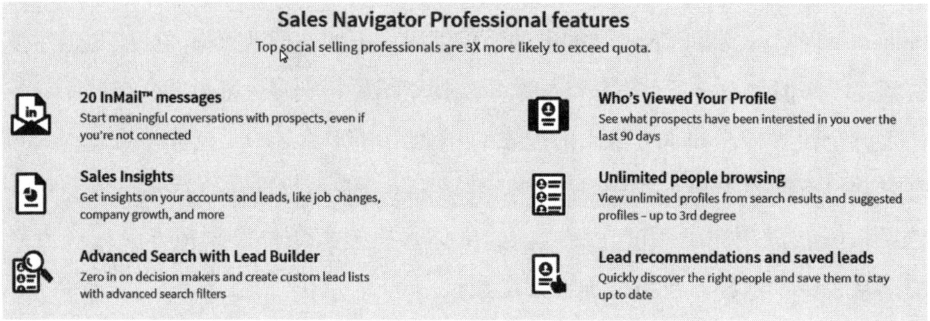
Sales Navigator Professional features
Top social selling professionals are 3X more likely to exceed quota.
20 InMail™ messages
Start meaningful conversations with prospects, even if you're not connected
Who's Viewed Your Profile
See what prospects have been interested in you over the last 90 days
Sales Insights
Get insights on your accounts and leads, like job changes, company growth, and more
Unlimited people browsing
View unlimited profiles from search results and suggested profiles - up to 3rd degree
Advanced Search with Lead Builder
Zero in on decision makers and create custom lead lists with advanced search filters
Lead recommendations and saved leads
Quickly discover the right people and save them to stay up to date

图 6－28

Sales Navigator 是适合 Sales 用的，根据个人、团队、公司，又分为 3 种，分别为 Sales Navigator Professional、Sales Navigator Team、Sales Navigator Enterprise，3 种稍有差异，详细可在如下网站了解："https：//business. linkedin. com/sales－solutions/compare－plans"。

我的建议是先将个人账号的基本信息完善，试用一个月 Sales Navigator Professional（RMB539/Month），再考虑长期使用，时间和机会成本也是非常大的成本。

五、哪些搜索是不计算次数的

用 Name 来搜，从 My network 项下的 Connections Page 浏览 1 度联系人，以及以 Jobs 维度搜索，是不计算搜索次数的。以下是 LinkedIn 的官方解释：

These activities do not count toward the limit：

◆*Searching profiles by name using the search box located at the top of every page on LinkedIn. com*

◆*Browsing your 1st-degree connections from the connections page.*

◆*Searching for jobs on the jobs page.*

六、达到搜索商业上限时的心态

达到搜索商业上限后，你不需要特别紧张，这不是账号受限，如上面所述，有免费项下的处理方式和付费可选方案解决这个问题。

LinkedIn 分功能受限和账号受限，如果是账号受限，就比较麻烦了。账号受限后通常会发生账号打不开等严重情况，一般都是违反 LinkedIn 各种用户协议才会造成账号受限。

建议大家将 LinkedIn 用户协议仔细阅读 3 遍，特别是第 8 条，请点进如下链接详细了解“https：//www. linkedin. com/legal/user-agreement”。

第七章
玩转 LinkedIn 公司主页

LinkedIn 是世界上最大的专业人士社交网络平台，里面集中了大量寻找产品和商机的 B2B 买家，而 Company Page 则可以很好地将专业企业形象展现出来。据官方 2017 年 8 月的统计，有超过 1 300 万家的公司在 LinkedIn 建立了公司主页。

第一节　为什么要建立 Company Page

如果大家担心在个人职业档案中推广产品或服务会被认为是发骚扰广告而被举报的话，那么，Company Page 则是 LinkedIn 最推荐做公司产品与品牌宣传的地方，大家可以光明正大地进行宣传推广。下面我从外贸人的视角简单分享下建立 Company Page 的意义。

一、便于采购商分析了解你的情况

80% 的 LinkedIn 用户更乐意和对方的 LinkedIn 公司主页建立联系，有超过 50% 的 B2B 买手更愿意和他们在 LinkedIn 上接触的公司合作。这对你意味着什么？

（1）买手更愿意以 Companies 维度去找寻供应商。

（2）你很幸运，买手以 People 或 Content 等维度搜索时，除了了解你个人职业档案外，还会了解下你是 SOHO，还是一家正规公司。如果是公司，有没有 Company Page。此外，他会从 Company Page 的 Update 等信息来了解你所在公司的专业度、实时动态等。

二、让采购商、未来的合作同事、伙伴轻易找到你

一般客户搜索供应商公司分两种情况。

（1）知道公司名称，比如通过传统展会、邮件、见面等知道公司名字，他会直接搜你的公司名。

（2）想找出某一行业或产品的相关公司时，会用产品关键词或行业关键词在 Companies 维度搜。

无论哪种情况下，在建立公司主页时适当在概述中加上你的行业或产品关键词会非常有利。

三、展示公司实力

建立一个不错的公司主页，再让公司的同事加入并关联进来，让潜在客户看到你们原来有这么多员工，无形中告诉你的潜在客户，你们是一个值得信任的公司。当然，如果贵公司是中小公司，也鼓励贵公司的各种不同职位的同事使用 LinkedIn 并关联公司主页。你不用太刻意，不卑不亢，用你的专业赢得客户就好了，一般国外客户也不是那么在意公司的规模。

四、做免费的产品、品牌宣传

基于 Google 等搜索引擎对社交平台的友好性，社交平台成为一个非常好的宣传渠道，这么好的免费宣传的机会岂能错过？在 LinkedIn 的 Company Page 建 Showcase Page，即产品专区，就好比是贵公司注册了 Alibaba 上的一个国际站会员，并在里面建橱窗。

另外，大家别忽略了社交平台的特点，即分享的便利性，1 个粉丝至少拥有 50 个 1 度好友，3 000 粉丝转发一次，将有 15 万人看到你公司的资讯。

（一）同行建了公司主页，你却没有，这可不行

如果没建立 Company Page，客户主动通过 LinkedIn 搜索你公司时你们没出现，

那你是不是丢失掉一次机会？客户通过看同行Company Page，在其浏览页面，系统自动推荐People also viewed时，你们又没有出现，是不是两次机会都丢失了？

我记得之前在阳江分享时，有个老板是做厨房刀具的，我给其模拟演示，假如我是美国或德国LinkedIn用户，我用“Kitchen knife”为关键词搜供应商，LinkedIn出现了近200个结果，其中只有不到10个是中国供应商的公司主页。这个聪明的老板一下子就清楚了，当即和其业务员沟通，马上注册了LinkedIn个人账号，并在一段时间后建立了Company Page。

图7－1为全球最大贸易公司香港利丰的公司主页，给大家参考。

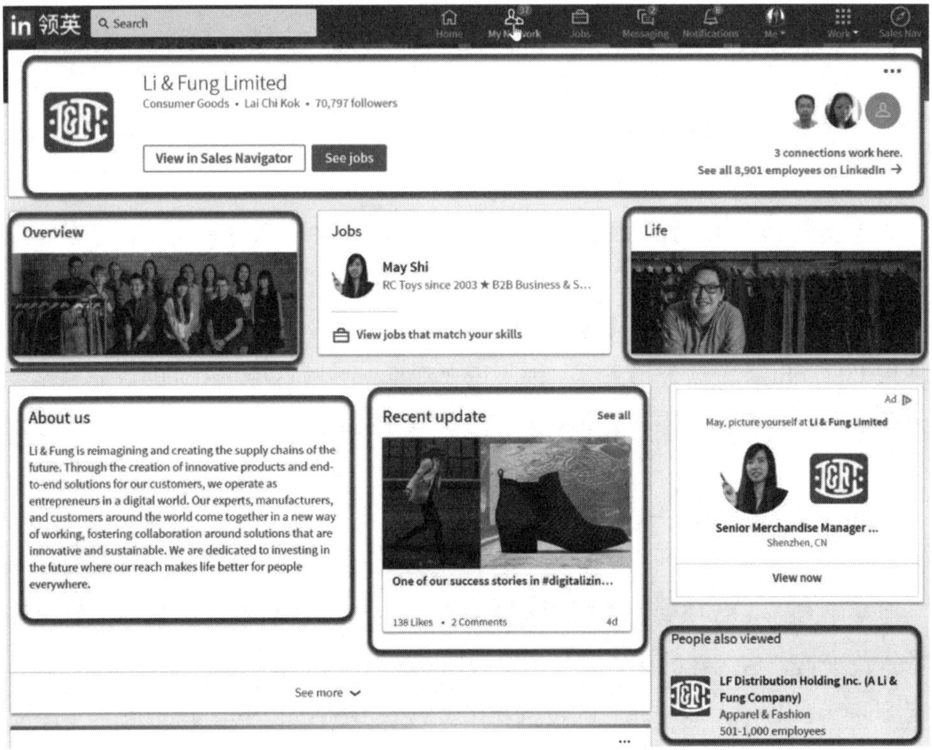

图7－1

（二）随时将信息更新，和粉丝互动

公司有什么新消息、活动、促销、行业动态、员工风采，可以随时分享，这样是不是可以让你的粉丝全方位地了解你呢？

第二节　LinkedIn Company Page 4 大板块介绍

我分两大块给大家介绍 LinkedIn 公司主页，首先给大家分享我浏览别人的公司主页所看到的情况，其次给大家分享我自己创建的 LinkedIn 公司主页的展示情况。

图 7 – 2 为我们看到的别人的 LinkedIn 公司主页的情况。

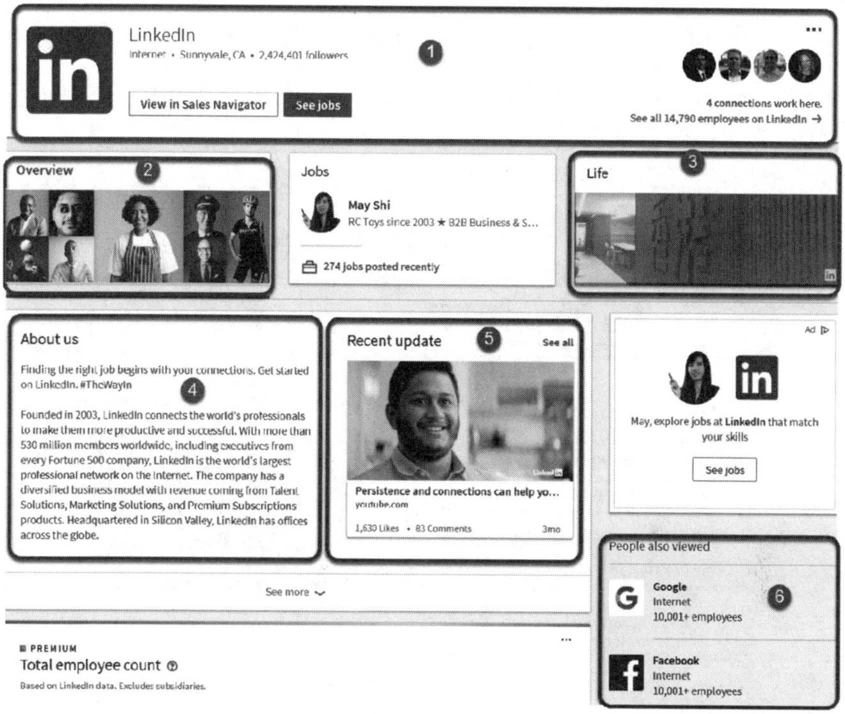
LinkedIn
Internet · Sunnyvale, CA · 2,424,401 followers
1
View in Sales Navigator
See jobs
4 connections work here.
See all 14,790 employees on LinkedIn →
Overview
2
Jobs
May Shi
RC Toys since 2003 ★ B2B Business & S...
274 jobs posted recently
Life
3
About us
Finding the right job begins with your connections. Get started on LinkedIn. #TheWayIn
4
Founded in 2003, LinkedIn connects the world's professionals to make them more productive and successful. With more than 530 million members worldwide, including executives from every Fortune 500 company, LinkedIn is the world's largest professional network on the Internet. The company has a diversified business model with revenue coming from Talent Solutions, Marketing Solutions, and Premium Subscriptions products. Headquartered in Silicon Valley, LinkedIn has offices across the globe.
Recent update
5
See all
Persistence and connections can help yo...
youtube.com
1,630 Likes · 83 Comments
3mo
Ad
May, explore jobs at LinkedIn that match your skills
See jobs
See more
PREMIUM
Total employee count
Based on LinkedIn data. Excludes subsidiaries.
People also viewed
Google
Internet
10,001+ employees
6
Facebook
Internet
10,001+ employees

图 7 – 2

页面左上角的板块分别是公司 LOGO、公司名、公司主页的关注人数量，右上角是关联到该公司主页的总员工数以及你的 1 度联系人在此公司工作的情况。

值得注意的是 Company Page 和 Showcase Page 之间的关系，只有建立了 Company Page 才能建立不超过 10 个 Showcase Page，但是其关注者是没有直接关系的。你可以单独关注 Company Page 或是任何一个 Showcase Page，或是同时关注，其关注人数是分别计算的，这也解释了为什么有些公司的 Showcase Page 的关注者数量大于 Company Page 的关注者数量。

接下来是公司介绍，以及最近的更新。

点进“About us”下的“See more”，你可以了解更多公司信息，如果公司有关联 Featured Groups（特色群组），你也可以看到。

页面中间是其产品专区、附属公司，右边是 People also viewed 相关推荐。

对于我们自己创建的 LinkedIn Company Page，我分浏览者角度（Member view）和管理员角度（Admin view）给大家分别介绍。

站在浏览者的角度，我们看到自己建立的 Company Page 和看别人的 Company Page 大体相同，只是将 × × × connections work here、See all × × × employees on LinkedIn 的位置移到了公司名下方，另外多了 Manage Page 的管理按钮，见图 7 –3。

Tradehelp.cn
Education Management • Shenzhen, Guangdong • 359 followers
11 connections work here. See all 62 employees on LinkedIn
外贸帮手网
Manage page
See jobs
About us
Welcome to the tradehelp company page! We are so glad you found us. We created this page to provide you easy access - within foreign trade business and events, to share you the information not only the B2B / B2C learning course, but also the funny games offline, we have more than 1 millions fans and member, only focus on foreign trade business.
CHECK OUT OUR SHOWCASE PAGE(to the right) to see information specific to the updated news.
There are 2 main of our service we provide:
B2B AND B2C course sharing www.tradestudy.cn
Recent update
See all
帮课大学2017年11月9日正式成立了！...
3 Likes
3w
See more

图 7 –3

这里的“connections”是指在这家公司工作的你的 1 度联系人，而“employees”是指关联到公司的员工数，有些还不是你的 1 度联系人。正常来说，一个公司的实际员工数肯定是等于或大于显示在这里的员工数的，因为肯定还有很多员工没有使用 LinkedIn 或是没有关联到公司主页。

在浏览者页面点“Manage page”就切换到管理者页面了。在管理者的权限下，我们能看到的有 Updates、Overview、Analytics、Notifications 四个板块，见图 7 –4，下面我分别介绍。

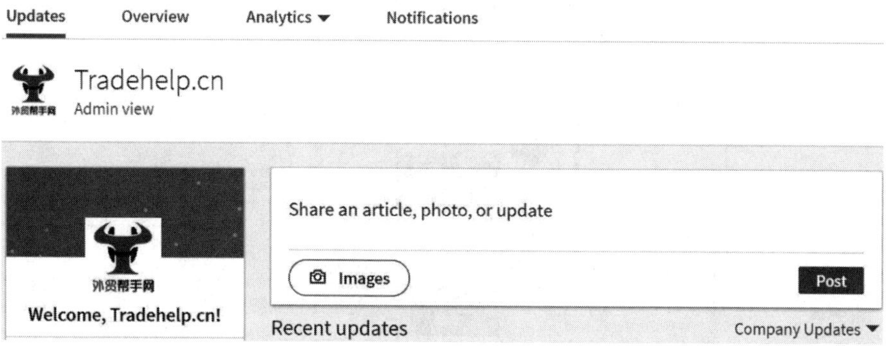

图 7 – 4

Updates 就是公司资讯，在这里你可以查看公司以前分享过的内容，你也可以在这里进行分享。

Overview 是公司基本信息，你可以查看，也可以点铅笔更改符号编辑公司信息，见图 7 – 5。

图 7 – 5

Analytics 是分析功能，你可以从 visitors、updates、followers 三个维度查看分析。

在 Notifications 中你可以看到关注者的互动情况，包括 Likes、Shares、Comments、Mentions，见图 7 – 6。

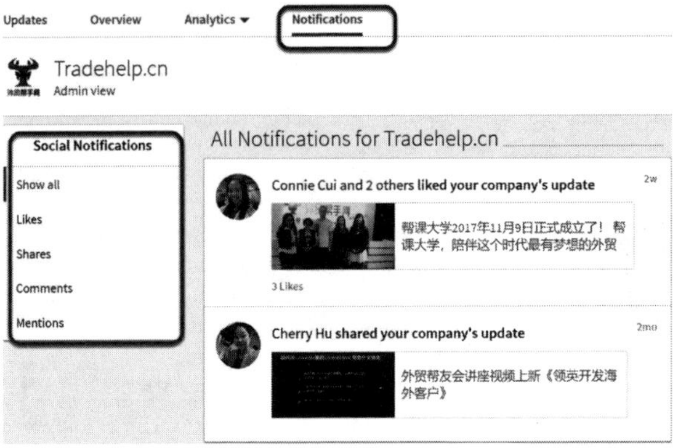

图 7-6

第三节　建立 LinkedIn Company Page 你要知道的几件事

一、建立 LinkedIn Company Page 的 7 个条件

建立 LinkedIn Company Page 必须符合 7 个条件，分别如下。

（1）你需要拥有 LinkedIn Account，即 LinkedIn 个人账号，并且账号是以真实姓名建立的，标准免费账号或高级付费账号都可以。

（2）你的 Profile 即个人职业档案资料创建时间至少有 7 天。

（3）你的 Profile 竞争力必须为中级以上。

（4）你的个人账号资料中需要拥有多个联系人（官方没给出具体数字，建议最起码有 50 个联系人）。

（5）你必须为公司现任员工，且职位在个人资料的工作经历板块中列出。

（6）你已在 LinkedIn 账号中添加并确认公司邮箱，如 john@ companyname.com。

（7）公司邮箱域名必须为公司所独有。

二、建立 LinkedIn Company Page 的误区——外贸管理者必看

我经常会接到外贸主管经理的求助，大意就是公司不重视 LinkedIn Company Page，随便交给销售员创建，公司可能都不知道是谁建的。销售员离职了，LinkedIn Company Page 权限没有转交，而当外贸主管或经理真正意识到重要性，想拿回权限或是重新建立时，麻烦多多。

究其原因，一方面是公司都不知道是谁建立了 LinkedIn 公司主页，也无法在 LinkedIn 内查到，所以就无从谈转交；另一方面知道是谁建立的，但联系到那位离职的销售员时，他已经找到新工作，档案已经更新，失去对原公司主页的管理权限或是各种不配合，麻烦！

好吧，既然无法实现转交，那就将原公司主页删除后重新建立，可这也不是件容易的事情。

LinkedIn 公司主页或产品专区只能由该主页的指定管理员或 LinkedIn 客户服务团队停用，并且只有在与公司主页关联的员工不到 100 人的情况下才能将之停用。不过，产品专区可随时停用。

详细规则可参考如下链接“https：//www. linkedin. com/help/linkedin/answer/42725”。

从以上问题可以看出，LinkedIn Company Page 是外贸公司经理必须特别重视的一个事情，建议由外贸经理自己或公司安排专人建立并管理，作为公司外贸主管或经理，最起码要是其中的管理员。

三、建立 LinkedIn Company Page 前需要思考的问题

（一）集团公司有多个分公司或子公司，该建立几个 Company Page

这个要看企业的需要和策略。

（1）建立一个总的 Company Page、多个 Showcase Page，由分公司或子公司分别管理。

（2）分别建 Company Page，前提是每个分公司或子公司都有不同的域名。

（二）贸易公司有多个产品，且相关度不大，是否应根据不同产品分别建 Company Page

（1）一个域名只能建一个 Company Page。

（2）如果有多个域名，建议分开建 Company Page。

（3）如果只有一个域名，建议建一个 Company Page，在 Company Page 项下根据产品线建立多个 Showcase Page。

（三）我为什么建不了 Company Page

（1）不符合建立 Company Page 的条件。

（2）你的同事或其他人员已经建立。

（四）如何查询公司是否建立了 Company Page

在 LinkedIn 左上角搜索框输入你的公司名，以 Companies 维度来搜，看是否能找到。

四、如何建立 LinkedIn Company Page

（一）建立公司主页需要具备的素材

兵马未动，粮草先行。同样，在建立公司主页前需要准备如下素材。

1. **公司 LOGO 图、公司主页封面图、产品图**

图7－7为各图片建议的尺寸，你在准备时按 LinkedIn 的规定即可，LinkedIn 的规定不定期会有更新。

TAB	MODULE	MINIMUM IMAGE SIZE	RECOMMENDED IMAGE SIZE
Overview Tab	Logo Image	300 (w) x 300 (h) pixels	300 (w) x 300 (h) pixels
Overview Tab	Overview Tab Image	360 (w) x 120 (h) pixels	360 (w) x 120 (h) pixels
Overview Tab	Cover Image	1192 (w) x 220 (h) pixels	1536 (w) x 768 (h) pixels
Life Tab	Hero Image	1128 (w) x 376 (h) pixels	1128 (w) x 376 (h) pixels
Life Tab	Custom Modules	502 (w) x 282 (h) pixels	502 (w) x 282 (h) pixels
Life Tab	Company Photos	264 (w) x 176 (h) pixels	900 (w) x 600 (h) pixels

图7－7

2. 关于公司简介的文字

公司简介要求 2 000 字符，建议存在 word 文档中，方便复制粘贴。

（二）建立公司主页的步骤

素材准备好了后怎么建立 Company Page 呢?

可按如下的步骤进行即可。

Step 1：在主导航栏找到“work”。

Step 2：找到下方的“Create a Company Page”。

Step 3：按要求输入 Company Name，并且想好 LinkedIn public URL，然后点“Create page”，如图 7－8 所示。原则上，URL 具有唯一性，除出现公司变更等特殊情况时可找 LinkedIn 客服更改外，其他情况下不得变更。建议写公司的简称或品牌名，这样方便客户搜索。

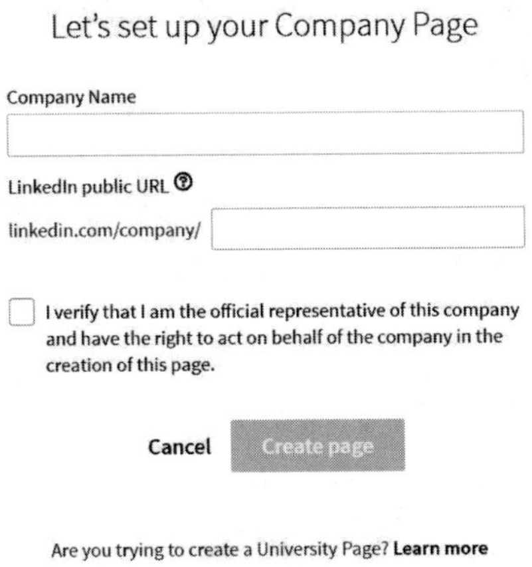
Let's set up your Company Page
Company Name
LinkedIn public URL
linkedin.com/company/
I verify that I am the official representative of this company and have the right to act on behalf of the company in the creation of this page.
Cancel
Create page
Are you trying to create a University Page? Learn more

图 7－8

Step 4：邮箱认证。

系统会发送一份邮件到你的公司邮箱（公司邮箱要预先添加至你的个人职业档案的 Settings & Privacy 项下的 email address 中），需要你点击此链接以验证你是此公司的人员。

Step 5：开始创建公司主页。

按照其提示，上传公司 LOGO 图，填写公司简介等。

（三）7个小贴士打造完美的公司主页

Company Page 如何打造呢？如下7个小贴士希望能带给大家一些启发。

1. Company Overview

公司简介该如何写，以下供参考。

（1）和公司官网上的介绍有所区别，多突出其社交属性，多鼓励互动。

（2）欢迎大家找到并关注你的公司主页。

（3）第1段话就要简明介绍公司产品以及独特优势，或突出你的价值与口号来吸引别人点进去看更多。

（4）可做SEO，想想别人可能通过什么来搜，是品牌词、产品词，还是行业关键词。

（5）告诉大家关注你有什么好处，即你能提供哪些帮助。

（6）有多个产品线时，可简单介绍下各产品线。

（7）提示关注你的产品专区。

（8）段落清楚。

（9）结尾加上联系方式、关注公司有什么价值，以促使其马上行动等。

图7－9、图7－10为优秀的 Company Page，供大家参考。

案例1：

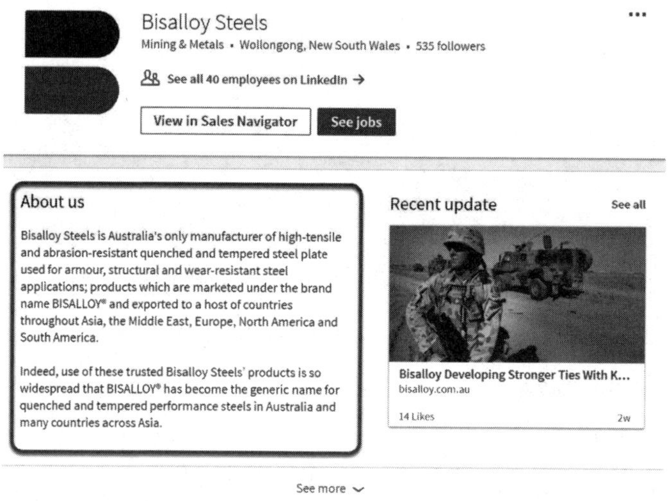
Bisalloy Steels
Mining & Metals • Wollongong, New South Wales • 535 followers
See all 40 employees on LinkedIn →
View in Sales Navigator
See jobs
About us
Bisalloy Steels is Australia's only manufacturer of high-tensile and abrasion-resistant quenched and tempered steel plate used for armour, structural and wear-resistant steel applications; products which are marketed under the brand name BISALLOY® and exported to a host of countries throughout Asia, the Middle East, Europe, North America and South America.
Indeed, use of these trusted Bisalloy Steels' products is so widespread that BISALLOY® has become the generic name for quenched and tempered performance steels in Australia and many countries across Asia.
Recent update
See all
Bisalloy Developing Stronger Ties With K...
bisalloy.com.au
14 Likes
2w
See more

图7－9

点评：第一句话就说清楚了公司的独特优势以及公司的产品。

案例2：

Welcome to our LinkedIn Company Page! I'm glad you found us! At Linked Into Business (LIB) we are here to "MAKE SOCIAL MEDIA WORK FOR YOU".

If you check our various SHOWCASE PAGES (on the right) you'll see we have all kinds of FREE resources, like eBooks, free trainings and new information about our #LinkedInChat and LinkedIn Corporate resources to help you succeed in your LinkedIn and social media marketing and lead generation..

As LinkedIn Consultants we specialize in consulting, training and working with companies and individuals in the utilization of LinkedIn for Branding, Inbound marketing, Networking and Lead Generation. It is our desire to make sure that everyone with an appropriate company culture has the ability to utilize LinkedIn to its fullest – creating a wider contact base, greater name recognition, increased conversion and better Google indexing and ranking.

We can work with you three ways:

- We can teach you to do it
- We can do it with you
- We can do it for you

We can help you create your social media presence on LinkedIn (Personal Profiles, Company Pages, University Pages, Showcase Pages and Groups) and then show you how to optimize, manage and maintain your presence by yourself. We can create your social media presence for you, and teach you to manage it effectively, or we can manage it for you. It is our job to be invisible and let your authentic voice shine through.

If you have been thinking about becoming involved in LinkedIn marketing, branding or lead generation, contact our consultants at help@linkedintobusiness.com
(970) 279-1710

Specialties
LinkedIn Company Profile Optimization, Social Media Marketing, LinkedIn Marketing and Consulting, LinkedIn Professional Profile Optimization, New Media Marketing, LinkedIn Association Training, LinkedIn Corporate Training, LinkedIn Group Creation and Strategy

图7－10

点评：突出公司的社交属性，鼓励互动，明确公司能提供什么帮助，并激发对方行动。

大家也可以通过搜索“Best LinkedIn Company page of 2017”来学习十大优秀的公司主页。

2. Logo & **封面图片**（banner）

一个好的封面图片是成功的一半，关于封面图片体现的内容和设计，有以下几点建议。

（1）体现公司提供的服务与产品。

这是在封面图片中运用最多的，你可以附上简单的单词或一句话说明你的产品。

（2）体现公司获得的成就、大事件。

让别人看到你们的品牌形象，感受你们的新变化，如 DELL 公司的封面图片就是“CELEBRATE THE POWER OF ONE”，见图 7－11。

图 7－11

（3）体现公司的优势。

有很多大公司就是用一句话表现其企业的价值、优势，见图 7－12。

图 7－12

（4）你也可以将这些因素都融合在一起，就像 Coca-Cola 公司的封面图就很有意思，有产品，有爱，有公司价值，见图 7－13。

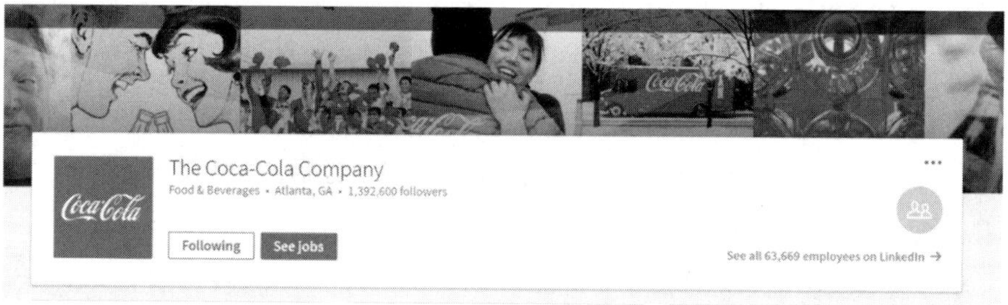

图 7－13

（5）封面图可定期或不定期更新，这可以吸引关注者的注意，比如公司要参加展会、有新的产品线、公司新的大事记等，及时地更新封面图也会达到宣传目的，让公司搜索排名提升。

另外，封面图的推荐尺寸：1 536 × 768 px（或根据最新要求）。

Tips

用 canva. com，可以直接制作适合于 LinkedIn 的封面图以及发布的动态和长文章的图片。

3. **建立招聘页面提升公司形象**

你可以根据需要建立雇主招聘页面（Career page），展示雇主品牌，让潜在候选人更了解公司，如图 7 – 14 所示，它也是一个提升品牌形象和增加曝光的机会。

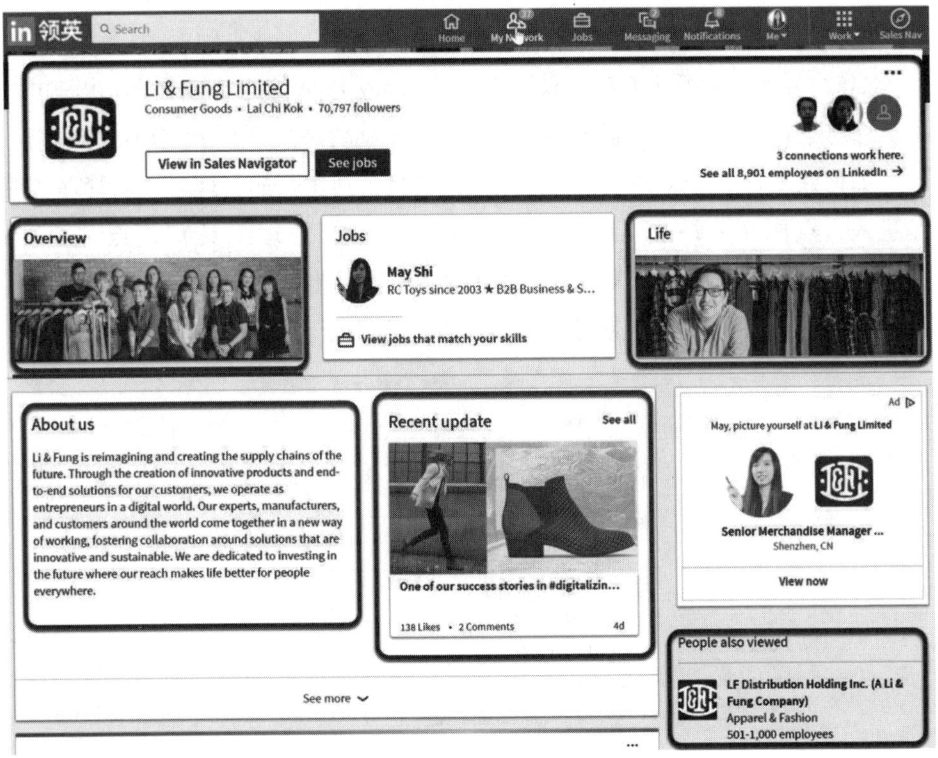

图 7 – 14

在这里你可以发布职位需求（See jobs），随时更新页面动态信息，为访客提供个性化体验，实时分析访客数据。它特别适合中大型企业，而对于中小型企业，因为其收费相对较高，选择的时候要谨慎。

点开“See jobs”，你可以看到公司发布的职位情况。

点开“Life”，你可以看到公司的品牌情况、员工风采、公司介绍等。

免费账号下是无法看到 See jobs 和 Life 的，在 Overview 项下也无法编辑插入图片，只有付费 Career page 项下才有上述功能。

如果需要了解更多 Career page 的相关情况，可以在“cn. talent. linkedin. com”了解。

4. 利用产品专区更好地展示产品及品牌

建立 Company Page 之后，你要建立你公司的 Showcase Page，即产品专区。某些会员只对某类产品感兴趣，就可以只关注产品专区，不关注公司主页。另外，你也可以将产品专区交给专门负责某个产品线的人管理，这样各产品线的积极性也会比较高。

当然，有些公司精力有限，只聚焦于 Company Page 的建立与维护，也是可以的。特别是中小企业在初始阶段将 Company Page 运营好，防止粉丝分流也很重要。

如何建立 Showcase Page？首先，你需要是公司主页的管理者，以管理者视角进入，点图 7 – 15 所示右上角“Admin tools（管理工具）”，点“Create Showcase Page”即可。一天最多只能建立 2 个产品专区，1 个公司主页最多只能建立 10 个产品专区，但我个人建议建 5 个产品专区就很不错了。

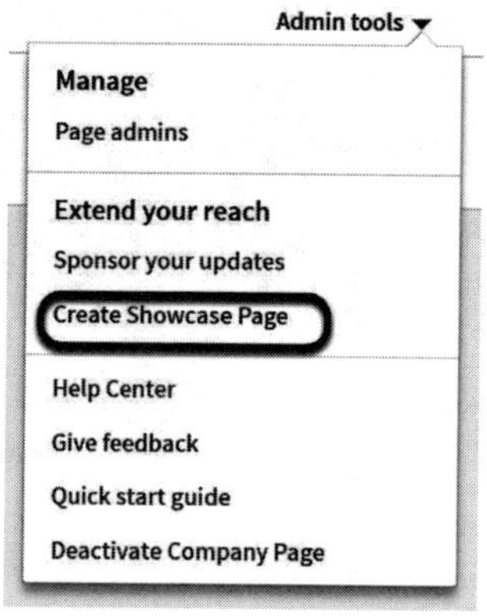

图 7 – 15

接下来，如何写 Showcase Page 的 About us 呢？首先，字数不能多于 200 个字符，其次，简单介绍你的产品和优势。图 7 – 16 为 Coke Solutions 的案例，供大家参考。

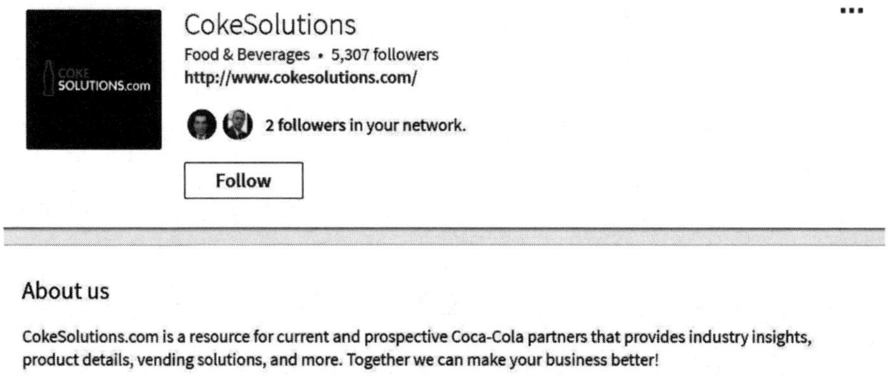
COKE SOLUTIONS.com
CokeSolutions
Food & Beverages • 5,307 followers
http://www.cokesolutions.com/
2 followers in your network.
Follow
About us
CokeSolutions.com is a resource for current and prospective Coca-Cola partners that provides industry insights, product details, vending solutions, and more. Together we can make your business better!

图 7 – 16

5. **集中管理群组**（Groups）

如果你建立了群组，是可以关联到公司主页的，这样也鼓励更多专业的人员加入。

6. **更新公司资讯吸粉、留粉**

（1）更新公司资讯的意义。

来到某个公司主页，在 Updates 板块可以分享公司资讯。通过更新动态，可以获得更多的点赞、评论和分享，从而引来更多的关注者，结合你唤起行动的语句，带来销售机会。

（2）公司资讯可写些什么内容？

从形式上，可以是文字结合图片或视频链接等。

从内容上，包括但不局限于：

①公司新闻（大事记、展会信息等）；

②公司推广；

③相关行业文章；

④SlideShare 幻灯片以及 YouTube 视频；

⑤能对别人有帮助的信息（技能提升等）；

⑥能博人一笑的轻松话题（缓解压力的小笑话等）；

⑦员工风采（展示企业文化）。

（3）写 Company Updates 的注意事项

①简洁有力（1 至 2 句话就可以，更多内容附上链接）；

②有相对固定的更新频率（建议一周最少一次）；

③通过测试选定最佳发送时间，可以借助 Buffer 工具来测试，一般总体来说职场人员相对放松的时间是早上上班前，以及下午下班后；

④有 URL 链接。

LinkedIn 官方统计表明，公司网站有 URL 链接会让其他人参与度提高 45% 以上。

原则上，Updates 会按照发布的时间先后顺序排列，对于特别重要的内容，你可以选择将其置顶，在需要优先排列的 Updates 的右边点击省略号选择“Pin to top”，如图 7－17 所示。

图 7－17

作为管理员，对于每一个 Updates 的受欢迎度分析，你都可以点其下方的“Show stats”查看或点击“Hide stats”隐藏，见图 7－18。

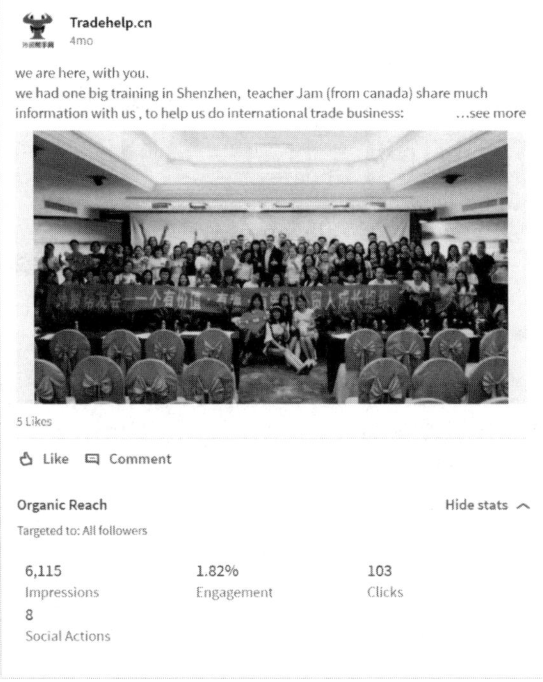
Tradehelp.cn
4mo
we are here, with you.
we had one big training in Shenzhen, teacher Jam (from canada) share much information with us , to help us do international trade business: ...see more
5 Likes
Like
Comment
Organic Reach
Hide stats
Targeted to: All followers
6,115
Impressions
1.82%
Engagement
103
Clicks
8
Social Actions

图 7－18

（4）如何鼓励粉丝更多地传播你们公司主页的 Updates？

你可以从这些方面去尝试：

①有趣的图片、Video；

②用话题引起互动，可以是行业大事，也可以是大众所关心的内容；

③让同事分享（同事应首先是 Company Updates 的最积极传播者）；

④一直关注并保持和粉丝互动（对其发布的内容点赞或评论。）

7. 利用数据分析完善改进页面

Company Page 和 Showcase Page 的分析系统是独立的，其对应的管理员才可以看到。下面以 Company Page 为例给大家进行讲解。

在 Company Page 的数据分析中你可以看到 Visitors（访客）、Updates（公司资讯）、Followers（关注者）的情况，见图 7－19。三个维度下，你可以从

Impressions（展示次数）、Like、Comment 等方面进行数据分析，时间方面可以选择 Today、Yesterday、Last 7 days、Last 15 days、Last 30 days、This month、Previous month、Last 3 months、Last 6 months、Last 12 months，见图 7－20。

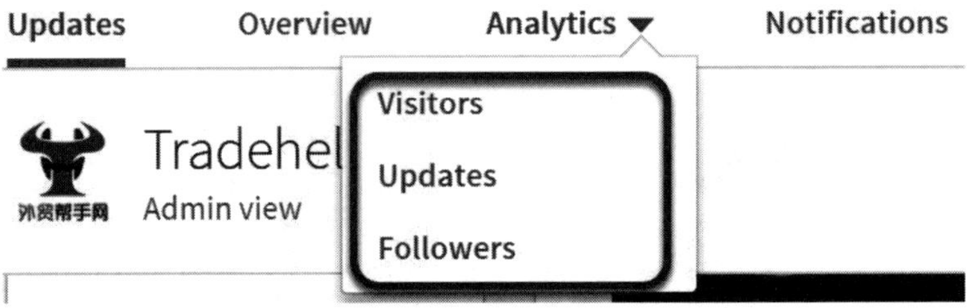

图 7－19

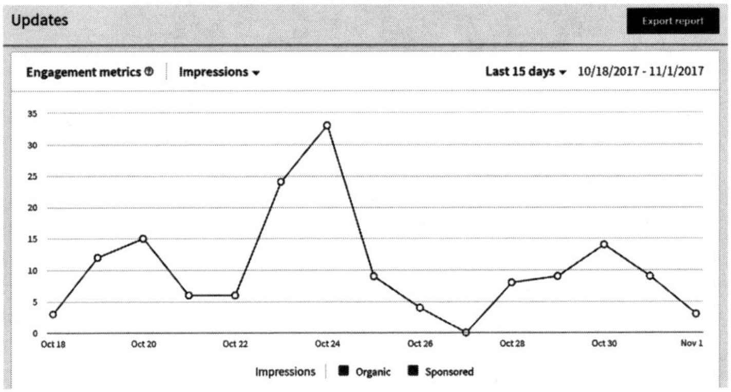

图 7－20

注释：

Impressions：展示次数；

Unique impressions：排除一人重复看同一内容后的展示次数；

Click：点击次数；

Likes：点赞次数；

Comments：评论次数；

Shares：分享次数；

Follows Acquired：推广所得关注者，针对付费推广；

Social engagement，也叫 Engagement：社会参与率，等于 Click + Likes +

Comments + Shares + Follows Acquired 的总和除以展示次数；

Click-through rate（CTR）：Clicks 的次数除以展示次数。

如果还有不懂的词语，你也可以切换到中文语言界面详细了解。

对于 Showcase Page 的分析系统，我鼓励大家多自行研究。

第四节　如何管理公司界面

公司页面建立好了，为了发挥作用，就需要进行管理，如何管理呢？有如下注意事项。

一、管理 Company Page 的 6 个注意点

（1）唯一性：一个公司域名只能开一个公司主页，且公司主页必须使用独一无二的公司名称。

（2）多管理员：可指定多个公司主页管理员。

（3）多语言：可用多种语言编辑公司名称和描述。

（4）记得关联：在职员工关联到公司主页，以展示公司规模和实力。

（5）勤更新：建议 1 周更新 1～2 次。

（6）防虚假：离职员工、虚假员工去掉关联。

二、公司员工需要手动关联到 Company Page

很多外贸小伙伴会问，为什么他们建立了公司主页，而他的同事没有在上面呢？这就是因为他们没有做关联。很多情况下你在写个人职业档案项下的工作经历时，会需要填写公司名称，而如果在这之前公司主页就已经建好，你就可以下拉直接选择公司主页。如果公司主页是后面才建立的，你需要再回到工作经历中关联一下公司主页。也就是说，公司主页不会自动匹配关联到你的个人职业档案中。

判断个人与公司主页是否关联的最简单方法就是看工作经历中的公司名称左边的 LOGO 是否有显示出来。公司没有建立主页或是公司建立了主页而员工没有关联的，其 LOGO 就是灰色背景图，如图 7－21 所示。

Division Head
Hyp Intimates & Sleep
Nov 2004 – Jan 2012 • 7 yrs 3 mos
NYC
Launched an Intimate Apparel and Sleepwear Company with Hypnotic Hats LTD. Handled the day-to-day sales and production for our extensive daywear, sleepwear and shape-wear lines. We provided ourselves on getting quality product at a competitve price to the retailer quickly. We specialized in missy and plus sizes in all areas mentioned above.
Divison Head
The Moret Group
Oct 2001 – Oct 2004 • 3 yrs 1 mo
Ran the Mudd Brand of Intimate Apparel and Sleep wear for The Moret Group. My team and I grew the Mudd Divison to $20 million over a 3 year period as well as grew our private label business at the Mid Tier to over $15 million.

图 7 – 21

三、离职员工和虚假信息的处理

员工离职后，需要及时地修改工作经历的起始时间。

如果是公司主页其中一个管理员离开，需要将其从管理员中删除。

详细操作方法为在图 7 – 15 所示界面右上角的 “Admin tools” 中点 “Page admins”，然后就可以进行管理员的增删工作了，见图 7 – 22。

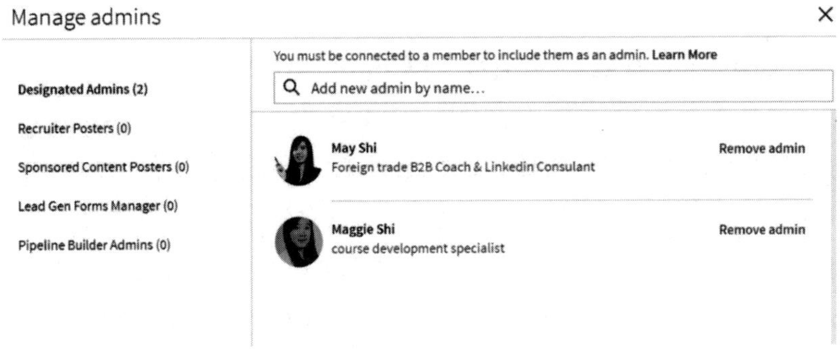
Manage admins
You must be connected to a member to include them as an admin. Learn More
Add new admin by name...
Designated Admins (2)
Recruiter Posters (0)
Sponsored Content Posters (0)
Lead Gen Forms Manager (0)
Pipeline Builder Admins (0)
May Shi
Foreign trade B2B Coach & Linkedin Consulant
Remove admin
Maggie Shi
course development specialist
Remove admin

图 7 – 22

你有任何其他疑问，也可以在 Help Centre 取得帮助。网址是 “https://www.linkedin.com/help/linkedin/ask/cp-master”。

四、如何吸引更多人关注公司主页

我分 LinkedIn 站内、站外两个方面来讲吸引人关注公司主页的方法。

在 LinkedIn 站内，你首先需要利用同事的力量，同事是公司主页的最忠诚关注者，如果每个同事能带来 20 个关注者，而公司总共 50 个雇员，那公司主页就有 1 000 个关注者。

首先，你需要让雇员个人职业档案的工作经历关联上公司主页，这样当他的个人职业档案被访问时，公司主页就有机会被访问者打开。

其次，你可以通过高质量的企业资讯分享，让其出现在你人脉圈的信息流中，如果有人转发分享，又会让人脉圈的 2 度、3 度联系人看到，滚雪球的效应，会让你吸引到更多的关注者。

当然，最快速的方法是企业付费推广。你可通过“https：//www. linkedin. com/ads”了解。

在 LinkedIn 站外，你可以通过在公司官网添加 Follow Company（关注公司）插件，鼓励同事在邮件签名等地方加上 Company Profile（公司简介）插件，以及在公司的其他一些活动上宣传推广，比如在公司的目录册上、展会上等。

第五节　如何利用 LinkedIn 公司主页开发客户

一、如何通过客户公司 A 找到和 A 公司类似性质或规模的 B 公司

（1）People also viewed 所展现出来的多是和其同类型或同规模的公司，其中不乏其同行。

找到 B 公司后，你可以直接进入到其 LinkedIn Company Page 详细了解公司及员工情况。

（2）不仅是搜公司，搜个人也同样可以搜索到同类型公司。

比如你已知客户人名 C 时，系统 People also viewed 也会推送和 C 类似的 D

（可能是C的同事、前同事或同样性质同样行业的人），这样就可以顺藤摸瓜，将客户“一网打尽”了。

二、如何通过一个集团公司大客户开发其项下其他区域客户

在LinkedIn Company Page，还有一个非常不错的地方，可以助力你开发一些国际大公司，又或者是它的附属公司。

以Walmart为例，你会看到Affiliated Companies（附属公司）模块，见图7－23，在这些附属公司中，你看下有没有你可以开发的对象。有些时候搞定总公司比较难，你可以从附属公司或子公司着手。

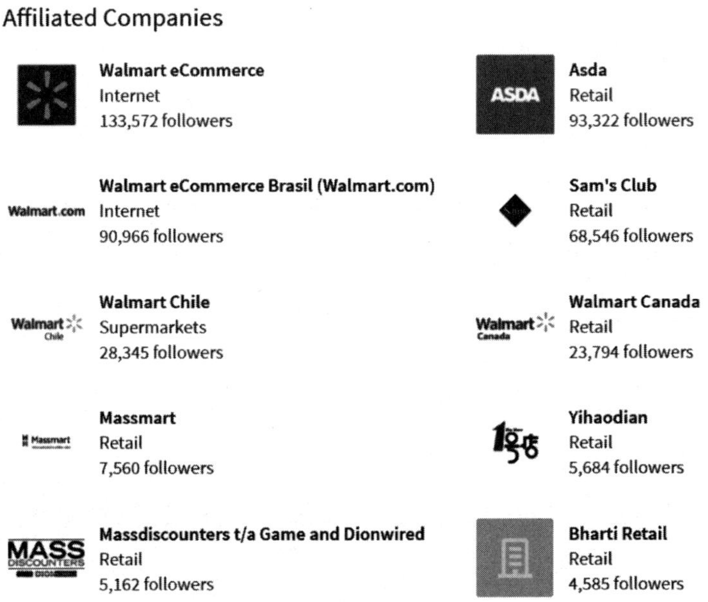

图7－23

第八章
LinkedIn 的群组（Group）

第一节　群组的分类及功用

群组是同一行业、领域或相同爱好的人很好的集聚地，在这里可以学习交流等。

一、群组的分类

从群组的性质来分，可以分为两种，Standard Group（标准群组）、Unlist Group（不公开群组）。

Unlist Group 在 LinkedIn 内部和外部都不公开，是封闭的，只有群主和管理员才能邀请 LinkedIn 会员加入，或是通过接收管理员发送的 Group URL 才能加入。你能申请加入的多为 Standard Group。

从 Group 的定位来分，按照我所接触的群组，一般分为以下几种类型。

（1）通用技术交流型，如 European Test（欧洲检验）；

（2）行业 + 技术型，如 Garment Designer（服装设计）；

（3）专业产品供应链渠道型，如 I Sell Toys（我卖玩具）；

（4）进出口贸易型，如 Export & Import Trade（进出口贸易）；

（5）相关展会型，如 CES Fair（国际消费电子展）；

（6）结合型，如 GERMANY-Import,Export,Trading（德国进出口贸易）。

二、外贸人如何能使用群组

目前群组（Group）还没有全面开放，如果你使用中文语言界面，就没有群组这个搜索维度，会出现“你所在的地区无法预览此内容”提示，为了使用 Group，建议使用英文语言界面。

三、群组可以用来做什么

（1）找到更多精准联系人。

你可以主动出击找别人，或是通过高质量的讨论，让别人主动加你，另外你也可以通过看 Group Member 的档案中的联系人顺藤摸瓜找更多潜在客户（如果对方1度联系人公开了的话），或是通过 Mutual Connection（共享联系人）看其关系网，甚至了解其上下游关系。

（2）对于有价值，而又不是你1度联系人的人员，你可以在群组里直接公开沟通或是给其发信息。

Step 1：找到你想要沟通的对象，一般为有价值的2度、3度联系人。至于为什么选2度、3度联系人，因为1度联系人你本来就可以给其免费发信息。

Step 2：在个人图像右边的名字上稍留片刻（不需要点进去）。

Step 3：出现 View Profile（浏览档案）和 Message（发送信息）按钮，见图8-1。

Step 4：直接给其发信息。

Tips 1

只有在群组里才能给其发信息，如果单独点开他的档案，是无法给其发信息的，你只能升级为付费账号给其发站内信。

Tips 2

每个月给群里的其他成员总共能发15条信息（15条是针对你所有的群组

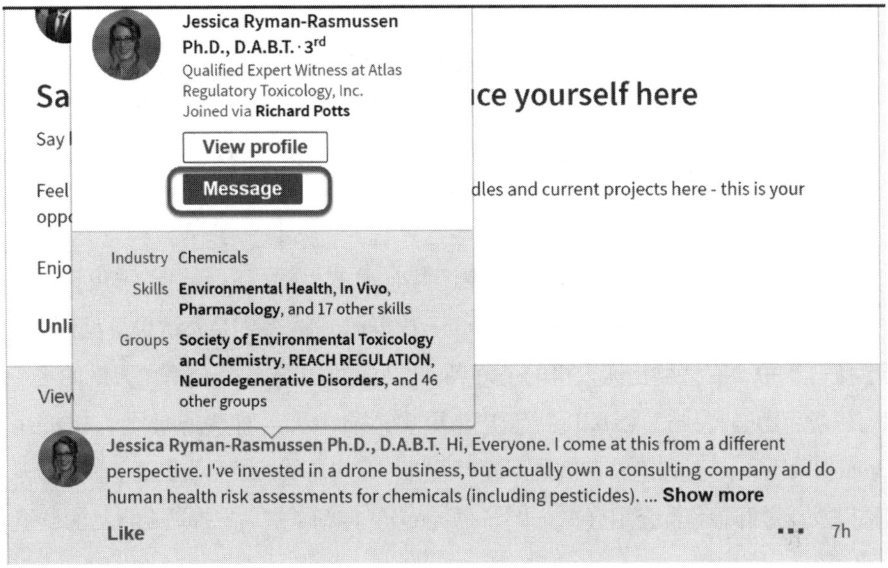

图 8－1

你能发免费信息的总数量，不累计，月底自动清零，下月重新开始计算）。

（3）通过在群组里发起话题或是提供高质量的评论或问题解决方案树立专家形象，从而让其他人对你产生信任，水到渠成做生意。

（4）通过在群组里发产品找寻信息，第一时间向行业内潜在客户分享产品信息，获得反馈。你可以在分享的链接中留下联系邮箱，以便潜在客户联系。

（5）获取你对某类问题的答案（如获取市场信息、产品研发或设计建议等）。

（6）能看群组中任何一个人的档案（不存在搜索限制及不能看档案的情况）。

（7）通过提供服务或解决方案，同时附上你的公司或产品链接，无形之中给公司或产品做宣传与推广。

（8）通过发布招聘信息，招聘你想要找的专业人员。

（9）你发过的文章，可以在相关群组中再次分享，引起讨论或好的宣传效果，或是获得建议等。

第二节 如何查找并选择加入群组

一、加入群组需要考虑的6大因素

选择加入什么样的群组，你首先要清楚自己的目标，你是想学习设计、市场推广知识，还是找客户？比如你输入drone找群组，就有271个结果，见图8-2，而这些群组中，有些群是无人机的爱好者，这样的群更多的是分享无人机的飞行知识与乐趣，不是特别适合B2B找客户，更多适合B2C；有些群是无人机的工程（Drone Technology）讨论；有些是商业无人机，有些是玩具级无人机等。你可以从群名称以及点进群看其群介绍（About This Group），详细了解后选择适合自己的群组。

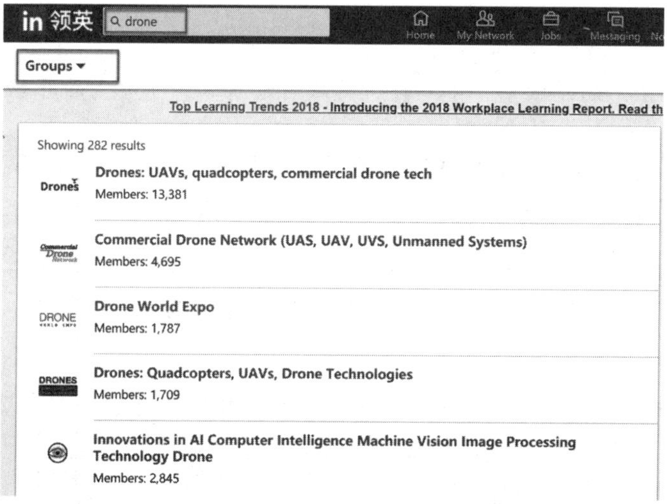

图8-2

前期每种类型的群组你都可以根据需要添加。后期根据群里的情况，对于不合适的群可以退出。

就我个人来说，我更愿意加一些专业产品或行业组。添加的群组在10个以内即可。群内气氛不一定要特别活跃，关键是你在里面能学到知识，或是找到你需要的人脉。

评估这个组的价值，然后判断是否加入，我一般会考虑如下6个因素。

（1）这个群组的类型及建立目的（About This Group）。

（2）建立这个群组的群主的情况（看其专业度、影响力等）。

（3）人数（人员数量和质量很重要，看你的 1 度联系人同行中有多少人加入了这个群）。

（4）群规及活跃度（从群规中你可以了解哪方面的信息可以分享，哪些私人或无关的信息不能分享）。

（5）话题相关性（是否有价值，而不是一天到晚乱哄哄）。

（6）看行业佼佼者加入的情况（行业大头都加入，说明影响力不错，群质量不错）。

二、如何查找并选择加入群组

通过 3 种途径你可以查找并主动加入群组。

（1）直接在搜索框以产品或行业等关键词来搜群组。

（2）通过“https：//www. linkedin. com/groups/my-groups”进入页面看自己已经加入的群组，以及你作为群主建立的群组，见图 8 – 3。

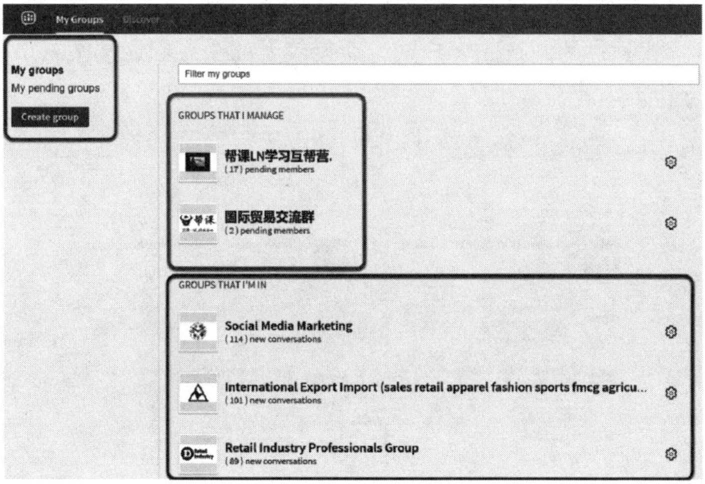

图 8 – 3

另外 Discover（发现）功能会根据你的行业、兴趣、头衔、关键词来给你推荐相应的比较适合的群组，见图 8 – 4。

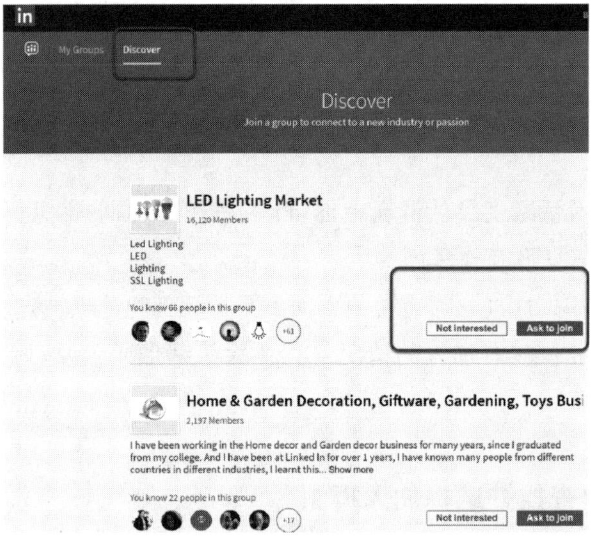

图 8 – 4

(3) 参考你的同行、客户或是行业佼佼者加入了哪些群组，然后你选择性加入。

这种方法适合于你新入一个行业，不是特别了解或清楚行业的情况。

具体怎么做呢?

Step 1：找到你的同行、客户或行业佼佼者的个人职业档案，下拉到最后，你会看到“Interests”。

Step 2：点“See all”，见图 8 – 5。

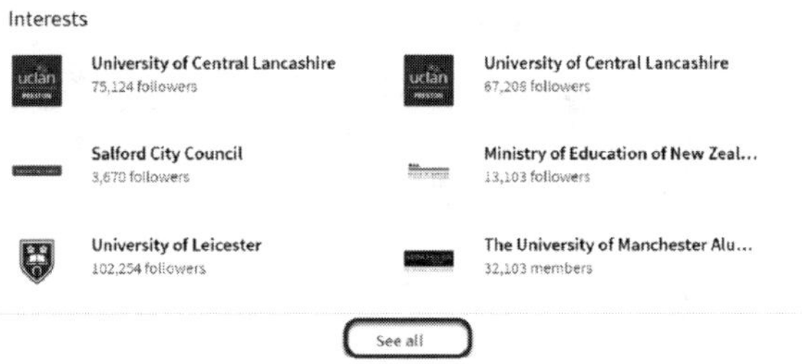

图 8 – 5

Step 3：在此你可看到他 following 的 Influencers、Companies、Groups、Schools，如果他对部分特定群组进行了设置，选择不公开的话，你是无法看到的，详见第四章第二节的内容。

通过以上三种途径中的任意一种找到合适的群组后，自己可以选择加入。发送加群请求后管理员会根据需要进行审核，决定是否允许你入群。

你也可以被动地被你的同事或朋友等邀请入群，同样，如果你发现了一些不错的群组，你先加入成为群成员后，也可以邀请你的同事或朋友加入（前提是你的同事或朋友是你的联系人）。你只需要点“Invite others（邀请其他人）”即可完成邀请，见图8－6。

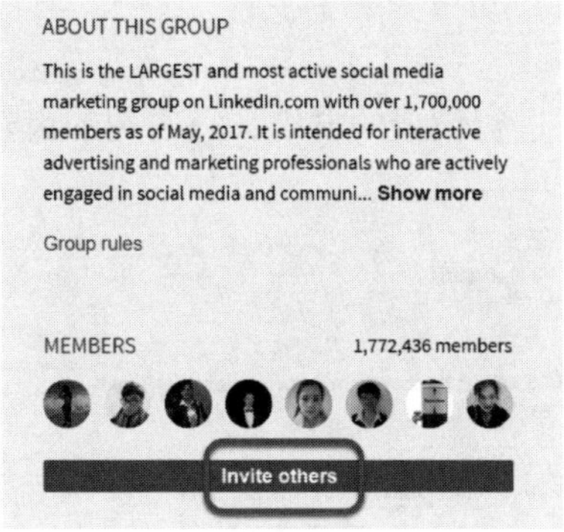
ABOUT THIS GROUP
This is the LARGEST and most active social media marketing group on LinkedIn.com with over 1,700,000 members as of May, 2017. It is intended for interactive advertising and marketing professionals who are actively engaged in social media and communi... Show more
Group rules
MEMBERS
1,772,436 members
Invite others

图8－6

第三节　如何发布群话题能达到效果最优

一、发布群话题前要做好的5件事

进入群组后，马上发起话题？不！发群话题前建议先做好这5件事，做个受欢迎的群成员。

（1）将群介绍、群规则再仔细看下，清楚其定位与规定，应该做和不允许做的都是什么。

（2）花点时间看下最近发布的话题，看到不错的内容，进行点赞，对于你熟悉的内容，大胆慷慨地分享你的评论和解决方案，通过提供帮助，先引起一部分人的注意及好感。

（3）对于群主，你可以重点关注下他的话题，通过点赞或高质量评论和其打招呼。

（4）如果你想给予某个话题一对一的评价，可以选择 Reply Privately（私人回复），使人形成良好的印象，具体操作见本章第四节的内容。

（5）如果不想被群组的话题内容频繁骚扰，但对于你发起或感兴趣的话题又不想错过，你可以先进行群组的设置，比如可以选择用一周收一次邮件来接收信息，知道群里发生了什么有趣的讨论，再选择是否进入互动等。群组的设置分为对所有群组的共同设置，在“Me——Settings & Privacy——Communication——Groups”里进行。你也可以针对每个具体的群组单独进行个性化的设置，操作步骤如下。

Step 1：来到你需要进行设置的群组，点右边的齿轮图标，见图 8－7。

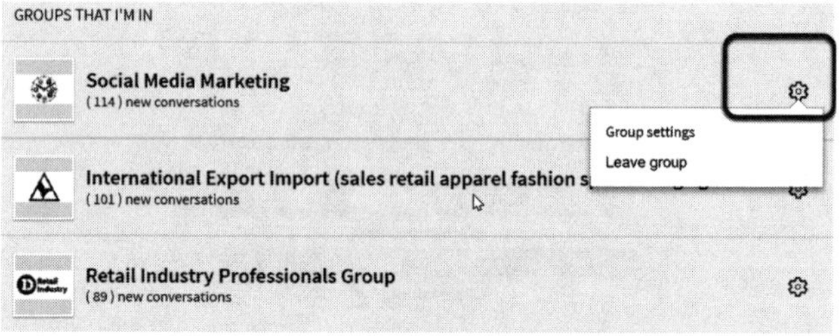
GROUPS THAT I'M IN
Social Media Marketing
(114) new conversations
Group settings
Leave group
International Export Import (sales retail apparel fashion s
(101) new conversations
Retail Industry Professionals Group
(89) new conversations

图 8－7

Step 2：在这里进行相关的设置，比如邮件的接收频率，见图 8－8。

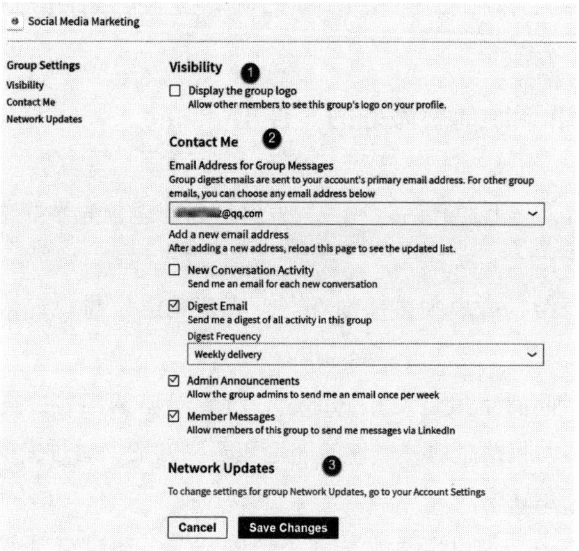
Social Media Marketing
Group Settings
Visibility
Contact Me
Network Updates
Visibility
Display the group logo
Allow other members to see this group's logo on your profile.
Contact Me
Email Address for Group Messages
Group digest emails are sent to your account's primary email address. For other group emails, you can choose any email address below
Add a new email address
After adding a new address, reload this page to see the updated list.
New Conversation Activity
Send me an email for each new conversation
Digest Email
Send me a digest of all activity in this group
Digest Frequency
Weekly delivery
Admin Announcements
Allow the group admins to send me an email once per week
Member Messages
Allow members of this group to send me messages via LinkedIn
Network Updates
To change settings for group Network Updates, go to your Account Settings
Cancel
Save Changes

图 8－8

二、如何发布群话题

Step 1：进入相应的群组。

Step 2：写详细内容，可以包括文字、图片或链接（文章或视频、图片链接）。

Tips

用群组发话题常用哪些链接来源？

（1）LinkedIn 的文章、公司网站或个人博客相关文章等的 URL 链接。

（2）YouTube、Facebook 等社交平台的链接。

（3）Blog。

（4）新闻网等。

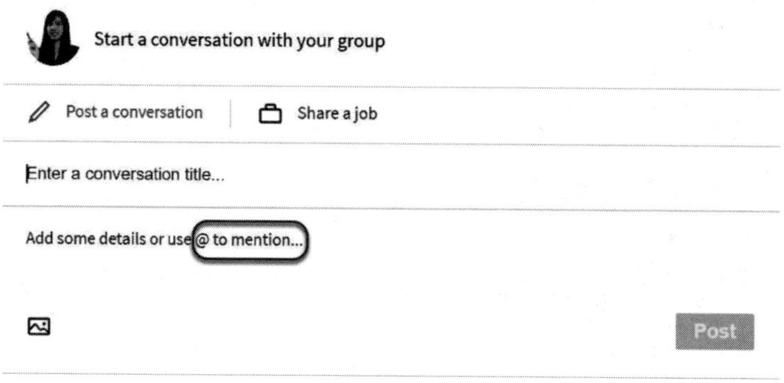

图 8－9

Step 3：点“Post a Conversation（发布一个话题）”，填写相应的标题、内容，你可以@群组里的任何一个成员，如图 8－9 所示。

三、发布群话题如何效果最优

首先，你要考虑受众是工程技术类人员居多，还是产品粉丝居多，还是以有决策力的买家为主。受众不同，关注点不同，也决定了你发什么内容，以什么样的口吻，以及发的频率。

这个不难理解，比如针对工程技术类人员，你用图表型的内容，效果肯定会比大篇文字好；而针对于国际买家，你更多可以探讨行业趋势、原材料涨价因素、产品的市场信息，以及如何把握商机等。而对于粉丝，你可以更多地介绍产品怎么玩，如何升级等。

无论是哪一种受众，发布话题的共性的要求有：

（1）标题具有吸引力（多用问句）；

（2）内容有可探讨性（原创+图文结合，可结合热点问题，加上自己的见解）；

（3）吸引别人评论（开放性话题）；

（4）邀请群组的重量级人物来参与；

（5）发布后自己经常关注、回复和更新。

对于重要的话题，可以请群主给你进行精选（FEATURED）标注，见图8-10，这样这个话题可以置顶，当然，这需要你平时和群主保持良好的沟通。

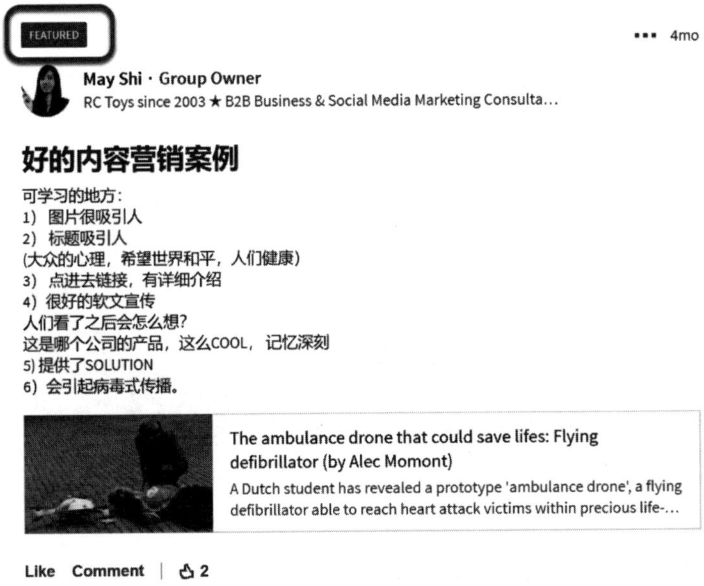
FEATURED
4mo
May Shi · Group Owner
RC Toys since 2003 ★ B2B Business & Social Media Marketing Consulta...
好的内容营销案例
可学习的地方：
1）图片很吸引人
2）标题吸引人
(大众的心理，希望世界和平，人们健康)
3）点进去链接，有详细介绍
4）很好的软文宣传
人们看了之后会怎么想?
这是哪个公司的产品，这么COOL，记忆深刻
5)提供了SOLUTION
6）会引起病毒式传播。
The ambulance drone that could save lifes: Flying defibrillator (by Alec Momont)
A Dutch student has revealed a prototype 'ambulance drone', a flying defibrillator able to reach heart attack victims within precious life-...
Like Comment
2

图8-10

当然，如果在你自己建立的群组里，你作为群主，是可以给自己的某一重要内容进行精选标注的。

四、发话题写什么内容

（1）对于热点事件的评论、看法；

（2）对于行业事件的分享、评论，比如行业趋势、行业新闻、大事件等；

（3）大众关心的话题，比如原材料情况、热点事件、行业各供应链信息；

（4）与产品相关的一些话题，内容注意突出趣味性、知识性、价值性。

图 8－11 是我在群组看到的一个不错的案例，供大家参考。

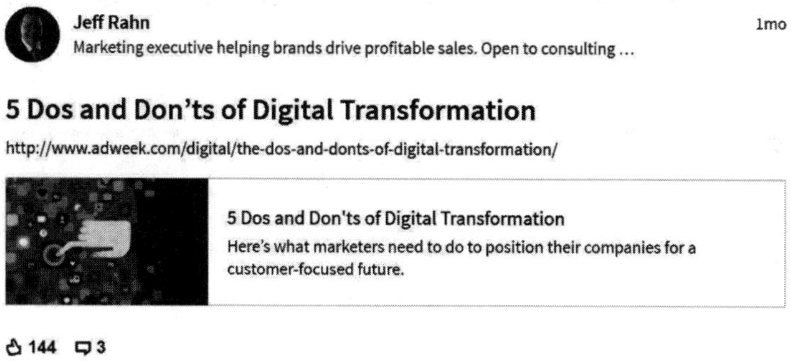
Jeff Rahn
1mo
Marketing executive helping brands drive profitable sales. Open to consulting ...
5 Dos and Don'ts of Digital Transformation
http://www.adweek.com/digital/the-dos-and-donts-of-digital-transformation/
5 Dos and Don'ts of Digital Transformation
Here's what marketers need to do to position their companies for a customer-focused future.
144
3

图 8－11

点评：

从这个案例中你可以学习的几点如下：

（1）选读者感兴趣的话题；

（2）标题吸引人，据 LinkedIn 官方统计，在所有数字型开头的标题中，5 是最受欢迎的数字；

（3）多用分享的口吻；

（4）能为读者提供真正的帮助；

（5）图文并茂，视觉效果好。

五、在哪找优秀的群话题

刚开始加群时，你往往不清楚如何发高质量的群话题，除了不断地尝试外，我给大家一些建议。

（一）关注你所有群组中的今日热点（Today's highlights）

如图 8 – 12 所示，在今日热点的右侧栏中，你可看到你最活跃的几个群组，左边是这些群组的受欢迎话题，它会从每个群组中精选出参与度高、质量不错的 1 个群话题，这些都是很好的案例，你可以学习。

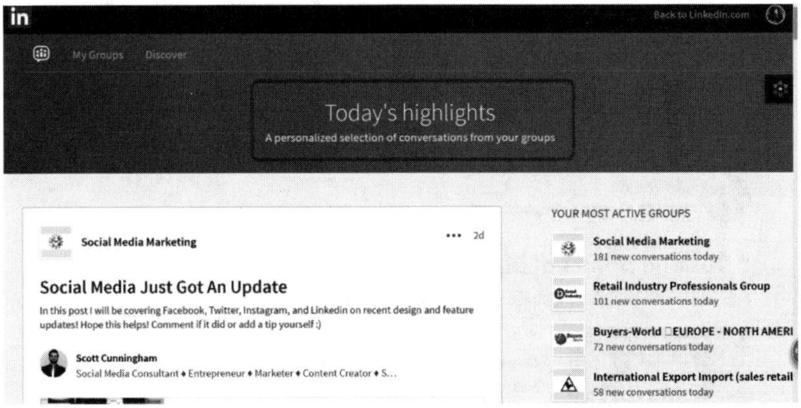
My Groups
Discover
Today's highlights
A personalized selection of conversations from your groups
Social Media Marketing
2d
Social Media Just Got An Update
In this post I will be covering Facebook, Twitter, Instagram, and Linkedin on recent design and feature updates! Hope this helps! Comment if it did or add a tip yourself :)
Scott Cunningham
Social Media Consultant ♦ Entrepreneur ♦ Marketer ♦ Content Creator ♦ S...
YOUR MOST ACTIVE GROUPS
Social Media Marketing
181 new conversations today
Retail Industry Professionals Group
101 new conversations today
Buyers-World EUROPE - NORTH AMERI
72 new conversations today
International Export Import (sales retail
58 new conversations today

图 8 – 12

（二）多关注群主或管理员的话题

这类话题会标注出“Group Owner”，并且很多情况下是被标注为精选的。

（三）关注点赞或评论多的话题

在每组话题的下方可看出赞、评论的数量，点开可详细查看赞、评论的情况，比如哪些人点了赞或进行了评论。

第四节　群话题常见问题解答

很多外贸小伙伴对于群组不熟悉，比如自己所发的话题去哪查看？有些人我只想单独和其对话，如何操作？下面我们一起来看看。

一、如何找到自己发起或参与的话题

Step 1：打开你发起的话题的群组。

Step 2：在图 8－13 所示页面右上角放大镜搜索框中输入你曾经发过的标题，按搜索，就能找到了。

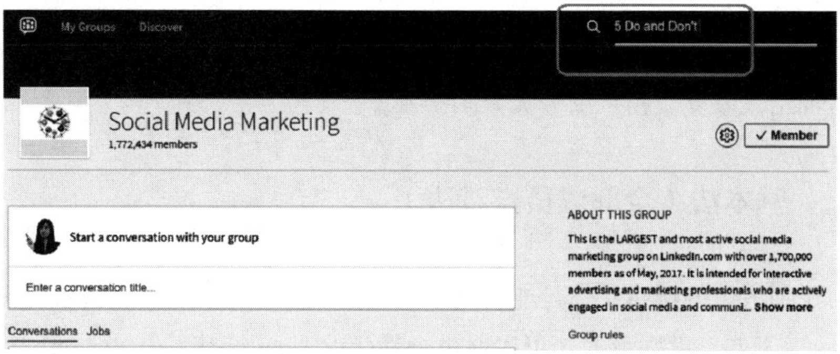
My Groups
Discover
5 Do and Don't
Social Media Marketing
1,772,434 members
✓ Member
Start a conversation with your group
Enter a conversation title...
Conversations
Jobs
ABOUT THIS GROUP
This is the LARGEST and most active social media marketing group on LinkedIn.com with over 1,700,000 members as of May, 2017. It is intended for interactive advertising and marketing professionals who are actively engaged in social media and communi... Show more
Group rules

图 8－13

新版本已经去掉了一些老版本原有的查找功能，比如“Conversation I join/start（我参与/开启的话题）”。

二、如何和发起话题的人单独沟通

有时候，你不希望在公众场合评论、点赞，只想单独和发话题的人沟通，这种情况怎么处理呢？

Step 1：来到你感兴趣的那个话题。

Step 2：找到话题发起人，点右边省略号，在下拉菜单中你会看到“Reply privately”，单独进行沟通就好了，见图 8－14。

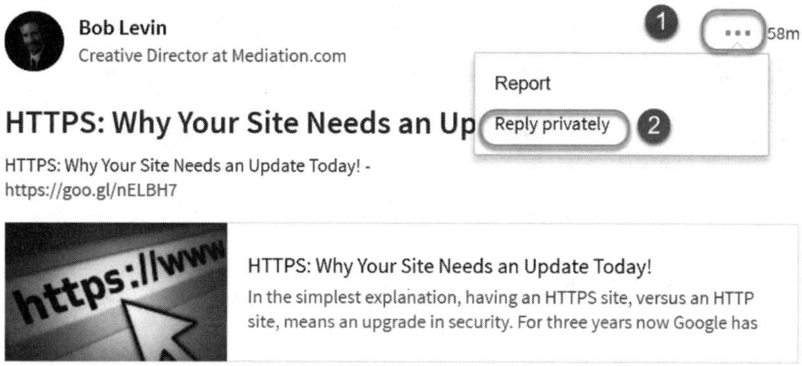
Bob Levin
Creative Director at Mediation.com
1
58m
Report
Reply privately
2
HTTPS: Why Your Site Needs an Up
HTTPS: Why Your Site Needs an Update Today! -
https://goo.gl/nELBH7
https://www
HTTPS: Why Your Site Needs an Update Today!
In the simplest explanation, having an HTTPS site, versus an HTTP site, means an upgrade in security. For three years now Google has

图 8－14

第五节　如何利用群组来开发客户

群组是个金矿，这里面的金子，你会挖吗？我从基本法、进阶法、高级法三个方面给大家支支招，助力大家多多掘金。

一、基本法（全部成员查看法）

对于加入了的群组，你是能看到全部成员数的，并且能点进去看所有人的Profile，对于非1度联系人，可以通过个性化的Note给其发Invitation，待其通过后就成为Connection。

对于没有加入的群组，你能看到该群组成员总数，比如1 419 members，但点击进入后，你只能看到群组里面的管理员以及加入了这个群组的你的1度联系人，你先点击“Ask to join”申请加入，见图8－15，待通过后你才能看到其全部的成员明细。

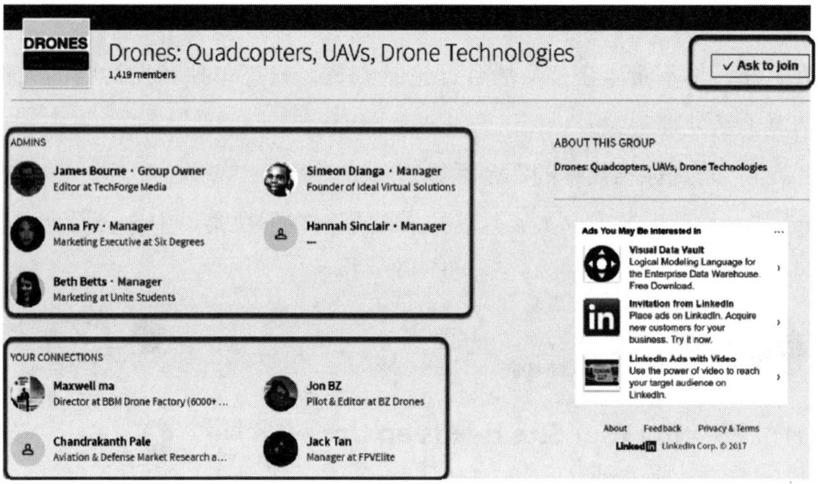

图8－15

二、进阶法（关键词精准搜索成员法）

对于进入的群组，在群成员中精挑细选，从不同维度来搜索。你可以尝试的维度有产品关键词、目标国（地区）、不同的买家类型（如 Importer、Retailer）、头衔中包括的关键词。

Step 1：来到你已加入的群组，点其名称下面的成员数，见图 8－16。

图 8－16

Step 2：用关键词搜索，就会出现相应的结果。

三、高级法（关键词精准搜索话题找客户法）

（1）多关注群组里的活跃发帖客户。

（2）多发一些有价值的话题，吸引人来点赞或评论，和这些人充分互动，这里面一定有不错的潜在目标客户。

（3）利用群组里的 Search 功能，多尝试用你的产品关键词搜索，找别人所发的群话题里含这个关键词的，这类人也一定是你不错的潜在目标客户。

有时候你会搜出有买家寻找供应商，他们有时会展示自己的产品，你需要多一些“买家即卖家”的思维。

第九章
LinkedIn 内容营销

社交媒体时代，人人都在谈社交媒体营销（Social Media Marketing），我们一起来看下面的这段话：

Social media marketing is the use of social media platforms to promote a product or service base on share Content.

Content marketing is a strategic marketing approach focused on creating and distributing valuable，relevant，and consistent content to attract and retain a clearly defined audience—and，ultimately，to drive profitable customer action.

相比于烦人的销售信，提供有价值、有帮助的内容更容易让人接受，润物细无声的效果更好。

LinkedIn 是一个非常适合 B2B 市场营销人员做内容营销的平台，其中 86% 的 B2B 和 58% 的 B2C 市场营销人员关注 LinkedIn 平台，64% 的 B2B 的买家希望销售人员能提供对他们生意来说有价值、有帮助的信息，根据 HubSport 2016 年的统计，在过去的 2 年内，LinkedIn 上的内容消费增长了 21% 。

我在 LinkedIn 上的每一篇文章（Articles）都会给我带来不错的商业价值，比如我吸引过北欧客户来谈我们玩具产品的包销，也吸引过北美客户做我们的市场营销代表，还直接收到过德国著名邮购商的真实询盘，以及吸引美国客户请我帮忙寻找、采购某类非我们主营的产品。

第一节　LinkedIn 营销前的准备工作

通常我们所说的“内容”指的是知识与信息，其表现形式并不单单是文字，还包括但又不限于图片、视频、PDF 文件等，而且它经常是多种形式的结合。而有价值的内容，是指对客户有帮助的、有教育意义的，或是有激励作用的，且是客户喜欢和欣赏的内容。

一、LinkedIn 上有哪些地方可以开展营销活动

（1）个人职业档案中的 Summaries、Experience、Articles。

比如你在 Summaries、Experience 的 Media 中，可以引入你的多媒体资料，同样在写文章时，你也可以更多地分享给读者有帮助的信息。对于自己品牌的营销，特别适合以讲故事的口吻进行。

（2）“Home Update——Share an Update”。

（3）“Group——Conversation”。

（4）LCP（LinkedIn Company Page）中的公司产品信息、活动信息、动态等。

（5）产品专区。

（6）长文章非常适合做内容营销。

表 9－1 详细说明了 LinkedIn 上除了个人职业档案外能开展营销活动的 5 个地方的注意事项及特点，供大家参考。

二、自查自己是否能够在 LinkedIn 上开展营销

要在 LinkedIn 上开展营销，当然要准备充分，那么何时才能开始呢？

你可利用这个工具进行自查“https：//www. linkedin. com/sales/ssi”。当你在 Establish your professional brand（建立你的专业个人品牌形象）、Find the right people（找到精准对象）、Engage with insights（洞察与互动）、Build relationships（建立与关系维护）4 个方面得分都不错，特别是前 2 项得分较高，总分达到 60 分（60 分是个人建议，当然你也可以更低或高些）时再考虑做营销，见图 9－1。因为你通过各种方式吸引了人来关注你的档案，但如果你的档案不专业，或者来的不是你想要的客户，又或者没有需求、购买力、决策权，这有什么用呢？如果你很幸运地找来了几个准目标客户，但你的服务和沟通不及时、不专业、不热情，同样不能吸引准客户来了解或产生销售线索。

表 9－1　LinkedIn 上可做内容营销的地方以及各自特点

序号	Where（发布途径）	Suitable Content（适合分享内容）	Media（可支持的文件类型格式）	Title/Body（关于对标题/正文的字数要求）	分享内容截图	Pay Attention To（注意细节）	USP & Limit（是否可@，发布频率）
1	Groups（群组）	1）100% 和群组相关的话题讨论 2）提供帮助（有价值的学习内容、行业资讯、小贴士等） 3）开头用精简的话描述看点，后续可以将 Article、Video 等以链接的形式体现，以便有兴趣的人可以再点进去细看 4）鼓励提出问题，话题最好能利于交流或讨论	Image、Text、Video Link、Link 文字为主，结合上传图片、视频（可以是 YouTube 的链接）或文章链接（文章可先写在你的个人博客、公司官网或 LinkedIn Articles 上）	1）标题不超过 200 个字符，标题中不能包括 URL 链接，只能是纯文字（包括数字） 2）正文不超过 2 000 个字符，建议字符数控制在 500 以内，前 3 行放重要内容，系统默认只显示前 3 行，看更多需要点 See more	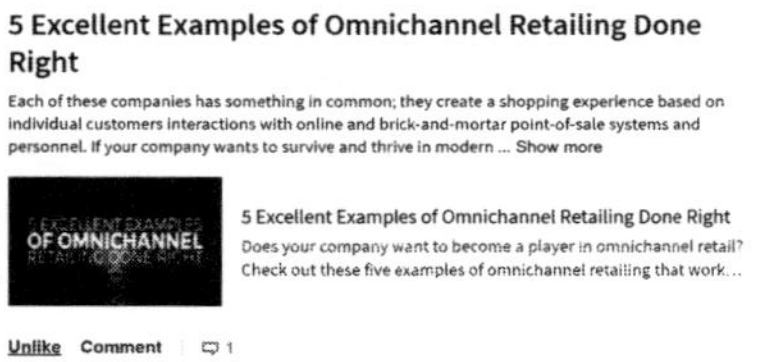	1）100% 法则，聚焦在与群名称相关的话题 2）遵守群规，做个受欢迎的人 3）和群主处理好关系，必要时借力，比如对你的话题进行精选标注，这样你的话题可以排第一位 4）实时互动	1）能够@你的 Group Member（群组成员，非 1 度联系人也可以） 2）建议话题分享频率为 1 周 1 次，另外 1 周只能发 1 个 annoucement（公告） 3）能加入和创建的群组总共 100 个
2	Home Update（主页）	1）你自己与工作相关的一些动态、行业动态，你公司的产品信息（软推，以分享有价值信息的口吻） 2）适当分享生活状态，积极正能量 3）开头用精简的话描述看点，后续可以将 Article、Video 等以链接的形式体现，以便有兴趣的人可以再点进去细看	Image、Text、Video（新加入功能，可直接上传，会逐步普及到各用户）、Link 1）文字为主，结合上传图片、视频（可以是 YouTube 的链接）或文章链接（文章可先写在你的个人博客或公司官网上） 2）也可以以图片或视频为主，做简要描述说明	1）标题不超过 200 个字符 2）正文不超过 2 000 个字符，建议字符数控制在 500 以内，前 3 行放重要内容，系统默认只显示前 3 行，看更多需要点 See more		和领英内部的人员沟通，建议是 10∶1（10 篇关于行业等有价值的信息，1 篇关于你个人或产品的信息），但个人觉得可以适当提高，但不要硬推	1）能够@你的 1 度联系人及你关注的公司或学校 2）建议分享频率为 1 个工作日 1 条

续　表

序号	Where（发布途径）	Suitable Content（适合分享内容）	Media（可支持的文件类型格式）	Title/Body（关于对标题/正文的字数要求）	分享内容截图	Pay Attention To（注意细节）	USP & Limit（是否可@，发布频率）
3	Articles（长文章）	1）你的行业资讯，如 The 5 Unknown Future of Drone Technology 2）大众科普知识，因为这类信息的覆盖面广，如 How To Import Chemicals From China? 3）行业新产品动态信息（分享目的），如：How The Drone Will Change 7 Industries?	文字为主，正文中加适当加入图片、视频链接、URL 链接等，比如链接到你的产品或服务	1）标题不超过 200 个字符 2）正文没有字符数要求，可配合正文内容加图片，发布前可加文章背景图	 	有价值的内容分享	1）能对你的文章进行管理，比如是否允许评论，删除某些评论等 2）建议分享频率为 1 个月 1～2 篇 3）能够@你的 1 度联系人及你关注的公司
4	Company Page（公司主页）	1）公司重大新闻（大事记、展会信息、新出产品系列等） 2）公司或产品的推广信息 3）相关行业信息 4）公司介绍、产品信息、知识点、FAQ（Frequently Asked Questions，常见问题解答） 5）员工风采（展示企业文化） 6）能对别人有帮助的信息（技能提升等） 7）能博人一笑的轻松话题（缓解压力的小笑话等）	Image、Text、Video Link、Link	1）没有标题 2）正文不超过 2 000 个字符，建议字符数控制在 500 以内，前 3 行放重要内容，系统默认只显示前 3 行，看更多需要点 See more 3）对于更多信息，可以用超链接或链接，如右图中方框内的部分	 	1）90/10 法则：工作、行业、公司等方面 90%，其他方面如娱乐等 10% 2）相对于 Home Update 来说，Company Page 可以适当做硬推	1）能够@你的 1 度联系及关注的公司或学校 2）建议分享频率为 1 周 1～2 次，展会或公司主要活动季时可 1 个工作日分享 1 条 3）1 个公司域名只能建 1 个公司主页，但可以建立 10 个产品专区

续 表

序号	Where（发布途径）	Suitable Content（适合分享内容）	Media（可支持的文件类型格式）	Title/Body（关于对标题/正文的字数要求）	分享内容截图	Pay Attention To（注意细节）	USP & Limit（是否可@，发布频率）
5	Showcase Page（产品专区）	1）细分品类的新产品信息 2）行业新动态 3）能对别人有帮助的信息	Image、Text、Video Link、Link	1）没有标题 2）正文不超过2 000个字符，建议字符数控制在500以内，前3行放重要内容，系统默认只显示前3行，看更多需要点See more 3）对于更多信息，可以用超链接或链接，如右图中方框内的部分		产品信息、行业动态等有价值的内容分享	1）能够@你的1度联系人及你关注的公司或学校 2）建议分享频率为1周1～2条，展会或公司主要活动季时可1个工作日分享1条 3）总共能建立10个showcase，每天最多只能建2个，个人建议精简地做5个，可以就某类产品系列建立showcase

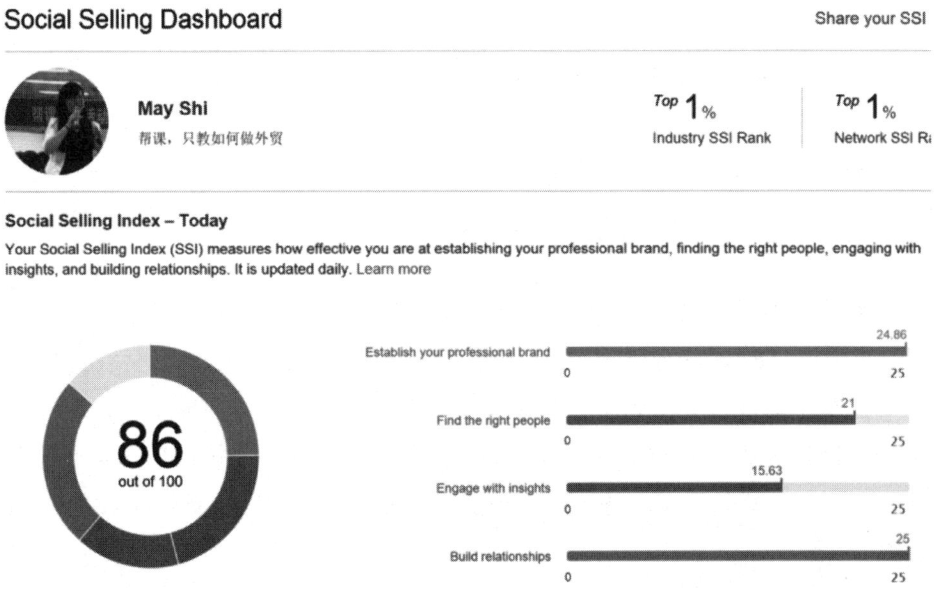
Social Selling Dashboard
Share your SSI
May Shi
帮课，只教如何做外贸
Top 1%
Industry SSI Rank
Top 1%
Network SSI Ra
Social Selling Index – Today
Your Social Selling Index (SSI) measures how effective you are at establishing your professional brand, finding the right people, engaging with insights, and building relationships. It is updated daily. Learn more
86
out of 100
Establish your professional brand
24.86
Find the right people
21
Engage with insights
15.63
Build relationships
25
0
25

图 9－1

图 9－2 所示的测试中，People in your Industry 代表你在你的行业的排名，People in your Network 则代表你在你的关系网中的排名。

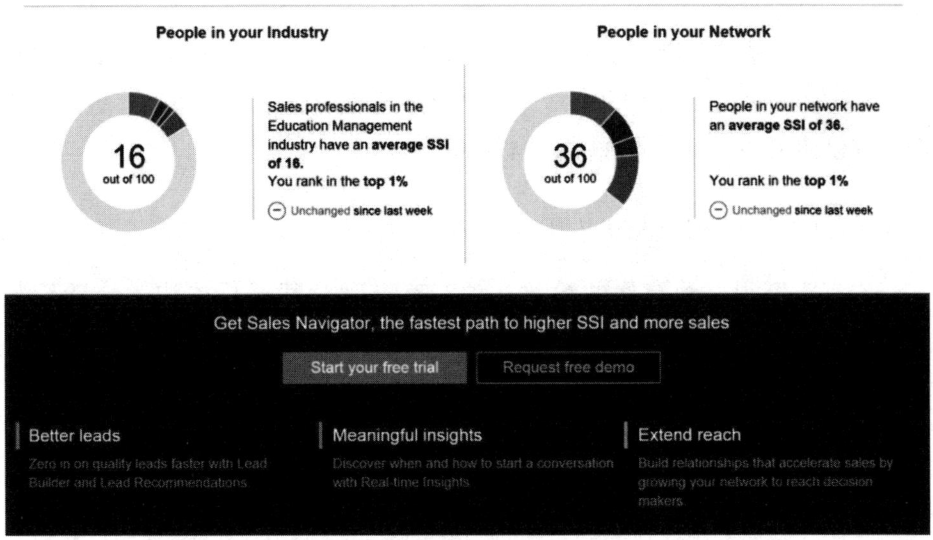
People in your Industry
16
out of 100
Sales professionals in the Education Management industry have an average SSI of 16.
You rank in the top 1%
Unchanged since last week
People in your Network
36
out of 100
People in your network have an average SSI of 36.
You rank in the top 1%
Unchanged since last week
Get Sales Navigator, the fastest path to higher SSI and more sales
Start your free trial
Request free demo
Better leads
Zero in on quality leads faster with Lead Builder and Lead Recommendations
Meaningful insights
Discover when and how to start a conversation with Real-time Insights
Extend reach
Build relationships that accelerate sales by growing your network to reach decision makers

图 9－2

三、提高自查分数，为营销做准备

接下来，我们来看一下如何从以下4个方面提升你的得分。

（一）Establish your professional brand

这里面包括了档案打造以及内容的适时分享。

我建议将档案完善到All Star（无敌级），并进行适度的SEO优化，展现并丰富作品文件，如Project、Picture，以及学会借力，如Recommendation、Featured Skills & Endorsements等，每个工作日分享1个Home Update，每个月分享1～2篇长文章，树立一个专业、爱分享、能给别人带来帮助的形象。

（二）Find the right people

找到对的人才能做对的事，比如你的行业定位是电子产品，但你所加的人多是一些做服装类的，这明显不是精准客户，只会事倍功半，损失了时间和金钱。

怎么找到精准客户？建议多用布尔搜索法，精准搜索条件，结合懒人搜索法、Who's viewed your profile，必要时请求第三方引荐，适当加入群组，以及每天登录使用LinkedIn桌面端和手机端。

（三）Engage with insights

你有没有很好地与你的粉丝互动？有没有对其进行关注，分享其发的文章？有没有定期分享一些你的人脉圈或潜在客户想了解的高质量内容？

在动态、群组、长文章中进行内容分享后，有没有一直坚持关注，并积极与粉丝互动？

我建议每个工作日分享1个Home Update，每个月分享1～2篇与行业相关的长文章，并且可以尝试适当@潜在客户，多与粉丝互动，在群里也多参与互动。

（四）Build relationships

这个很容易理解。你有没有找到决策人？有没有及时地、很好地进行关系维护？有没通过 Notification 提供的各种信息，以 Message 等方式个性化地和客户打招呼？是否经常关注其 Company Page 的动态？

我建议通过 Ask for introduction 找到决策人后，多进行关系的维护与互动。

以上是免费账号提高得分的几个要点，如果你需要迅速提高你的 SSI 得分，升级到付费账号，比如 Sales Navigator，也是一个比较快捷的选择。

第二节　在 LinkedIn 上发布长文章必备的 5 点知识

一、在哪发文章

登录 LinkedIn 英文版，在 Home 界面，就有 Write an article 按钮，见图 9－3。你可以直接在“https：//www. linkedin. com/post/new”里写长文章。

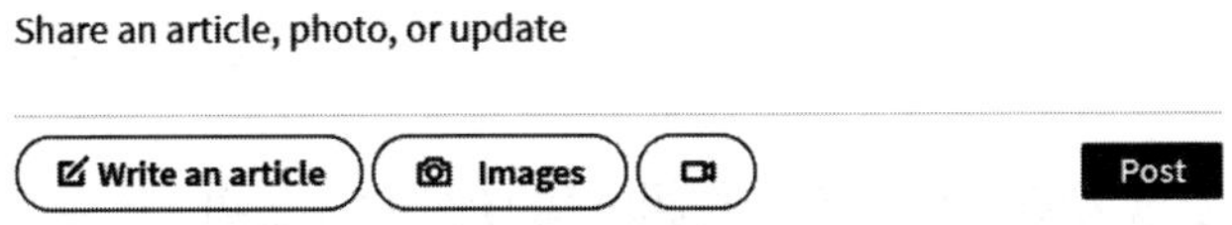

图 9－3

二、为什么你不能发长文章

发布长文章需要用到 LinkedIn 英文界面，并且建议将档案先完善到 All Star 级别，还要有一定数量的联系人。

三、发文 7 步走

Step 1：想好吸引人的标题。

Step 2：内容充实的正文（先在 Word 文档编辑正文，检查语法错误，然后直接复制、粘贴过来)。

Step 3：在正文中锦上添花地加上图片或视频。

Step 4：加上与文章话题相配合的背景图。尺寸要求：744 ×400 px，图片最好具有个性化特点，确保无版权问题，你可使用图片获取工具，如 canva. com。

Step 5：发布前加上#号（hashtag）标签，这个非常重要，它便于你的文章更多地出现在别人面前。

Step 6：在其他途径多次分享。

(1) 比如在 LinkedIn 内，可分享到 Home Update、Group Conversation 等。在 LinkedIn 外，可以分享到你的公司网站或个人博客，或是以链接方式分享到 Facebook、Twitter 等。

(2) 进行 LinkedIn Public Profile 的设置，确保 LinkedIn 站外即非领英会员也能通过 Google、Yahoo、Bing 等搜索引擎找到你。

Step 7：效果评估与互动。

在发布长文章的 3 个月内，需要密切关注分析，以及与给予点赞、评论、分享的人互动。最后，总结是否达到你预期的目标，需要完善和提高的地方在哪。

四、长文章发布之后有一些批评的评论怎么办

首先，你在发布前可以选择是否允许评论，见图 9 －4，当然我建议是允许。

图 9 －4

其次，如果有一些批评的评论，你需要抱着欣然接受各种不同观点的开放心态，礼貌对待，可以不失风度地发表不同的观点。如果有一些谩骂等不良评论，你可以选择删除评论，但是选择删除评论后所有人的评论都会被删掉。

五、分析工具知多少

LinkedIn 自带的分析功能已经非常好了，见图 9－5，对于浏览或分享过你的文章的人，你可以多和他进行互动。

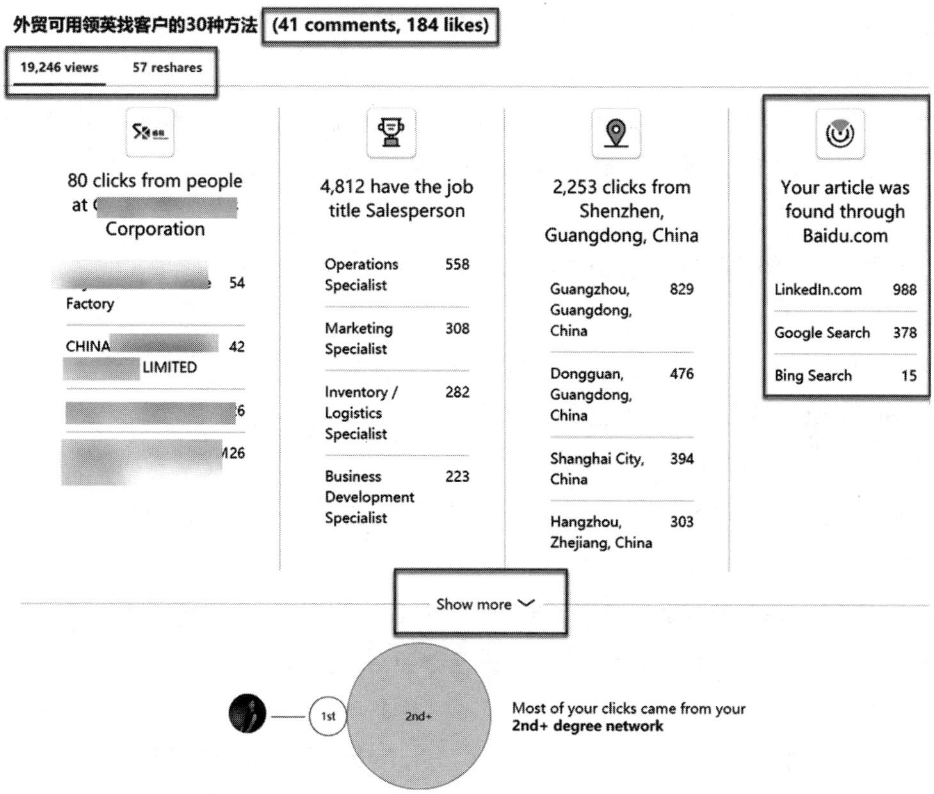

图 9－5

除了 LinkedIn 的站内工具，你也可以借助 LinkedIn 站外工具来评估效果，比如下面 3 个网站工具。

（1）buffer. com。

（2）buzzsumo. com。

（3）Bitly. com。

第三节　如何查看自己在 LinkedIn 发过的内容

一、自己发送的 Home Update、Articles 为什么在个人的信息流里看不到

（1）自己的 Home Update、Articles 在发布成功的时候，是可以在你的信息流（Home LinkedIn Feed）看到的，它代表你的更新发送成功，但很快内容会被淹没。

（2）当你的 Home Update 或 Articles 发送成功后，会让你人脉圈的人看到。

（3）展现给人脉圈的途径：LinkedIn Feed、Notification 等。

二、如何看自己发过的 Home Update、Articles

（1）在自己的"Profile——Your Articles & Activity"或"Home——Views of your post"能看到相关数据分析。

（2）可以通过如下途径被搜索找到。

①别人在 LinkedIn 站内以 Content 维度通过内容关键词或标签关键词找到。

②在 Google 等搜索引擎或其他第三方合作机构搜索到（前提是你的 Public Profile 设置为对所有人可见，并且可见内容包括了 Post & Articles）。

三、为什么你的 Home Update、Articles 不能排名靠前

这个取决于诸多因素，主要如下：

（1）对方的 LinkedIn Feed 的设置，他对哪些内容感兴趣。

（2）你的 Home Update、Articles 的质量、相关性（Views、Likes、Comments、Shares 的数量等)。

当看信息流时，可以按照 Top（热门）、Recent（最新）排列，见图 9－6，在时间一样的情况下，又会按热门度排列。

（3）你过往的文章质量、过往互动情况。

（4）你的人脉及其背后的人脉的强大程度（滚雪球效应，比如你的人脉广，或是人脉中有个大号，互动的人多，其背后的人脉也能看到，这就是为什么点击量有时往往是你的 Connections、Followers 数量的几十倍甚至几百倍的原因)。

（5）付费和免费账号的区别

这具体是多方面因素造成的，而每方面的权重又有区别。从一定程度上，你也可以理解为什么自己的 Home Update、Articles 点击量低，效果一般。就像一位学员的疑问："May 老师，我和我同事发了同样的一个 Video，为什么我的点击量在 4 天之内达到了近 1 万，收到近 30 个 Comments、11 个询盘；而我的同事只有不到 100 个点击量，0 询盘?"

你需要做的，就是不断提高你的 LinkedIn 精准人脉圈数量，提高内容质量。

图 9－6

另外你的信息流除了人脉圈的动态外，还会有一些 LinkedIn 系统推送的内容，比如标示为“Promoted”的广告，以及一些与行业相关的内容等。

第四节　在 LinkedIn 打造有价值的营销内容的 5 大原则及成功案例

一、在 LinkedIn 上做内容营销必须遵守这 5 大原则

（1）把读者放在第一位。

因为 LinkedIn 的职业社交属性，相比于 Facebook、Twitter、Instagram 来说，过于娱乐性或花哨炫酷而缺少实际价值的文案和视觉设计在 LinkedIn 上表现平平，而更适合 LinkedIn 的内容是涉及行业（职业）发展，解决行业（职业）痛点的内容，比如行业报告、解决方案白皮书，又或者是一些务实的建议或行业经验分享等。

（2）你是在提供帮助（润物细无声），而不是硬销售。

（3）把你掌握的知识免费传播出去（付出越多，得到越多）。

（4）如果以第一人称的口吻讲一个动听的故事会更容易引起共鸣。

（5）重视内容质量，用心去写（图文并茂）。

二、内容营销成功案例

图 9－7 是我 2015 年在 LinkedIn 上看到的一篇经典内容营销文章，是关于无人机除颤器的，虽然已经过去 2 年，依然还有不少阅读者，也有不少的点赞、评论和分享。有兴趣的朋友可一起学习。

这个案例具有如下特点：

（1）图片很吸引人；

（2）标题吸引人，抓住了大众希望世界和平的心理，符合对健康的诉求；

（3）点击链接，有详细介绍；

（4）很好的软文宣传，让人记忆深刻；

（5）提供了解决方案；

（6）会引起病毒式传播。

这篇文章的内容如果能配合一些图片，会更加吸引人。

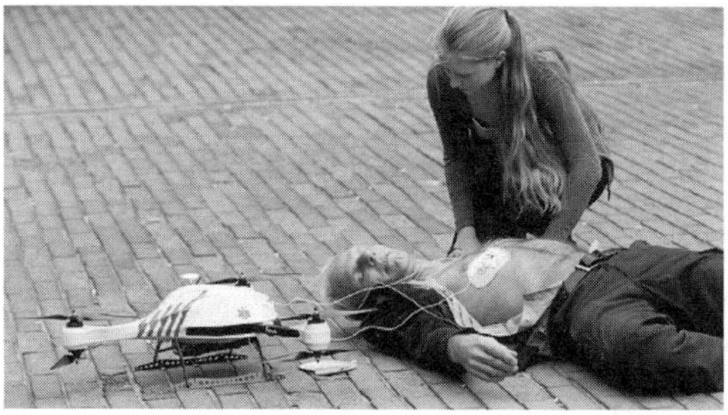

The ambulance drone that could save lifes: Flying defibrillator (by Alec Momont)

Published on September 4, 2015

Rui Garrido ✓ Following
Sales Specialist | Maquinário
14 articles

89,647 2,158 11,023

A Dutch student has revealed a prototype 'ambulance drone', a flying defibrillator able to reach heart attack victims within precious life-saving minutes.

Developed by engineering graduate Alec Momont, it can fly at speeds of up to 100 kilometres per hour (60 miles per hour).

Painted in emergency services yellow and driven by six propellers, the drone can carry a four kilogramme load - in this case a defibrillator.

'Around 800,000 people suffer a cardiac arrest in the European Union every year and only 8.0 percent survive,' Momont, 23, said at the TU Delft University.

'The main reason for this is the relatively long response time of emergency services of around 10 minutes, while brain death and fatalities occur with four to six minutes,' he said.

'The ambulance drone can get a defibrillator to a patient within a 12 square kilometre (4.6 square miles) zone within a minute, reducing the chance of survival from 8 percent to 80 percent.'

The drone tracks emergency mobile calls and uses the GPS to navigate.

Once at the scene, an operator, like a paramedic, can watch, talk and instruct those helping the victim by using an on-board camera connected to a control room via a livestream webcam.

The prototype has already attracted the interest of emergency services including that of Amsterdam, the Dutch daily Algemeen Dagblad said.

Read more: http://www.dailymail.co.uk/sciencetech/article-2811851/The-ambulance-drone-save-life-Flying-defibrillator-reach-speeds-60mph.html#ixzz3kmlIUHeC

Report this

图 9-7

第五节　LinkedIn 营销的内容来源

一、LinkedIn 营销的内容从哪里来

你可以从三个方面来找内容，第一方面是自己的原创内容，第二方面是伪原创，第三方面是经对方同意后直接分享原作者的文章。对于前两个方面，我建议内容可从如下来源中提取。

（1）行业网站。

（2）新闻网站、周刊。

（3）Blog。

（4）对原创稍加修改（在上面加上自己的评论等）。

（5）B2B 平台。

（6）行业展会。

（7）行业大事件。

（8）供应链渠道中的上下游故事。

（9）身边的大小事。

（10）平时自己的整理积累。

二、如何请外国人写文章、制作视频

如果你有了素材，但不知道如何写出符合国外客户喜好的内容，不妨先找个外国人帮你写文章、做视频。这个网站能帮到你“https：//www. iwriter. com”。

找外国人之前，首先，你需要清楚你的目的，需要表达的观点，把这些细节要求发给代笔的外国人。

其次，你需要知道找外国人写，你们也要不断磨合。因为没有一个外国人像你一样，这么了解你的产品，这么了解你文章想要面对的受众，因此需

要你提供一些原始素材（原始产品视频、说明书或是样品）给他们做参考。另外，刚开始你不需要将目标定得太高，预期在一次次的磨合之后才能越来越高。

最终，如果你找到了优秀的写手，不妨好好向其学习请教，如果能长期合作就最好了，如果基于经济或各方面考虑，不能长期合作，你也可以通过向其学习实现自己的成长，勇敢地迈出自己的第一步。

第六节　如何写出吸引眼球的标题

一个好的标题是成功营销的第一步，它可以吸引你的读者打开这篇文章。那如何写出吸引眼球的标题呢？

一、什么样的标题是好标题

首先，好的标题有以下 3 个特点。

（1）够简洁（所讲内容最好能用一句话概括成标题，如果不能请精简）。

（2）在标题中包含关键词（有利于 SEO，非常重要）。

（3）把读者放在第一位（多考虑读者喜欢搜索哪些内容）。

二、数据告诉你什么样的标题文字最受欢迎

Buzzsumo 做了一项关于什么样的标题最受欢迎的调查，得出了一些有意思的答案。

（1）在以 2 个词开头的 B2B 内容标题中，最受欢迎度的是 How To，其次是 The X、X Things、X Ways、Top X、What Is、The Best、X Reasons，如图 9－8 所示。

（2）在以 3 个词开头的 B2B 内容标题中，最受欢迎度的是 X Ways To，其次是 The Future Of、X Things You、How To Get、How To Make、X Reasons Why

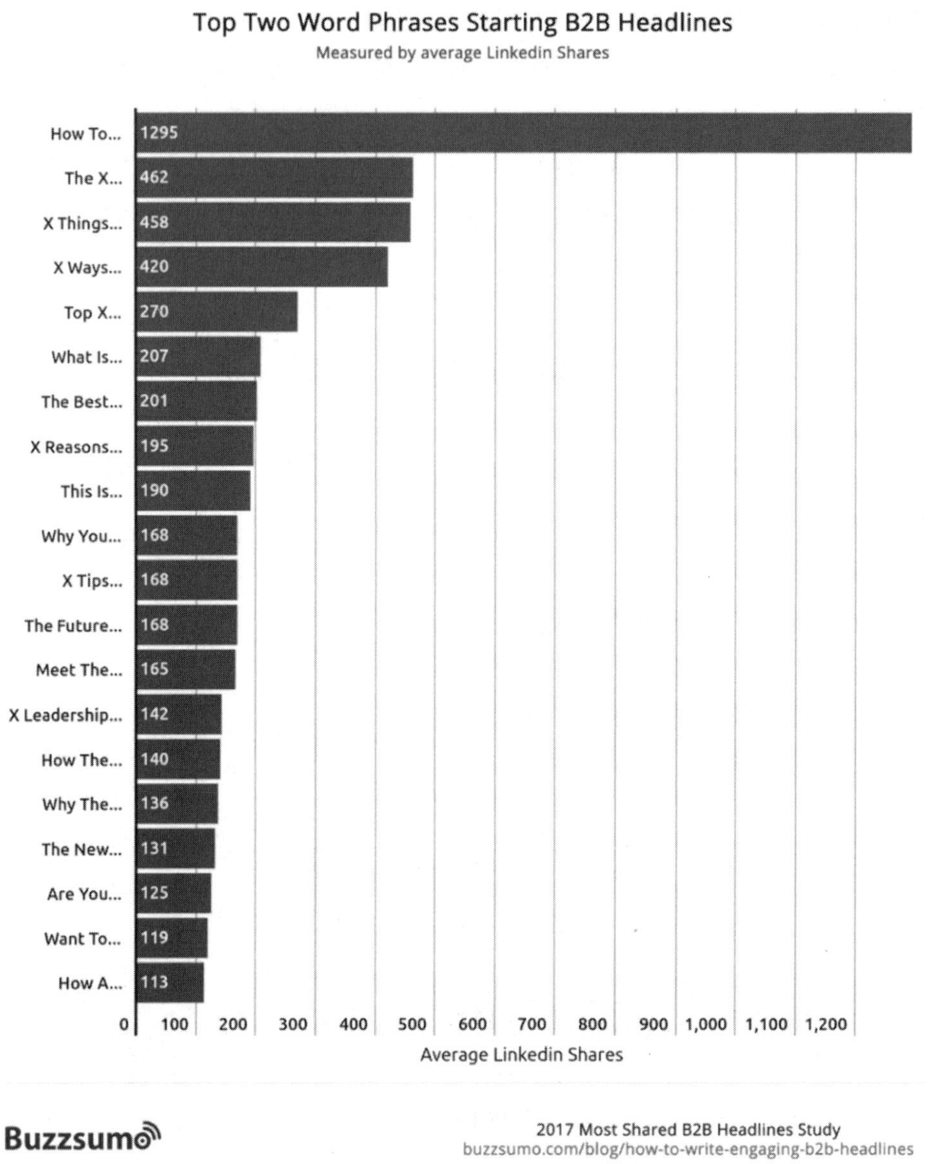

图 9－8

等，如图 9－9 所示。

（3）在所有数字中，最受欢迎的数字是 5，其次是 10、3、7、4、6，如图 9－10 所示。

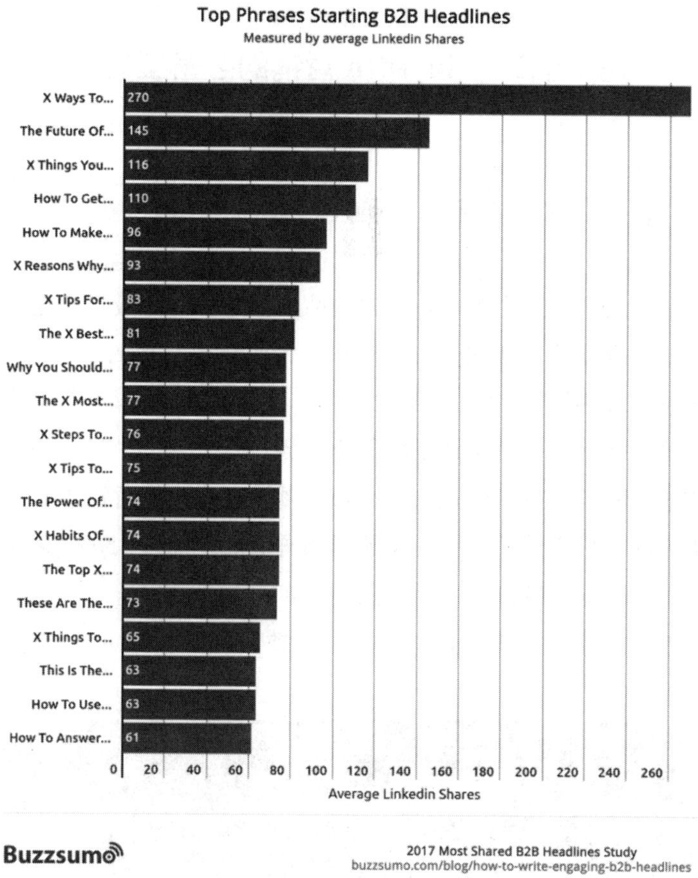
Top Phrases Starting B2B Headlines
Measured by average Linkedin Shares
X Ways To... 270
The Future Of... 145
X Things You... 116
How To Get... 110
How To Make... 96
X Reasons Why... 93
X Tips For... 83
The X Best... 81
Why You Should... 77
The X Most... 77
X Steps To... 76
X Tips To... 75
The Power Of... 74
X Habits Of... 74
The Top X... 74
These Are The... 73
X Things To... 65
This Is The... 63
How To Use... 63
How To Answer... 61
0 20 40 60 80 100 120 140 160 180 200 220 240 260
Average Linkedin Shares
Buzzsumo
2017 Most Shared B2B Headlines Study
buzzsumo.com/blog/how-to-write-engaging-b2b-headlines

图 9 – 9

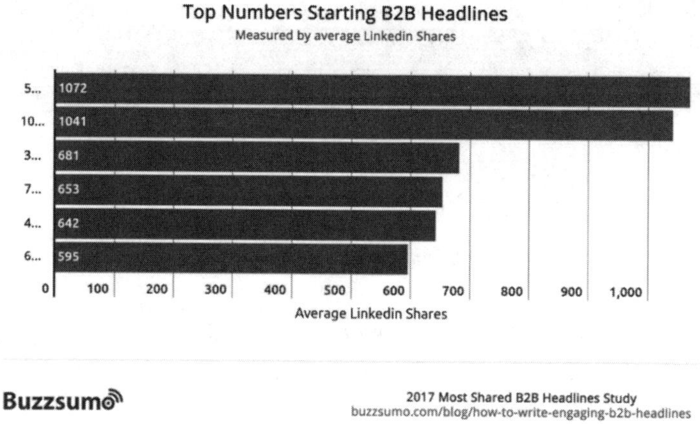
Top Numbers Starting B2B Headlines
Measured by average Linkedin Shares
5... 1072
10... 1041
3... 681
7... 653
4... 642
6... 595
0 100 200 300 400 500 600 700 800 900 1,000
Average Linkedin Shares
Buzzsumo
2017 Most Shared B2B Headlines Study
buzzsumo.com/blog/how-to-write-engaging-b2b-headlines

图 9 – 10

第七节　LinkedIn 营销的必备工具

一、内容营销必用工具——强大的 Buzzsumo

什么话题受欢迎？买手关心什么样的话题？竞争对手最受欢迎的内容是什么？在各大社交媒体的表现如何？怎样找到行业有影响力的人（或写手），并和其建立联系，以后多转发分享他的文章，或是深度合作，或请其帮你写文章、做视频等？如何根据关键词了解行业趋势？

以上的这些问题，我相信是每一个行业领导者、市场营销人员、社交媒体人员以及优秀的销售人员关心并希望能得到解决的。而今天我要给大家分享的这一个工具就能帮助你解决以上所有的问题。

什么工具这么神奇？就是 Buzzsumo，如图 9－11 所示。

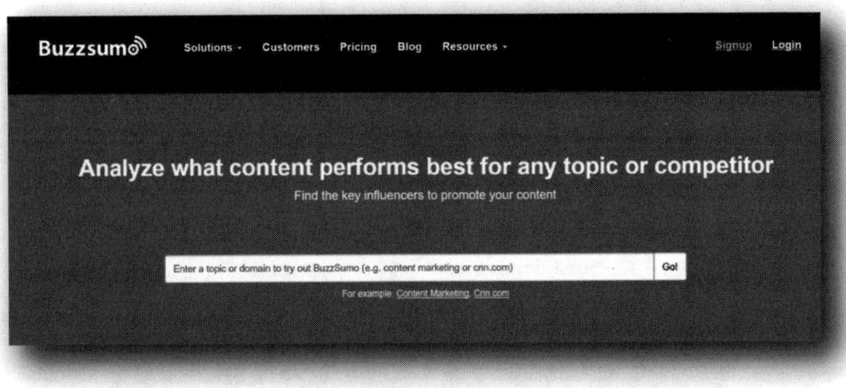

图 9－11

（一）搜索产品或品牌关键词

通过产品或品牌关键词等找出受欢迎的内容（包括文章等），以及它们在 Facebook、LinkedIn、Twitter、Pinterest 被分享的情况，如图 9－12 所示。

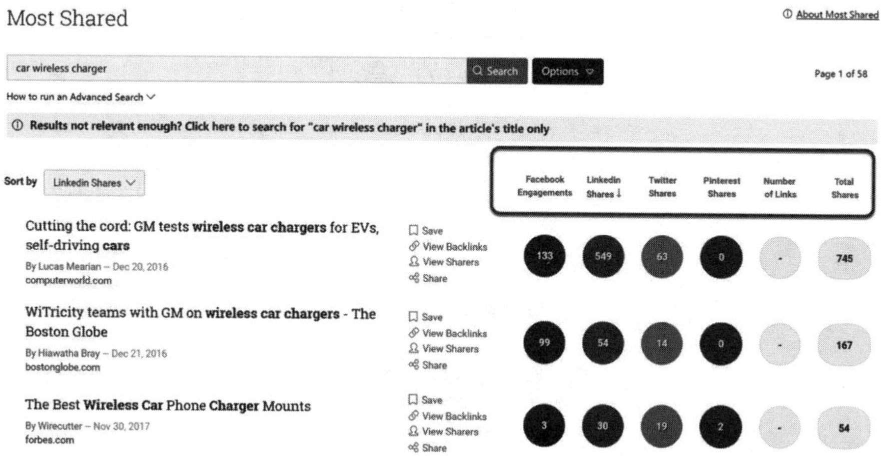

图 9 – 12

Tips

不注册，直接试用很容易达到每日搜索上限，所以这么好的工具，我建议大家注册使用，注册后可以免费试用，用 Facebook 或是手机注册（中国手机可以用），免费试用的权限是 14 天或是达到 100 条搜索。

（二）用关键词分类型搜索

用关键词，按类型来搜索，比如你需要找的是视频或 Articles，你都可以分类选择，如图 9 – 13 所示。有了这个工具，谁都可以快速成长为各方面内容的优秀制造者和传播者。

（三）按国家或地区搜索

比如你想重点进军美国市场、德国市场，你可以只专注于这两个市场的内容分析。

（四）可按语言搜索

（五）了解 Trending（趋势）

趋势包括了 News（新闻）、Sports（体育）、Entertainment（娱乐）、Tech

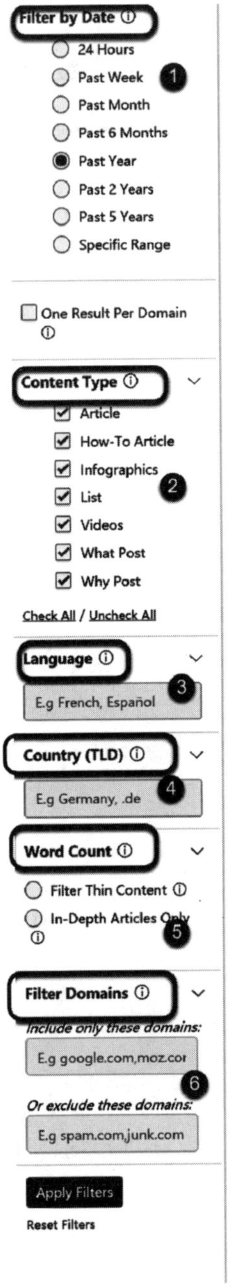

图 9－13

（科技）、Business（商业）等，见图 9－14。

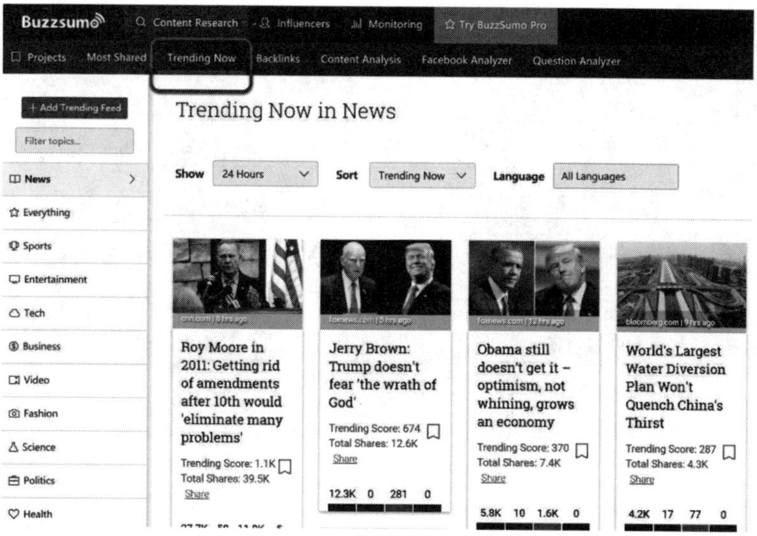

图 9－14

运用好这些，你还担心和客户没话题聊吗？从产品的趋势到闲聊时的娱乐、体育、保健等谈资全都有了。当然，你也可以通过付费升级个性化定义跟进某一话题的趋势，在任何话题、品牌或竞争方面保持领先。详情请在“http：//app. buzzsumo. com/research/most-shared”了解。

二、没话题，工具来帮你——Answer the public

偶然间我发现了一个非常不错的获取话题的工具，对获取内容营销素材非常有帮助，分享到我的 LinkedIn Update 里，一下子就吸引了 5 000 多的点击、近 100 个赞和 14 条评论，其中包括好几位外国朋友的评论，一位西班牙朋友竟然说：“May，You are my Super Star。”

来看看它是个什么样的神奇工具吧！我叫它 10 万个为什么收集者，网址“https：//www. answerthepublic. com”。

Step 1：打开页面。

如图 9－15 所示，打开页面会看到一个有意思的白胡子老头，准备迎接你的 10 万个为什么。他不是回答你的 10 万个为什么，而是收集大众所关心的问题。

图 9－15

如果你是新用户，不知道怎么使用，系统还会给你发送免费的邮件课程，教你这个网站的来源和使用方法，非常贴心。

请注意，这个网站是针对大众所关心的话题，所以有外贸小伙伴搜索 Tooling（工具）、Mould（模具）之类的词就会出现很少的结果，因为毕竟大众更多关注的是生活化的东西。

Step 2：输入产品关键词。

Step 3：点“Get Questions”，你就能看到各种问题。

最重要的是，这些问题被分类整理了，按照 HOW、WHAT、WHERE、WHICH、WHO 等，如图 9－16 所示。这些问题可按图表展示，也可按数据展示。如果问题特别多，还会按照 A 至 Z 的顺序排列，如图 9－17 所示。最重要的是这个网页支持下载，你把这些问题下载下来仔细研究，就是很好的常见问题的来源。

三、高质量无侵权的图片获取工具

我们在做内容营销时，往往会用到背景图，一张独特的背景图和标题一样会第一时间吸引阅读者打开文章，这些图片如果能自己设计最好。

可实际操作中很多外贸小伙伴还习惯用 Baidu 或是 Google 来搜索图片。这些网站的图片一是大众化、无新意，二是图片多不清晰，三是可能牵扯侵权问

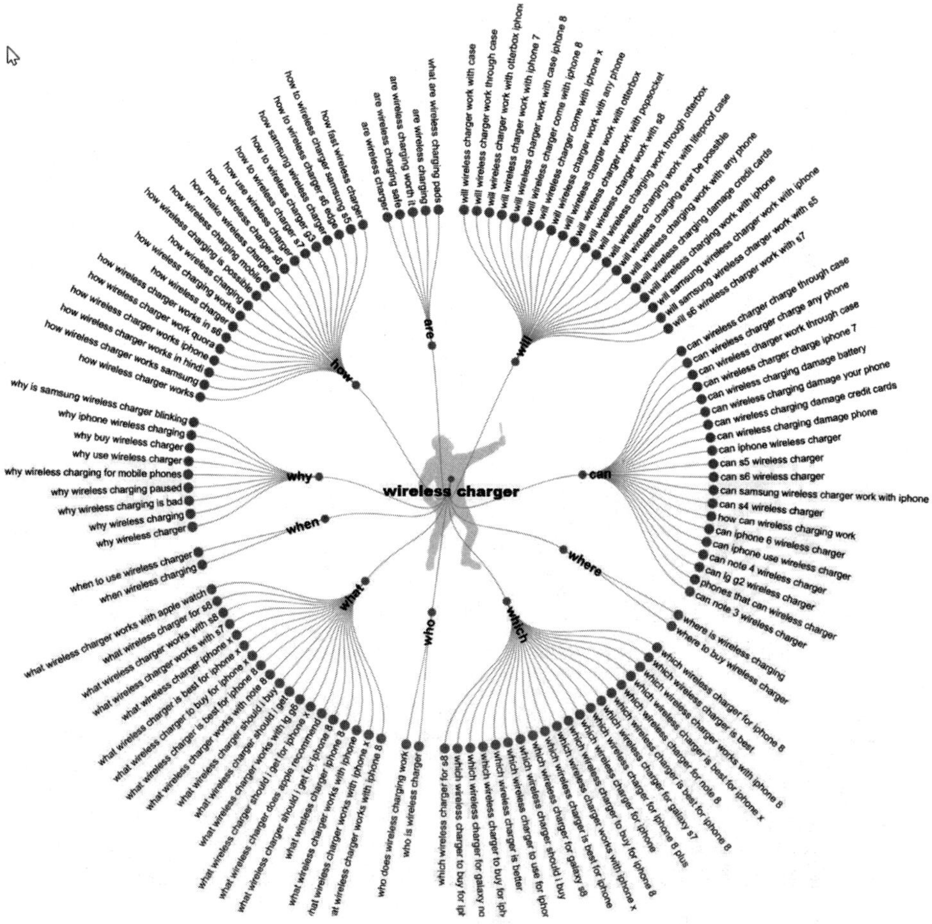

图 9－16

题，如果被人举报，要不账号受限，要不你一段时间内不能发文章。

所以呢，接下来的这些工具可以很好地帮你规避这些问题，给图片个性化自定义，不用担心侵权问题。

（一）“https：//www. canva. com/”

打开网站后你需要注册后才能使用，但非常值得，因为它特别好用。

亮点 1：系统有默认适合 LinkedIn Banner 和 LinkedIn Post（Articles）Header 尺寸的图片，见图 9－18。它和官方建议的最佳尺寸稍有差异，比如：LinkedIn Banner，官方建议为 1 584 × 396 px，canva 里默认为 1 400 × 425 px；

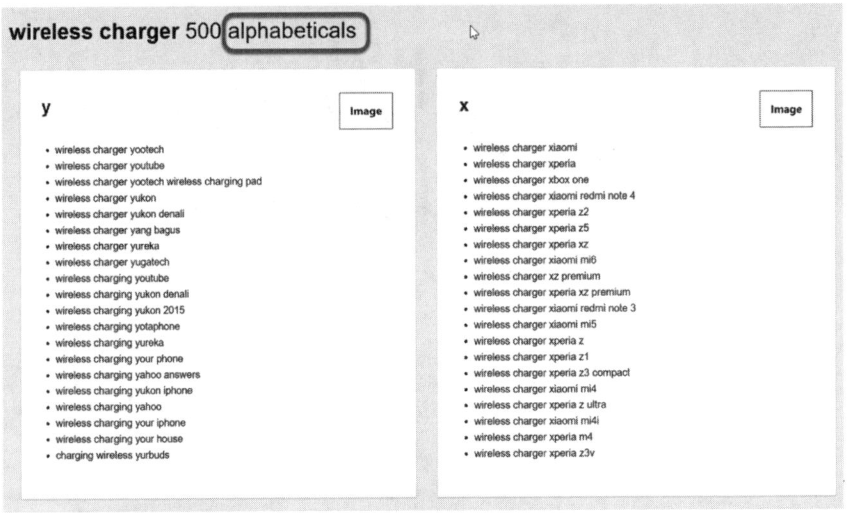

图 9－17

LinkedIn Post（Articles）Header 官方建议为 744×400 px，canva 里默认为 700×400 px。你也可以自定义图片尺寸。

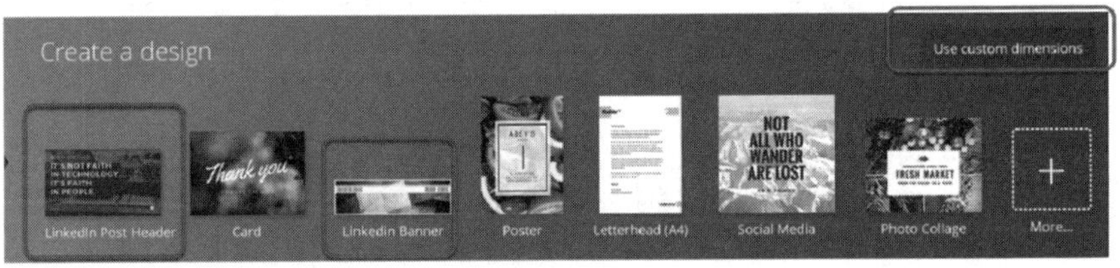

图 9－18

亮点 2：你能够在这里根据分类主题找到各类型题材的文件，并支持在此基础上再制作。比如你能想到的所有文件，都能在这里个性化制作，包括但不局限于：发票、邀请卡、名片、宣传册，从此给客户发贺卡、做名片、做邀请信、做产品简单宣传册都可以自己完成。

（二）“https：//gratisography. com/”

网页图片特点是清晰度高。

（三）“https：//www. splitshire. com/”

此网站的图片都是免费的。

（四）“https：//unsplash. com/”

此网站图片清晰度高且免费，方便于分类查找。

（五）“http：//deathtothestockphoto. com/”

该网站注册后能直接将符合你订阅要求的新图片发到你邮箱。

（六）“https：//www. picmonkey. com/”

此网站支持 DIY，你可以按你的创意去设计图片。

四、有计划性发布文章的工具——Buffer

（一）什么是 Buffer

Buffer（https：//www. buffer. com/）是一款帮助管理社交平台，让你有计划地发布文章、更新动态，并且省时省力的软件。

简单来说，它能帮助你有计划地发布和分析你的文章，如果是付费账号，它还可以一次完成多个平台的操作，节省了大量时间，提高了工作效率。

（二）Buffer 可以适用于哪些社交平台

目前主流的社交平台大部分都适用，比如 Twitter、Facebook、LinkedIn、Google+、Pinterest、Instagram。

（三）Buffer 能做什么

1. Schedule Post **（日程安排）**

Buffer 可以在预定的时间将你编辑好的内容发到各种社交网站上。

在这里，你可以将 1 个月甚至更长时间的内容都计划好，到时定时发送。

最重要的是，在时间上，你可以设定为工作日，比如周二至周四，你还可以设置好具体的时间，比如 8：30、12：30、5：50 这 3 个时间点，见图 9－19。系统会根据你的内容自动安排。当然，如果你临时有公司大事需要发送，也可以即时发送。

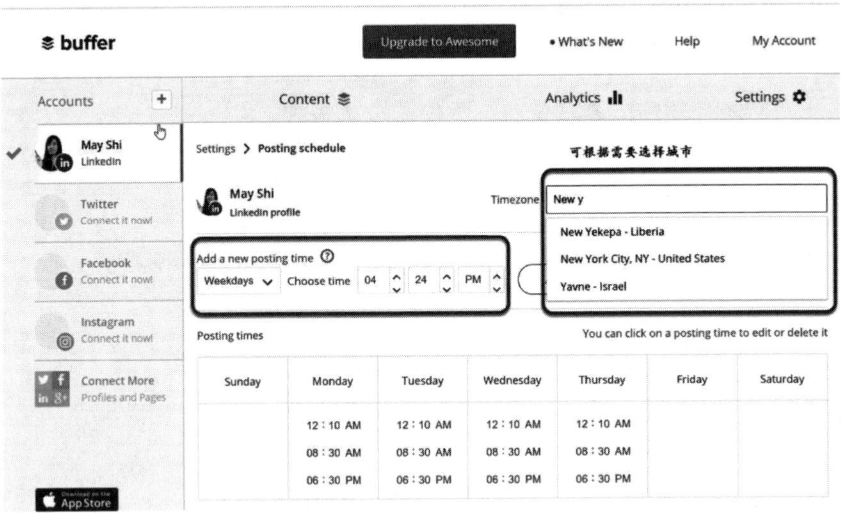

图 9 – 19

2. **统计最佳发送时间和频率**

根据多个知名权威机构如 Buffer、Hubspot 等的调查了解，在 LinkedIn 上最好做内容分享的时间如图 9 – 20 所示。

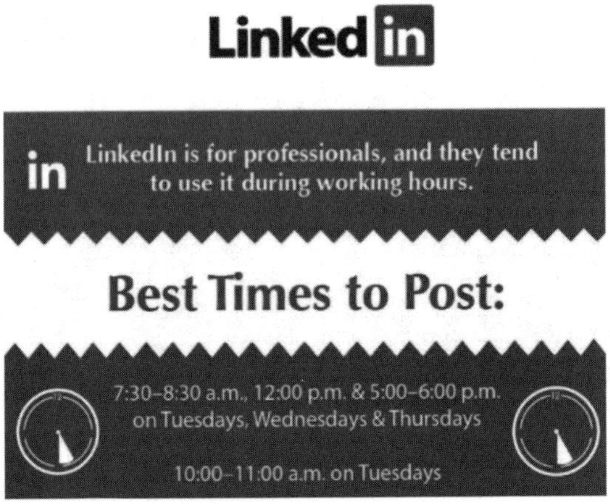

图 9 – 20

3. Shorten URL

Buffer 自带 3 种短链接工具（buff. ly、bit. ly、j. mp），自动生成短链接，简单易用，而且节省了时间。

4. **随时随地分享**

安装好 Buffer 插件后，假如你在 Google News、YouTube 或是其他行业论坛、某个网站上看到一篇不错的文章或者图片，你可以直接打开 Buffer 页面，将这篇文章分享到 LinkedIn、Facebook、Twitter 等社交平台上，而省去了登录社交平台、复制粘贴的步骤，让分享变得简单容易。

5. **数据分析**

Buffer 自带的分析功能非常不错，便于你了解你文章的受欢迎度、用户对其的反馈，比如点击量、点赞数和评论等，如图 9－21 所示，免费账号的分析功能相对比较粗略，但也基本够用。

Content
Analytics
Posts
Analysis
TOP POST
1）看到信用证就头疼？看到南美中东等国开过来的信用证更头疼？
2) 国外客户说其很大，国外客户特别是美国客户动不动谈个付款方式为O/A 60DAYS From B/L Date,或D/A 60 DAYS from B/L Date，客户信用到底怎么样，能否先简单查询下其国际信用评级，心里大约有个底，再和什么信保啊谈谈。
3） 韩国欧洲客户一定要做信用证，还要1/3正本提单直接寄开证申请人即客户，怎么办？
相信你的外贸中一定有遇到这样的问题，信用证，国际信用评级，怎么查？
希望这些问题，我能给你一些解决方案。
08:30 AM (CST) via Web
如何查客户及银行等的国际信用&提单背书（帮课）
https://buff.ly/2htEjup
如何查客户及银行等的国际信用&提单背书(试听课)更多外贸精品课程请登录：帮课 www.tradestudy.cn
0 Comments
17 Likes
93 Clicks *

图 9－21

每个社交平台有其特点，在 Buffer 上你能看到各社交平台的分析功能也稍有区别。

此外，Buffer 统计分析中的 Clicks 会比 LinkedIn 网站上看到的少，数据稍有不同。

6. 聚焦重点事件

Buffer 可以让你腾出更多时间聚焦在一些重要的事情上，比如和粉丝互动等，这才是社交营销的本质。

（四）如何用 Buffer

你可以用 Twitter、Facebook、LinkedIn 注册、登录 Buffer。

Buffer 分标准免费账号和付费账号，它们最大的区别是免费账号只能关联到 1 个账户（比如 LinkedIn Profile 或者是 Page，如果你想同时关联 LinkedIn 的 Profile 以及 Page 共两个账号，就需要使用付费账号），付费账号可以同时绑定 10 个以上的社交平台，真正做到一次操作，多个社交平台同步。

五、学习打造有价值内容的网站

给大家推荐一个网站，对于学习如何做有价值的内容帮助非常大："https://www.digitalbusinessacademyuk.com/"。这是一个由两位英国女性创办的网站，里面有大量可以学习的案例和测试你学习结果的问答题，每次学习完可以通过回答问题来获取积分。

打造有价值的内容是一个不断尝试的过程，先让自己行动起来，再不断去提高。

第十章 LinkedIn 如何与传统生意相结合

这里先给大家分享一个我学员的案例，他用 LinkedIn 近半年，就收获了 5 个客户，成交金额近 2 000 万元人民币，其客户包括美国知名大型零售商，其中 1 个客户已经实现成交首单 152 万美元。

为什么他能取得这么好的效果？并不是说 LinkedIn 有多么神奇，而是他是用主动出击思维找客户 + 传统方式跟进来实现真正的成交。

在这里，我特别想和所有的外贸小伙伴说，你不要将 LinkedIn 太理想化了，它只是一个社交平台，能让你快速找到客户或吸引客户、分析客户、情感营销或跟进客户。你不可将做好业务的根本外贸基本功忘掉，外贸销售员的职业加专业，了解产品、熟悉市场、分析客户、高效跟进、沟通谈判，这些基本功一样也不能少。

那如何将 LinkedIn 与传统 B2B 结合呢？下面我将其分为与传统展会结合，与传统 B2B 方式结合助力客户分析及跟进来给大家一一分享。

第一节　LinkedIn 助力展会，使展前、展中、展后效果最大化

展会季一年只有 1 至 2 次，机不可失，错过就要再等一年。因此，将展会的效果发挥到最大是每一个外贸人要孜孜不倦学习的内容。而 LinkedIn 作为社交媒体，也可以给参展助力，你有想到过吗？今天，我就给大家支支招，让大家用好 LinkedIn 这一利器，将参展的效果最大化。

一、展前

展前的主要工作是找到或吸引尽可能多的新老客户，确保带去展会的是合适的产品，这些事情 LinkedIn 都可以提供助力。

（一）发邀请信

想要使用 LinkedIn 给客户发邀请，你可以使用个人界面的 Home Update 和公司主页的 Update。我先给大家看一下国外的外贸人如何将 LinkedIn 运用到炉火纯青的吧！

（1）直接邀请客户到展位参观，如图 10－1 所示。

（2）抛出诱饵，吸引客户参观展位，如图 10－2 所示。

Javier Evelyn
CEO @ Alerje | Entrepreneur In Residence @ Code2040/Google
3d
Alerje was 1 of 7 startups invited to present at the 1st annual Food Allergy Science Initiative Symposium's Startup Fair at the Broad Institute (MIT & Harvard). It was an honor to share our vision for the future of healthcare.
(ā)
TREATMENT
LIFESTYLE
(āl'ər-jē)
(āl'ər-jē)
53 Likes · 3 Comments

图 10－1

BMW Group
6d
+ Follow
+++ BMW Group Online Get2Know – Where IT meets future mobility +++
Share your passion for information technology. On 24 January 2018 from 3pm to 9pm, we invite you to exchange ideas with us about future topics such as Cloudification, Big Data and Online Entertainment.
With exciting presentations, our experts will provide insights into the challenges that digital transformation brings. Following the presentations, you will have the opportunity to chat with our experts at our virtual fair stand and find out about individual entry opportunities at the BMW Group from our recruiters.
Have we sparked your interest? You can find information about the presentations and the registration page here: http://bmw.jobs/iw28KpSw
Click here to get to the Facebook Event: http://bmw.jobs/8KntLECV
We are looking forward to meeting you!
IT'S ONLY A GOOD IDEA ONCE IT'S PROVEN ON THE STREET.
SHARE YOUR PASSION FOR INFORMATION TECHNOLOGY.
812 Likes · 13 Comments
Like
Comment
Share

图 10－2

也有简单直接的德国、澳大利亚的外贸人，他们会直接写“Discussing ×××? Meet us at metplant at 2017 in perth”。

邀请客户参展时，你可以直接，也可以含蓄，比如你可以选 1 ~2 款你们最新、最有亮点的产品，以分享的口吻发布一个动态或文章，介绍其特点、市场反馈、大买家的评价、能给买家带来的利益，并附上“如果想更多地了解这款产品，亲自体验或是赢取首批样品，直接沟通交流，欢迎来我公司××展会”，最后，详细写明展会信息、摊位号等。

使用 LinkedIn 邀请客户的一大要点就是在你的邀请函中要体现出，客户来参展可以获得什么利益，他为什么要来你的展位。这个利益不一定是说免费的礼品之类的，可以是收获行业信息、知识，测试最新样品等。

（二）以主动出击思维找客户或服务机构

具体怎么做?

Step 1：你可以尝试着以展会名称，比如 CES，或展会机构，比如 HKTDC 来搜索，看是否有相应的群组，见图 10 –3。

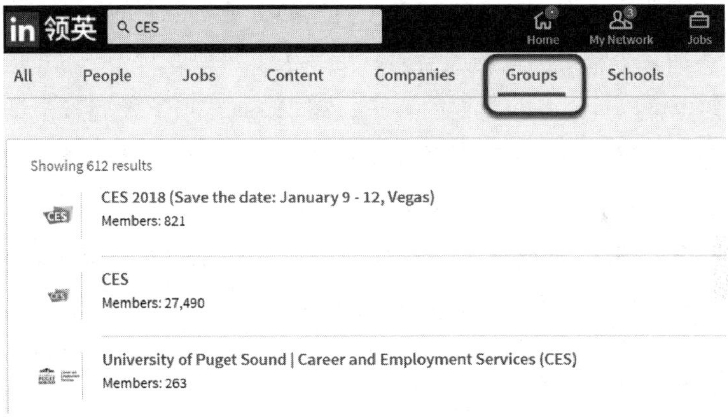

图 10 –3

Step 2：申请加入后，你有机会看到有价值的信息，比如展会动态、参展期间的优质买家见面会等信息。

Step 3：你也可以在群组里通过相关关键词搜索，如 Buy、Sell、Market、Trend、Meeting、Conference 等。在这里面你就有可能找到世界各国的买家。

（三）联系新老客户

除了传统的邮件、电话、个性化邀约，在设置好隐私保护的情况下，我们也可以将新老客户在LinkedIn中加为1度联系人，然后一对一和其联系，发Message；或是对方为非1度联系人，我们可用付费方案如Sales Navigator Professional的站内信（InMail）和其沟通。当然，一定要记得分享客户感兴趣的产品或有价值的信息，从而吸引新老客户来摊位。

在Message或InMail中告知客户你们将要参加某个展会，邀请其来你们的摊位，实际感受下你们的产品。一方面可以和老客户进一步联络感情，另一方面，让更多的目标客户知道展会信息，提升展会效果。

一对一联系时，请注意不要复制粘贴信息，避免让系统认为你是在群发骚扰垃圾信息而造成账号受限。

（四）和客户讨论所带的产品

加入相关行业及产品的专业群组是第一步，成为会员后，你要仔细阅读其群规。在不违反群规的前提下，你可以这样做。

（1）向行业达人取经，分享未来流行产品，请教他们的反馈。

（2）参加某个特定国家的展会时，更多了解当地人对于产品的喜好。

当然你也可以针对一些重要的客户，在Message项下发起某个话题，类似于微信群聊，你可以邀请1度联系人加入话题。这个要求比较高，你必须分享有价值的信息，而不是发骚扰信息或广告，不然被退群率会比较高。

具体操作：“Messaging——New Message”，出现提示“type a name or multiple name”后，还可以给话题命名。

（五）新产品宣传

在LinkedIn宣传新产品的时候一定要记得写作内容要有价值，千万不要硬推销，引起客户反感。具体情况参见第九章。

（六）请教新产品的设计问题

想在LinkedIn向高手请教产品设计风格或彩盒设计风格的问题，具体怎么做？

（1）在你的Home Update界面发需求，你可以选择向所有人公开你的需求，也可以选择仅联系人可以看到。

（2）主动出击，有的放矢。

第一种方法：在搜索群组界面，输入需求关键词，如 Designer，找到相关的群组，在群组中发送你的需求。

第二种方法：搜索与你的需求关键词相关的公司，然后和相应人员联系。

第三种方法：用关键词搜索内容，再和相应人员联系。

以上三种方法虽然相对来说比较烦琐，但是找到专业人士的概率会比较大，针对性也比较强，你可以多多尝试。

（3）尝试用目前 LinkedIn 官方最新推出的产品 ProFinder。

这是 LinkedIn 2017 年推出的一个重要产品，可以在里面找你需要的合作伙伴，基本上都是自由职业者。比如，你需要找 Designer，你输入 Design 会出来各行各业的设计师，你再选择适合你的，然后递交你的需求，就会收到一些回复。最后你可以考虑是否雇佣他（她）。截至 2018 年 3 月 27 日，此功能还只在美国区域开放，现在阅读本书的你，不妨可以试下是否现已向中国开放此功能了。

具体如何运用 ProFinder？在英文界面下，“Work——Visit More LinkedIn Products（访问更多领英产品）”项下就有 ProFinder，系统会一步步提示你如何操作。

（七）利用宣传册宣传行业话题或分享知识

Slideshare 是 LinkedIn 花大价钱收购的，也是全球最大的 PPT 集散地，你不用是不是太浪费了？至于怎么用，你可以动动脑筋思考一下，目前在付费方案的“visit more LinkedIn products”项下，也可以在如下链接了解更多相关信息“https：//www. linkedin. com/help/slideshare/”。

二、展中

展会过程中，利用 LinkedIn 吸引客户最好的办法就是在 LinkedIn 中多分享摊位的图片，以及展会的实时有价值报道。让不来你摊位的客户看了心痒痒的，也想来你摊位看看，效果不就达到了吗？

那么具体应该怎么做？放哪些照片更合适？用什么形式放？下面我给大家

一一道来。

照片最好选择放一些摊位最受欢迎的产品，或者到你展位参观的知名买家、名人。直播则要多放与你产品相关的展会消息、新闻。

至于形式，当然是要多样化。可以有图片、视频，还有 PPT，全方位展示你公司的产品、服务、品牌等内容。

图 10 -4 是一个成功案例。要想做得好，内容是关键，大家和我一起看下这个展会报道是如何吸引到近万人关注的吧。

Director at EFENP Automation P Ltd
The greatest pleasure in life is in doing what people say you cannot do. Ehang China unveils world's first passenger drone, the Ehang 184. It has a small cockpit in the middle capable of carrying a single passenger. Ehang says their vehicle is the world's first commercially available self-flying aircraft. As per the report, Ehang184 had undergone more than 100 test flights at low altitudes near Guangzhou. Join with me to congratulate the team of Ehang Watch https://lnkd.in/fH5WRsD show less
Like · Comment · Share · 11048 889

图 10 -4

点评：这个案例有如下几点地方，值得大家学习。

（1）图片很吸引人。

（2）第一句话引发人的好奇心。

（3）有结合链接，方便读者点进去了解更多信息。

（4）借用第三方话语，亲切、可信度高。

好了，问题来了，作为销售人员，你大部分时间都在展会，没时间来处理分享这些信息怎么办？将你随手拍摄的素材分享给你的同事，团队合作就可以了。

三、展后

展会结束了，你的营销工作并没有结束，展后跟踪对于提高展会效果至关重要。展会后 LinkedIn 可以帮助你做些什么呢？

（一）分析客户

（1）客户公司规模如何，主营产品、成立时间、分公司情况，你从其公司主页的公司简介及员工情况中都可以找到答案。

（2）公司的最新消息、大事记、团队情况、产品促销信息、销售季节，你都可以从 LinkedIn Company Page Update 里获得。

（3）公司的合作伙伴。你能从对其公司主页发布的动态点赞、评论的人中找到该公司合作伙伴的蛛丝马迹。

（4）至于客户个人方面，这个人的档案就是需要你重点研究的地方，比如他长什么样，是什么头衔，在哪个学校受过教育，什么领域是他的专长，他曾经在哪些公司工作过，合作过什么类型的客户，工作能力或风格，志愿者经历，取得过什么证书，参加过哪些课程，你都会在档案中获得。

（5）了解公司上下游、合作供应商、合作买家信息。这些信息你在 Mutual Connection、Connection、Recommendation、Featured Skills & Endorsements 中会找到。

（6）对方成为你的联系人后，你还能以 LinkedIn 官方许可的正规方式看到其邮箱或电话。

用 LinkedIn 你可以一站式全面分析了解客户，图 10－5 是一张思维导图，它会告诉你用 LinkedIn 分析客户可以分析哪些方面的内容。

（二）和客户打招呼，维护关系

加客户为联系人后，和客户“Say Hello”，就展会聊天中的某个点适当夸奖客户，争取和客户先混个脸熟，开展情感营销，不可一开始就进行业务话题讨论。

当然，如果展会上你们没有细谈，你也可以在展会之后仔细研究其档案，

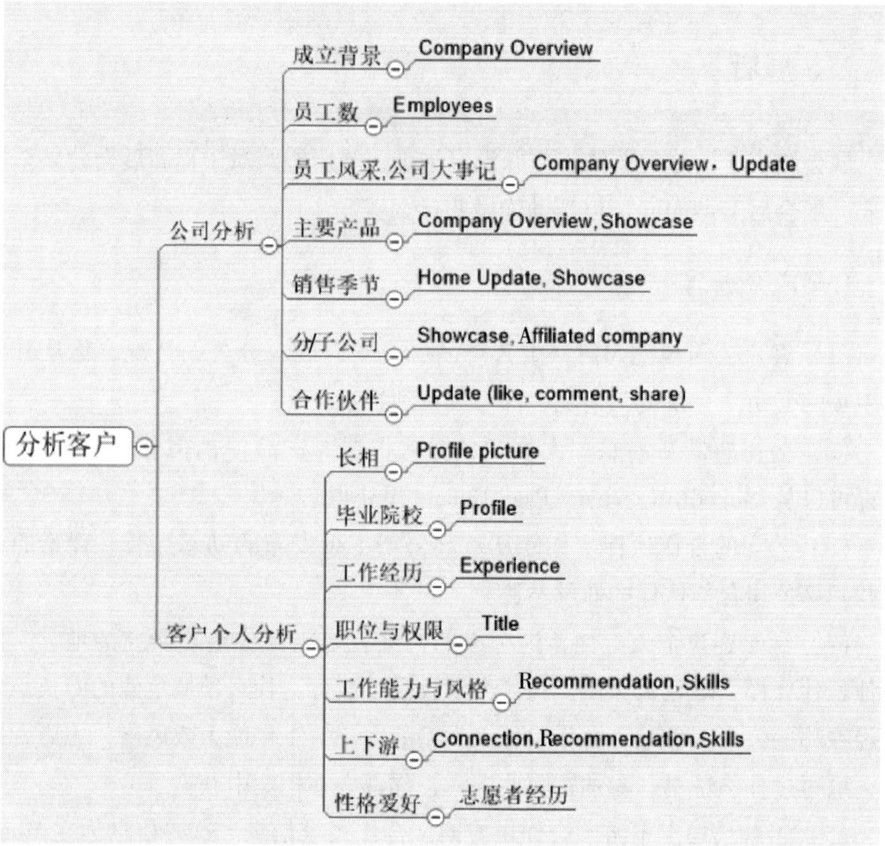

图 10－5

根据他的特点、风格、喜好和他沟通，引起其兴趣。在客户 Update 中找话题，和其打招呼、维护关系不是什么难事。比如你看到他说最近要参加展会了，你可以提供你力所能及的帮助，分享更多的行业信息、市场信息，以便其做更多准备。另外，你可以多和他分享你们行业的最新情况，比如价格波动、行业大事件之类的，以便其能和他的客户快速沟通。

（三）撰写总结报告，分享展会信息

分享展会过程中哪些是公司热销的产品、行业流行的趋势等，不要吝啬你获得的信息，大胆地分享给你的潜在客户，只要不是商业机密的信息都可以分享。

（四）邀请客户来访

根据其履历、兴趣爱好，准备接待工作，用这招，我可是尝到了大大的甜头。

客户有什么工作经历，比如做过几年的工程师，现在是项目经理，那可以想象，面对面谈判时，你一定要让你们的工程技术团队到场，这样才不至于客户问你工程技术问题时一下子答不上来。

关于客户的饮食习惯貌似不太容易获得，但只要你将客户的 LinkedIn 与 Facebook 结合起来，就不是什么难事了！

LinkedIn 的展会运用思维和方法都教给大家了，有没有效果，好不好用就看你肯不肯下功夫钻研使用了。

第二节　与传统 B2B 方式结合，助力客户分析与跟进

一、了解客户背景与喜好

在开始这节之前，我想先给大家分享一个我外贸生涯中的小故事。

有一天，我在 Alibaba 上收到了一个加拿大客户的询盘，询盘大意是咨询一款我们的遥控飞行器，随后一段时间，我们都保持很不错的邮件沟通。约定一个月后，客户来我们公司拜访，更好地了解彼此的产品和公司等。会谈结束后，正值午饭时间，我邀客户共进午餐。

来到餐厅，我与客户谈笑风生之间，商定了要点的食物，客户非常惊讶地看着我问：“May，你怎么这么了解我？我爱吃什么，不吃什么，你都知道，我来中国这么多次，你是第一个不需要和我提前沟通，完全能点出我喜欢的食物的人。还有，刚刚的谈判，我想要了解的工程技术问题全部得到了解答，非常好，我来过中国很多次，不得不说，有些工厂或贸易公司，我无法和他们很深入地沟通，他们的销售好像只懂得价格似的，再谈稍深入一些的，比如产品结构等，他就只会嗯嗯啊啊了。”

我笑而不语，心想，其实我也没有这么厉害，是 LinkedIn 帮助了我。

故事讲到这里，你也许会好奇，LinkedIn 是怎么帮我的呢？其实，非常简

单，我就是稍微研究了下客户的 LinkedIn Profile，了解了客户的背景和喜好，并提前做好准备。

（1）通过 LinkedIn Profile，我了解到客户的工作经历，都是工程技术背景相关的工作与专长。针对客户的这个特点，我提前 1 个月和我们公司沟通，告诉老板有客户来访，且客户有工程技术背景，需要安排我们工厂相应的工程技术人员参与会议。

（2）通过 LinkedIn 和 Facebook，我了解到客户的私人信息，发现他是素食主义者，这在加拿大的客户中并不常见。基于此，我提前了解了公司附近的素食餐厅，找到了比较符合客户喜好的用餐地点。

由于我的准备工作比较充分，整个会议以及饭局客户都非常满意，留下了很好的第一印象。

故事听完了，至于 LinkedIn 具体能如何助力外贸，如何助力传统 B2B，相信大家心中已有答案了吧。

二、结合事件开展营销

事件营销是可遇而不可求的，那在 LinkedIn 里面，如何抓住并运用呢？

分享我一个学员的案例。当时西班牙遇到了枪击事件，有人员伤亡，我那个学员的很大一部分客户是西班牙的，他就在 LinkedIn 上发了一个祈祷世界和平的 Home Update，引起了西班牙客户的好感。

再比如 2017 年国内很多不符合环保要求的工厂都被关停整顿，原材料价格大幅上涨，很多海外买家不理解、不接受中国工厂的涨价行为。这时你就可以收集各方面原材料上涨的数据，再结合你行业用到的主要原材料，列举你的产品价格为什么要上涨、上涨幅度等，写篇“The 5 Reasons Why Most Chinese Electric Items Supplier Increase The Price”之类的文章，这样有理有据的解释，买家就相对容易接受。

那么问题来了，从哪里获知这些事件呢？

这需要你平时养成一个好的习惯，对于国际新闻、国际要事等保持关注，形成一定的敏感度。

你可以从如下途径进行关注。

（1）Google Alerts 订阅。

（2）Google Trends。

（3）BBC news。

（4）《彭博商业周刊》。

（5）行业论坛。

（6）在 LinkedIn 站内，你可以订阅感兴趣的话题，选择你所在的行业或加入相关群组并适时关注。

三、加强与客户的情感交流，开展营销

LinkedIn 上的 Notification 模块，是非常好的情感营销的素材来源。这里面会有你人脉圈所有人的实时动态，比如客户过生日了，公司周年庆了，找到新工作了，看了你的文章或动态并评论了、点赞了、转发了等，都可以成为你给其发个性化的信息的切入口。

注意，系统模板式的信息毫无新意，也无法让联系人记住，一定要发个性化的信息。

如何发个性化的信息呢？我给大家分享一个案例。

我的一个联系人有了新职位，升级为副总裁了，我给其发送了图 10－6 所示的个性化的祝贺。

Executive Vice President at (ABC TV, SKY Vision)
Yesterday
Hi John,
Wow, VP, cool job.
Congrats on the new gig! Hope you're doing well.
May Shi
11:51 AM
Thanks May. It sure is. Teaching trade is also cool.
11:53 AM

图 10－6

通过对话我知道客户看了我的档案且愿意和我聊，那如何深入沟通呢？我第二次回复，如图 10－7 所示。

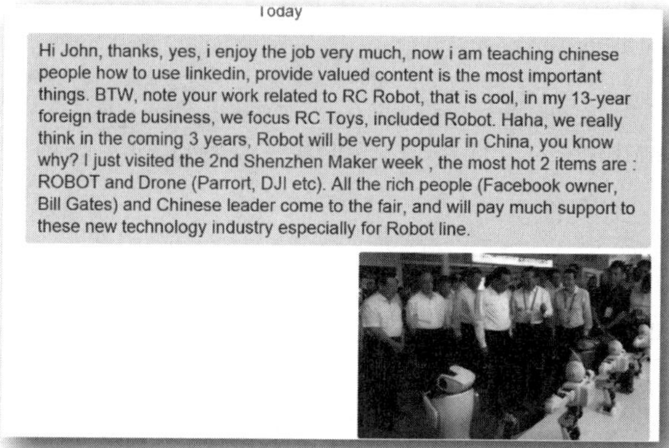
Today
Hi John, thanks, yes, i enjoy the job very much, now i am teaching chinese people how to use linkedin, provide valued content is the most important things. BTW, note your work related to RC Robot, that is cool, in my 13-year foreign trade business, we focus RC Toys, included Robot. Haha, we really think in the coming 3 years, Robot will be very popular in China, you know why? I just visited the 2nd Shenzhen Maker week , the most hot 2 items are : ROBOT and Drone (Parrort, DJI etc). All the rich people (Facebook owner, Bill Gates) and Chinese leader come to the fair, and will pay much support to these new technology industry especially for Robot line.

图 10－7

点评：既然客户愿意和你聊，那如何聊他感兴趣的话题很重要。话题从哪来？从他的档案中来，同时要结合你的产品。

后面我们一步步聊到了工作、生活，有了这一次的沟通，客户对我留下了深刻印象。后面客户来了中国，我们见了面，并且成为了很好的伙伴，他给我们的 Robot 设计提出了不错的建议。

Tips

外贸中给客户送礼物是很好的维护感情的一种方式。根据 LinkedIn 上获得的其性格特点，再加上你通过他的 Facebook 对他的了解，要让其觉得暖心岂不是非常简单？比如我曾经就整理了一个俄罗斯客户的所有图片，做成一个纸质新年台历送给客户，客户开心得不得了。

第三节　LinkedIn 与企业官网或个人网站的结合

如果大家留意国外客户的网站就会发现大部分的官网都会有 Facebook、

LinkedIn、Twitter、Pinterest、YouTube、Instagram 等链接，这充分说明了社交平台的重要性。

做了 LinkedIn 的个人职业档案或公司主页，当然希望多处推广，被人知道，让别人通过仔细查看你的个人职业档案或是关注公司主页，与你产生互动，比如加为联系人或是带来销售机会。又比如说你分享了不错的文章，当然希望有更多的人能分享，带来更多的 2 次或 3 次传播。而 LinkedIn 提供的各种插件，非常方便，你可以根据使用场景的不同，将这样的插件集成到你的网络中。

一、在哪里找到 LinkedIn 提供的各种插件

"https：//developer. LinkedIn. com/plugins#" 中就有 LinkedIn 提供的各种插件，你可以根据自己的需要定制。比如我在我的个人网站上发表了一些文章，而且希望别人能转载，我就可以使用"Share（分享）"这个插件；再比如我在我的个人博客写了一篇文章，然后想推广下我的 LinkedIn 公司主页，想引起更多人关注，我就可以使用"Follow Company"这个关注公司主页的插件。

二、有哪些插件可以选择

如图 10－8 所示，外贸小伙伴用得比较多的是 Share、Member Profile 等，而外贸管理者用得比较多的是 Follow Company、Company Profile。

三、如何使用插件

这部分你稍懂点网站知识就可以完成，如果完全不懂，可以找你们的网站建站同事帮助。

下面给大家分享两个案例。

（一）案例 1：插入 Follow Company 插件

选择你需要的 Company/Showcase Page Name，你可以看到目前关注该网页的粉丝数，点"Get Code"，将编码复制下来，放到你需要进行定制插件的网站就好了，见图 10－9。

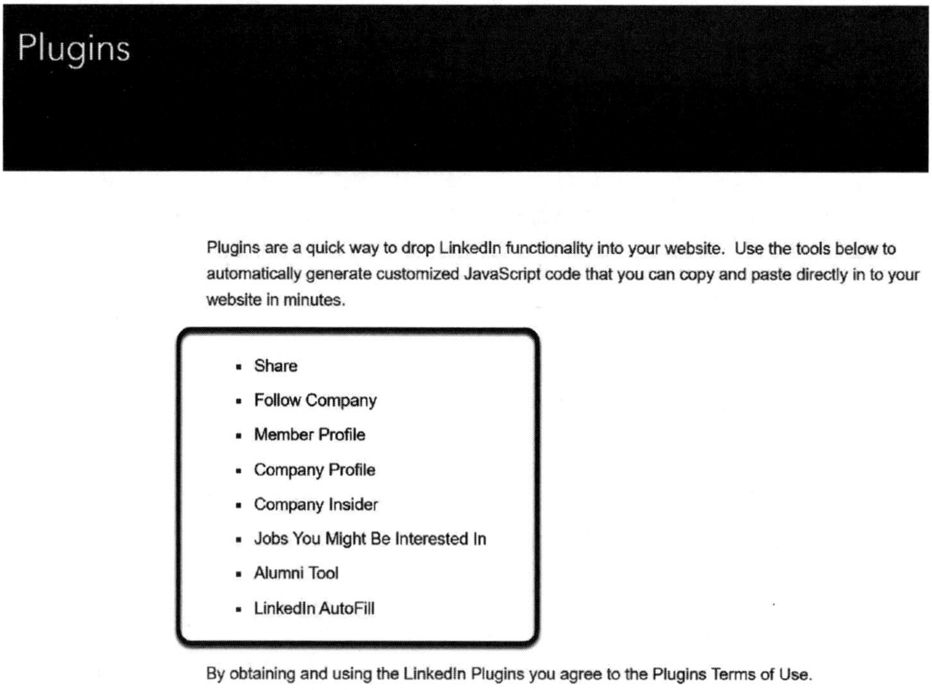
Plugins
Plugins are a quick way to drop LinkedIn functionality into your website. Use the tools below to automatically generate customized JavaScript code that you can copy and paste directly in to your website in minutes.
Share
Follow Company
Member Profile
Company Profile
Company Insider
Jobs You Might Be Interested In
Alumni Tool
LinkedIn AutoFill
By obtaining and using the LinkedIn Plugins you agree to the Plugins Terms of Use.

图 10－8

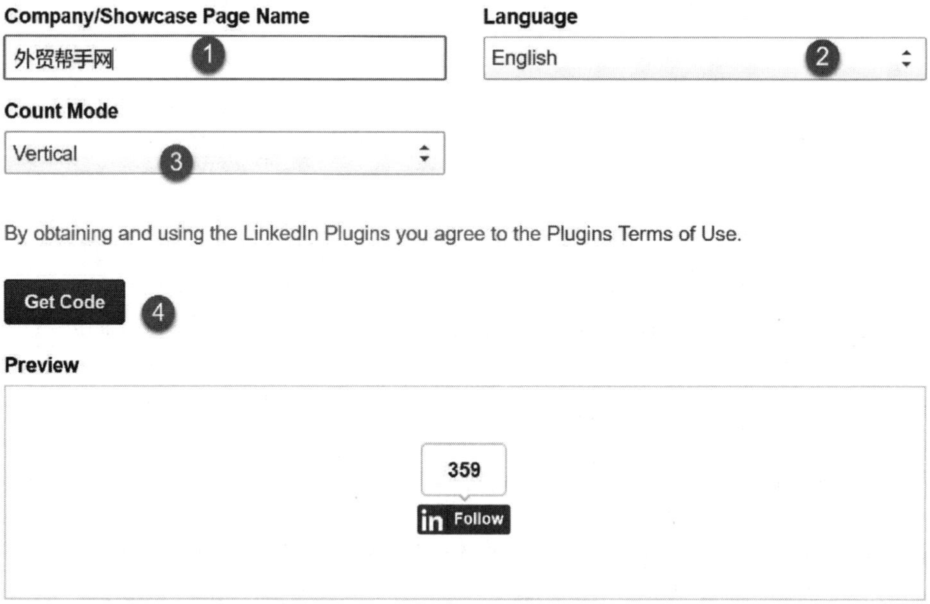
Company/Showcase Page Name
外贸帮手网
1
Language
English
2
Count Mode
Vertical
3
By obtaining and using the LinkedIn Plugins you agree to the Plugins Terms of Use.
Get Code
4
Preview
359
in Follow

图 10－9

（二）案例2：插入 Member Profile 插件

操作方法与 Follow Company 插件类似，你可以将自己的档案图片链接放在邮件签名或个人博客等中。

图 10－10 是我的个人博客上加了 Public Profile Badge 的页面截图。这样访客在看我的博客时，也可以通过点“View profile”更加全面地了解我。

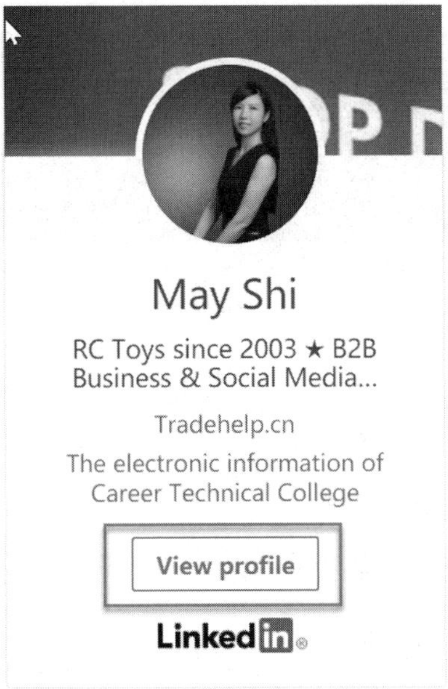

图 10－10

另外，LinkedIn 也针对付费广告用户，推出了一项非常实用的功能，用户可以查看访问自己官网的人员的详细情况，比如 Country、Location、Industry、Company、Company size、Job title、Job seniority、Job function，这会让你的营销跟进更精准。

详细信息可以参考如下的链接“https：//business. LinkedIn. com/marketing-solutions/website-demographics”。

第四节　超好用的名片扫描功能

领英中文版手机 APP 提供了一个非常不错的功能——名片扫描，我个人觉得非常棒，其亮点为：除了基本的名片扫描功能，当扫描完成后，如果此人也是领英会员，系统会提示你是否需要和其建立联系，如果需要，可以直接发送 Invitation。

具体如何操作？

Step 1：下载安装领英中文版手机 APP；

Step 2："我——我的名片——扫描新名片"。如图 10－11 所示：

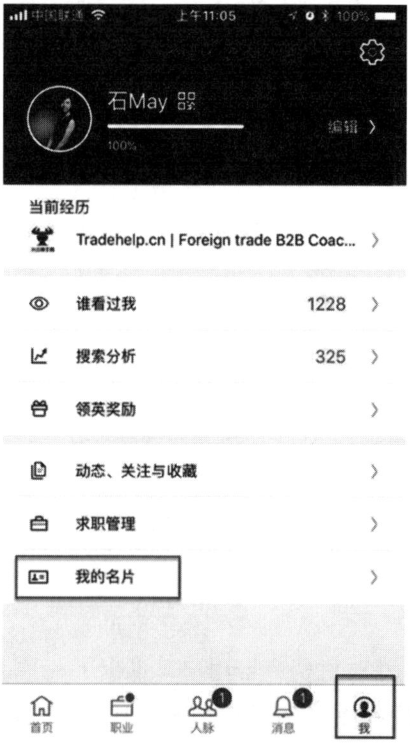

图 10－11

这样，对展会客户和其他来源的客户都可以很方便地进行管理。

最后，祝大家利用 LinkedIn 助力外贸，收获多多！

书目介绍

乐 贸 系 列

书名	作者	定价	书号	出版时间
国家出版基金项目				
1. "质"造全球:消费品出口质量管控指南	SGS 通标标准技术有限公司	80.00 元	978-7-5175-0289-0	2018 年 9 月第 1 版
跟着老外学外贸系列				
1. 优势成交:老外这样做销售	Abdelhak Benkerroum(阿道)	45.00 元	978-7-5175-0216-6	2017 年 10 月第 1 版
外贸 SOHO 系列				
1. 外贸 SOHO,你会做吗?	黄见华	30.00 元	978-7-5175-0141-1	2016 年 7 月第 1 版
跨境电商系列				
1. 外贸社交媒体营销新思维:向无效社交说 No	May(石少华)	55.00 元	978-7-5175-0270-8	2018 年 6 月第 1 版
2. 跨境电商多平台运营,你会做吗?	董振国 贾 卓	48.00 元	978-7-5175-0255-5	2018 年 1 月第 1 版
3. 跨境电商 3.0 时代——把握外贸转型时代风口	朱秋城(Mr. Harris)	55.00 元	978-7-5175-0140-4	2016 年 9 月第 1 版
4. 118 问玩转速卖通——跨境电商海外淘金全攻略	红 鱼	38.00 元	978-7-5175-0095-7	2016 年 1 月第 1 版
外贸职场高手系列				
1. 逆境生存:JAC 写给外贸企业的转型战略	JAC	55.00 元	978-7-5175-0315-6	2018 年 11 月第 1 版
2. 外贸大牛的营与销	月半	48.00 元	978-7-5175-0304-0	2018 年 10 月第 1 版
3. 向外土司学外贸 1:业务可以这样做	外土司	55.00 元	978-7-5175-0248-7	2018 年 2 月第 1 版
4. 向外土司学外贸 2:营销可以这样做	外土司	55.00 元	978-7-5175-0247-0	2018 年 2 月第 1 版
5. 阴阳鱼给外贸新人的必修课	阴阳鱼	45.00 元	978-7-5175-0230-2	2017 年 11 月第 1 版
6. JAC 写给外贸公司老板的企管书	JAC	45.00 元	978-7-5175-0225-8	2017 年 10 月第 1 版
7. 外贸大牛的术与道	丹 牛	38.00 元	978-7-5175-0163-3	2016 年 10 月第 1 版
8. JAC 外贸谈判手记——JAC 和他的外贸故事	JAC	45.00 元	978-7-5175-0136-7	2016 年 8 月第 1 版
9. Mr. Hua 创业手记——从 0 到 1 的"华式"创业思维	华 超	45.00 元	978-7-5175-0089-6	2015 年 10 月第 1 版
10. 外贸会计上班记	谭 天	38.00 元	978-7-5175-0088-9	2015 年 10 月第 1 版
11. JAC 外贸工具书——JAC 和他的外贸故事	JAC	45.00 元	978-7-5175-0053-7	2015 年 7 月第 1 版

12. 外贸菜鸟成长记(0～3岁)	何嘉美	35.00元	978-7-5175-0070-4	2015年6月第1版

外贸操作实务子系列

1. 外贸高手客户成交技巧2——揭秘买手思维	毅　冰	55.00元	978-7-5175-0232-6	2018年1月第1版
2. 外贸业务经理人手册(第三版)	陈文培	48.00元	978-7-5175-0200-5	2017年6月第3版
3. 外贸全流程攻略——进出口经理跟单手记(第二版)	温伟雄(马克老温)	38.00元	978-7-5175-0197-8	2017年4月第2版
4. 金牌外贸业务员找客户(第三版)——跨境电商时代开发客户的9种方法	张劲松	40.00元	978-7-5175-0098-8	2016年1月第3版
5. 实用外贸技巧助你轻松拿订单(第二版)	王陶(波锅涅)	30.00元	978-7-5175-0072-8	2015年7月第2版
6. 出口营销实战(第三版)	黄泰山	45.00元	978-7-80165-932-3	2013年1月第3版
7. 外贸实务疑难解惑220例	张浩清	38.00元	978-7-80165-853-1	2012年1月第1版
8. 外贸高手客户成交技巧	毅　冰	35.00元	978-7-80165-841-8	2012年1月第1版
9. 报检七日通	徐荣才　朱瑾瑜	22.00元	978-7-80165-715-2	2010年8月第1版
10. 外贸实用工具手册	本书编委会	32.00元	978-7-80165-558-5	2009年1月第1版
11. 快乐外贸七讲	朱芷萱	22.00元	978-7-80165-373-4	2009年1月第1版
12. 危机生存——十位经理人谈金融危机下的经营之道	本书编委会	22.00元	978-7-80165-586-8	2009年1月第1版
13. 外贸七日通(最新修订版)	黄海涛(深海鱿鱼)	22.00元	978-7-80165-397-0	2008年8月第3版

出口风险管理子系列

1. 轻松应对出口法律风险	韩宝庆	39.80元	978-7-80165-822-7	2011年9月第1版
2. 出口风险管理实务(第二版)	冯　斌	48.00元	978-7-80165-725-1	2010年4月第2版
3. 50种出口风险防范	王新华　陈丹凤	35.00元	978-7-80165-647-6	2009年8月第1版

外贸单证操作子系列

1. 跟单信用证一本通(第二版)	何　源	48.00元	978-7-5175-0249-4	2018年9月第2版
2. 外贸单证经理的成长日记(第二版)	曹顺祥	40.00元	978-7-5175-0130-5	2016年6月第2版
3. 信用证审单有问有答280例	李一平　徐珺	37.00元	978-7-80165-761-9	2010年8月第1版
4. 外贸单证解惑280例	龚玉和　齐朝阳	38.00元	978-7-80165-638-4	2009年7月第1版
5. 信用证6小时教程	黄海涛(深海鱿鱼)	25.00元	978-7-80165-624-7	2009年4月第2版
6. 跟单高手教你做跟单	汪　德	32.00元	978-7-80165-623-0	2009年4月第1版
7. 外贸单证处理技巧(第3版)	屈　韬	42.00元	978-7-80165-516-5	2008年5月第1版

福步外贸高手子系列

1. 外贸技巧与邮件实战(第二版)	刘　云	38.00元	978-7-5175-0221-0	2017年8月第2版
2. 外贸电邮营销实战——小小开发信　订单滚滚来(第二版)	薄如骢	45.00元	978-7-5175-0126-8	2016年5月第2版

3. 巧用外贸邮件拿订单	刘　裕	45.00 元	978-7-80165-966-8	2013 年 8 月第 1 版

国际物流操作子系列

1. 货代高手教你做货代——优秀货代笔记(第二版)	何银星	33.00 元	978-7-5175-0003-2	2014 年 2 月第 2 版
2. 国际物流操作风险防范——技巧·案例分析	孙家庆	32.00 元	978-7-80165-577-6	2009 年 4 月第 1 版
3. 集装箱运输与海关监管	赵　宏	23.00 元	978-7-80165-559-2	2009 年 1 月第 1 版

通关实务子系列

1. 外贸企业轻松应对海关估价	熊斌　赖芸　王卫宁	35.00 元	978-7-80165-895-1	2012 年 9 月第 1 版
2. 报关实务一本通(第 2 版)	苏州工业园区海关	35.00 元	978-7-80165-889-0	2012 年 8 月第 2 版
3. 如何通过原产地证尽享关税优惠	南京出入境检验检疫局	50.00 元	978-7-80165-614-8	2009 年 4 月第 3 版

彻底搞懂子系列

1. 彻底搞懂关税(第二版)	孙金彦	43.00 元	978-7-5175-0172-5	2017 年 1 月第 2 版
2. 彻底搞懂提单(第二版)	张敏　张鹏飞	38.00 元	978-7-5175-0164-0	2016 年 12 月第 2 版
3. 彻底搞懂信用证(第三版)	王腾　曹红波	55.00 元	978-7-5175-0264-7	2018 年 5 月第 3 版
4. 彻底搞懂中国自由贸易区优惠	刘德标　祖月	34.00 元	978-7-80165-762-6	2010 年 8 月第 1 版
5. 彻底搞懂贸易术语	陈　岩	33.00 元	978-7-80165-719-0	2010 年 2 月第 1 版
6. 彻底搞懂海运航线	唐丽敏	25.00 元	978-7-80165-644-5	2009 年 7 月第 1 版

外贸英语实战子系列

1. 让外贸邮件说话——读懂客户心理的分析术	蔡泽民(Chris)	38.00 元	978-7-5175-0167-1	2016 年 12 月第 1 版
2. 十天搞定外贸函电	毅　冰	38.00 元	978-7-80165-898-2	2012 年 10 月第 1 版
3. 外贸高手的口语秘籍	李　凤	35.00 元	978-7-80165-838-8	2012 年 2 月第 1 版
4. 外贸英语函电实战	梁金水	25.00 元	978-7-80165-705-3	2010 年 1 月第 1 版
5. 外贸英语口语一本通	刘新法	29.00 元	978-7-80165-537-0	2008 年 8 月第 1 版

外贸谈判子系列

1. 外贸英语谈判实战(第二版)	王慧　仲颖	38.00 元	978-7-5175-0111-4	2016 年 3 月第 2 版
2. 外贸谈判策略与技巧	赵立民	26.00 元	978-7-80165-645-2	2009 年 7 月第 1 版

国际商务往来子系列

国际商务礼仪大讲堂	李嘉珊	26.00 元	978-7-80165-640-7	2009 年 12 月第 1 版

贸易展会子系列

外贸参展全攻略——如何有效参加 B2B 贸易商展(第三版)	钟景松	38.00 元	978-7-5175-0076-6	2015 年 8 月第 3 版

区域市场开发子系列

中东市场开发实战	刘军　沈一强	28.00 元	978-7-80165-650-6	2009 年 9 月第 1 版

加工贸易操作子系列

1. 加工贸易实务操作与技巧	熊　斌	35.00 元	978-7-80165-809-8	2011 年 4 月第 1 版
2. 加工贸易达人速成——操作案例与技巧	陈秋霞	28.00 元	978-7-80165-891-3	2012 年 7 月第 1 版

乐税子系列

1. 外贸企业免抵退税实务——经验 · 技巧分享	徐玉树　罗玉芳	45.00 元	978-7-5175-0135-0	2016 年 6 月第 1 版
2. 外贸会计账务处理实务——经验 · 技巧分享	徐玉树	38.00 元	978-7-80165-958-3	2013 年 8 月第 1 版
3. 生产企业免抵退税实务——经验 · 技巧分享(第二版)	徐玉树	42.00 元	978-7-80165-936-1	2013 年 2 月第 2 版
4. 外贸企业出口退(免)税常见错误解析 100 例	周朝勇	49.80 元	978-7-80165-933-0	2013 年 2 月第 1 版
5. 生产企业出口退(免)税常见错误解析 115 例	周朝勇	49.80 元	978-7-80165-901-9	2013 年 1 月第 1 版
6. 外汇核销指南	陈文培等	22.00 元	978-7-80165-824-1	2011 年 8 月第 1 版
7. 外贸企业出口退税操作手册	中国出口退税咨询网	42.00 元	978-7-80165-818-0	2011 年 5 月第 1 版

外贸企业管理子系列

1. 小企业做大外贸的制胜法则——职业外贸经理人带队伍手记	胡伟锋	35.00 元	978-7-5175-0071-1	2015 年 7 月第 1 版
2. 小企业做大外贸的四项修炼	胡伟锋	26.00 元	978-7-80165-673-5	2010 年 1 月第 1 版

国际贸易金融子系列

1. 国际结算单证热点疑义相与析	天九湾贸易金融研究汇	55.00 元	978-7-5175-0292-0	2018 年 9 月第 1 版
2. 国际结算与贸易融资实务(第二版)	李华根	55.00 元	978-7-5175-0252-4	2018 年 3 月第 1 版
3. 信用证风险防范与纠纷处理技巧	李道金	45.00 元	978-7-5175-0079-7	2015 年 10 月第 1 版
4. 国际贸易金融服务全程通(第二版)	郭党怀　张丽君　张贝	43.00 元	978-7-80165-864-7	2012 年 1 月第 2 版
5. 国际结算与贸易融资实务	李华根	42.00 元	978-7-80165-847-0	2011 年 12 月第 1 版

毅冰谈外贸子系列

毅冰私房英语书——七天秀出外贸口语	毅　冰	35.00 元	978-7-80165-965-1	2013 年 9 月第 1 版